本书受北京市社会科学基金项目资助 项目编号：16LJC007

"21世纪海上丝绸之路"
沿线亚洲地区金融稳定研究

张若希◎著

中国金融出版社

责任编辑：石　坚
责任校对：刘　明
责任印制：丁淮宾

图书在版编目（CIP）数据

"21世纪海上丝绸之路"沿线亚洲地区金融稳定研究／张若希著．—北京：中国金融出版社，2021.6
ISBN 978-7-5220-1183-7

Ⅰ.①2… Ⅱ.①张… Ⅲ.①海上运输—丝绸之路—金融市场—研究—亚洲—21世纪 Ⅳ.①F833.05

中国版本图书馆CIP数据核字（2021）第100686号

"21世纪海上丝绸之路"沿线亚洲地区金融稳定研究
"21SHIJI HAISHANG SICHOUZHILU" YANXIAN YAZHOU DIQU JINRONG WENDING YANJIU

出版
发行　　**中国金融出版社**

社址　北京市丰台区益泽路2号
市场开发部　（010）66024766，63805472，63439533（传真）
网上书店　www.cfph.cn
　　　　　　（010）66024766，63372837（传真）
读者服务部　（010）66070833，62568380
邮编　100071
经销　新华书店
印刷　北京九州迅驰传媒文化有限公司
尺寸　169毫米×239毫米
印张　15
字数　234千
版次　2021年6月第1版
印次　2021年6月第1次印刷
定价　68.00元
ISBN 978-7-5220-1183-7
如出现印装错误本社负责调换　联系电话（010）63263947

前　言

　　《"21 世纪海上丝绸之路"沿线亚洲地区金融稳定研究》的总体思路：首先进行项目背景介绍、引出问题并说明研究的重要性，随后介绍相关的基础理论、研究对象和内容以及分析方法。着重对中国的金融脆弱性进行分析和预测，并对预测模型进行检验。其次对"21 世纪海上丝绸之路"沿线的主要亚洲国家的金融市场情况和金融脆弱性进行分析，得到其金融脆弱性的基本结论和主要影响因素。最后对"21 世纪海上丝绸之路"合作中的主要潜在金融风险做了总结并提出相关对策。根据内容安排，本书分为五章，详细介绍如下。

　　第一章"'21 世纪海上丝绸之路'倡议"分为三节：第一节回顾了历史上的海上丝绸之路，简述了几千年来海上丝绸之路在文化交流、经济互通中发挥的重要作用。以史为鉴，海上丝绸之路沿线的亚洲国家在当下与我国依然有着密切的经济文化联系，因此 21 世纪海上丝绸之路倡议的提出也是大势所趋。由此引出第二节，对 21 世纪海上丝绸之路倡议提出的背景、倡议内涵、提出后的实施举措及其意义进行了阐述。"21 世纪海上丝绸之路"以推进基础设施互联互通、产业金融合作和机制平台建设，加快实施自由贸易区战略，加强安全领域交流与合作为内涵，促进政策沟通，道路联通，贸易畅通，货币流通，民心相通，共创区域繁荣。通过领导人推动，借助亚洲基础设施投资银行这一平台，共同推动区域发展。作为"一带一路"倡议的重要组成部分，"21 世纪海上丝绸之路"和丝绸之路经济带一海一陆遥相呼应，可以分别从海洋和内陆两条线对冲美国"印太战略"在地缘上对我国的围堵。中国秉持"亲、诚、惠、容"的周边外交理念，致力于维护世界和平、促进共同发展，努力消弭与有关争议国的分歧，求同存异，共谋发展，深化经济、政治领域的合作，不仅可以与东盟有关国家增信释疑，还能够使美国利用东南亚国家对中国发展进行牵制的图谋破产，打开中国地缘战略的新局面。第三节论述了金融对 "21 世纪海上丝绸之路" 的意义。

"21 世纪海上丝绸之路" 沿线国家金融市场的健康程度直接影响到 "21 世纪海上丝绸之路" 的合作和建设能否顺利推进，因此第二章主要对金融脆弱性的相关概念进行介绍。首先介绍了金融脆弱的定义，其次对金融脆弱与金融风险和金融危机的关系进行了阐述，最后着重介绍了研究 "21 世纪海上丝绸之路" 沿线亚洲国家金融脆弱性的意义，也是本书的主要目的。如果一个国家的金融出现问题，会给经济建设和社会稳定带来灾难性的后果；我国作为经济贸易大国，金融稳定对全球十分重要，而其他国家的金融稳定对区域经济和 "21 世纪海上丝绸之路" 的建设也非常重要，因此对各国的金融脆弱情况进行分析，建立金融脆弱预警系统，是十分必要的。

作为 "21 世纪海上丝绸之路" 倡议的提出方、牵头建设方和核心国家，中国的金融稳定无疑是各国中最重要的。在本书第三章中，我们以中国 1992—2005 年的数据为例，基于 KLR 信号方法，在国际领域、金融领域、实体经济领域、公共财政、政策制度以及传染效应等几个领域共选取了 15 个指标，建立了金融脆弱预警系统，并对这些指标的预警有效性逐一进行了评估。在所采用的实证模型中，危机被定义为当外汇市场压力指数超出均值至少 1.29 个标准差（位于历史数据的前 10%）的情况。一般来说，所考察的时间会分为多个时间段，每个时间段内均出现一次极高的通货膨胀率（超过 150%），每个时间段内通胀率的均值和方差均有一定差异。但是由于所选取的时间段内通货膨胀率从未超过 150%，因此不将其分割为多个时段，均值和方差在数据涵盖的整个时间段内保持不变，即 1.29 倍于标准差的判断标准数值在本章的研究中始终保持不变。利用上述方法确定发生危机的具体时间段之后，就可以对每项指标在危机发生之前的变化进行考察。当其中某项指标超出预先设定的阈值时，就认为该指标释放了一个警报信号，该信号可以预测未来 24 个月之内危机的发生。换言之，如果一项指标在月份 n 正确地释放了危机预警信号，即超过了阈值范围，那么可以预见，在（n+1）月至（n+24）月的时间段内，危机将会发生。然而在实际情况中，理想信号很难产生。因此，需要解决的主要问题除确定每个指标的阈值外，还有如何将数个指标分组，并使每个指标组释放的信号尽可能准确地预测危机的发生，即让这些信号的行为接近理想信号。所以，报告中使用 Logit 模型来评估指标组在预测危机方面的有效性。研究结果显示，我国在 2017 年 10 月之前的 24 个月内发生危机的概率值高达 81%。这一结果建立在假定经济状况一直持续到未来两年后的基础之上；如果执政者能对这些预警信号及时作出应对，上述状况极大可能不会出现。对于危机的定义并非系统性的金融危机，而是一种异常。事实上，2016 年人民币兑美元汇率的大幅下挫正是上述"危机"的具体表现形式。虽然近年来随着我国经济深度调整"进入新常态"，加之 2018 年以来，中美贸易摩擦加剧，我国金融面临的内外挑战不少，但是我国金融系统服务实体经济的力度也在增强，金融秩序好转，在实现防范重大风险攻坚战中取得了初步成果，在外部冲击下，我国经济体现出强大的韧性。然而，面对短期内不容乐观的世界经济贸易形势，同时我国的金融市场也在逐步开放，我国必须保持定力，注意不良贷款问题，推动监管改革、弥补监管短板，准备好应对随时可能出现的"黑天鹅"和"灰犀牛"风险。

在对中国的金融脆弱性给予充分关注和分析，对"21 世纪海上丝绸之路"沿线其他国家的金融脆弱性分析建立了模板和示例后，第四章展开论述了其他几个"21 世纪海上丝绸之路"沿线亚洲国家的金融市场概况，并通过银行压力指数和外汇市场压力指数对其近年来的金融脆弱性进行分析。具体包括越南、菲律宾、泰国、马来西亚、印度尼西亚、新加坡和印度。这些国家除印度外均为东盟国家，与我国的经贸往来十分密切，且各具特色。越南是目前世界上为数不多的社会主义国家，近年来的经济发展十分迅猛，其发展和崛起方式与前些年的中国有不少相似之处，可谓"摸着中国过河"。越南有着丰厚的人口红利，并承接了不少中国转移的产能，因此在中国保持稳定发展的背景下，其发展速度水涨船高。但在越南的经济体系中，外贸依存度接近 200%，而人均收入水平相比其人均 GDP 水平明显偏高，且工业水平有限，因此其发展要谨防出现拉美国家的"中等收入陷阱"。越南银行业监管水平偏低、监管理念落后，是制约其金融业发展的重要因素。债务方面，越南也明显偏高，这与其目前的发展状态有关，而在钉住美元的汇率制度下，其外汇储备也显不足。目前主要是其良好的经济基本面和中国稳定的发展，为越南金融业的稳定提供了一定保障。马来西亚是东盟较为发达的国家，基本达到中等发达国家的水平，并正在建立世界的伊斯兰金融中心。近十年内，马来西亚的金融业存在一定脆弱情况，阶段性有较大压力。2014—2017年，马来西亚两次大规模的银行并购整合都以失败告终，2015年经济恶化，2016年曝出了一马发展有限公司丑闻，这些都造成马来西亚银行脆弱性上升，并长时间处于脆弱状态。2018年后，虽然受美国启动301调查和政权更替影响有短暂波动，但总体保持稳定。外汇压力方面，受外汇储备较薄弱和外向型经济的影响，马来西亚的压力较大，近年来波动较为明显。泰国作为1997年金融危机的起源地和受危害最严重的国家，其金融脆弱性的发展过程十分具有代表性。吸取金融危机的教训后，泰国对金融稳定十分重视，银行资本充足率较高，资产质量优良，尽管政坛一度动荡，但银行总体保持稳定。货币方面，泰国的外汇压力指数近年保持稳定，尤其是在军政府执政后。由于泰国目前采取浮动汇率制，且外汇储备十分巨大，因此汇率风险较小。菲律宾较早步入中等收入国家行列，人口规模较大，但陷入"中等收入陷阱"多年，经济发展缓慢，1997年和2008年两次金融危机也曾给菲律宾带来严重打击，但近年来菲律宾银行压力指数不高，尤其在杜特尔特执政后，大力改善与中国的关系，菲律宾近年的经济发展较为稳定，为菲律宾金融业的稳定提供了良好的基础。货币方面，菲律宾比索汇率波动幅度尚可，但由于海外劳工对其经济贡献巨大，同时其内需不足，因此存在一定不稳定因素。印度尼西亚是东盟人口最多、面积最大、GDP总量最高，穆斯林数量最多的国家，而作为我国高铁"走出去"的标志性项目之一的雅万高铁也位于印度尼西亚境内，因此更增加了其在"21世纪海上丝绸之路"合作中的重要性。印度尼西亚银行业发展不健全，贷存比偏高。虽然压力指数不高，但需要注意潜在风险；而印度尼西亚汇率波动很大，状况频出，曾被列为脆弱五国之一，其经常账户和财政账户持续赤字，给货币带来较大风险。新加坡是东盟唯一的发达国家，是位于全球前列的金融中心和离岸美元中心。其金融制度建设尤其是金融监管有很多值得学习之处，新加坡银行的经营状况和安全性广受赞誉。外汇压力方面，新加坡近年受全球经济形势和自身体量过小的影响，压力较大，但由于新加坡具有巨额外汇储备，兼有灵活的货币政策和完善的货币制度，风险很小。印度虽然在"21世纪海上丝绸之路"建设中并非最主要的参与国家，但由于其经济体量巨大，在南亚具有强大的影响力，对周边国家也有很大影响，因此必须注重其金融稳定情况，这关系到地区的金融和政治稳定。

印度近年来由于"废钞令"、税改等因素影响，加之自身固有的问题，经济在最近两年陷入困境，银行脆弱性方面，印度的不良贷款率很高，银行压力指数总体偏高，但私人银行表现优异。外汇方面由于外汇储备相对经济规模略显薄弱，债务高企，所以，卢比也有较强的脆弱性。因此，莫迪政府不断通过宗教和民族主义等方式来转移内部矛盾。

通过对中国和其他"21世纪海上丝绸之路"沿线亚洲国家的金融脆弱性分析，我们认识到，在"21世纪海上丝绸之路"建设中，需要充分识别可能存在的风险，尤其是与金融脆弱相关的风险。第五章首先对风险的种类进行了归纳，并提出提高风险识别预警能力和推进建设金融领域工作的建议。为了更好应对海外金融风险，需要金融机构发挥更大的作用；加强货币合作、推进人民币结算业务；加强信用评级能力和征信管理合作；以及提高对合作方金融风险的警觉性。推进金融领域工作，应当善于运用开发性金融，推动商业银行开展网络化布局，积极发挥本地作用，进一步推动资本市场发展，合理利用多种金融工具，注重区域金融安全，并确保我国的金融稳定。本着互利共赢的目标和开放合作的态度，"21世纪海上丝绸之路"沿线各国优势互补，注重金融风险的防范和金融安全的建设，一定能够确保"21世纪海上丝绸之路"倡议的顺利推进。

目　　录

第一章 "21世纪海上丝绸之路"倡议

一、历史上的海上丝绸之路

德国地理学家李希·霍芬在其1877年出版的《中国亲程旅行记》中，首次使用了"丝绸之路"这一称谓，并在一张地图中提到了"海上丝绸之路"。其后，法国人沙畹在1903年出版的《西突厥史料》中具体提道："丝路有陆、海二道，北道出康居，南道为通印度诸港之海道"，从此便有了"海上丝绸之路"的称谓（许心怡，2016）。海上丝绸之路与陆上的丝绸之路一样是中外贸易的通道，但其活力更加持久，从西汉初期形成后一直存在于中国古代社会。1990年10月，联合国教科文组织对海上丝绸之路的沿岸港口进行考察，推动了海上丝绸之路的历史研究。

（一）海上丝绸之路的历史和发展

1. 先秦时期

早在距今5000—3000年前，位于东江北岸近百公里的惠阳平原就形成了以陶瓷为纽带的贸易交往圈。通过水路，还能将贸易影响扩大到沿海和海外岛屿。通过对出土陶器等文物的分布研究，人们发现先秦时期的岭南先民便已经具备穿梭于南中国海甚至南太平洋沿岸及其岛屿的能力。

2. 两汉魏晋南北朝时期

汉武帝时，中国国力强盛，张骞两次出使西域，开辟了陆上丝绸之路，把我国的丝绸带到地中海东部一带。由于陆路交通易受匈奴等部族的干扰，汉武帝又开拓了南海的对外通道并开展贸易活动。《汉书·地理志》记载"自日南障塞、徐闻、合浦船行……有译长，属黄门，与应募者俱入海市明珠、璧琉璃、奇石异物，赍黄金杂缯而往……"描述了海上贸易的情况，表明汉武帝灭南越国之后，海上丝绸之路便已逐渐兴起。这条海路能到达印度的马拉巴海岸和斯里兰卡，这些地区是汉朝商人与地中海地区进行贸易交往的中转基地。

东汉（特别是后期）航船均已使用风帆，大大增强了远洋能力。大秦（罗马帝国）第一次由海路到达广州进行贸易，中国使节性的商人也到达了罗马。《魏略·西戎传》记录了大秦（罗马帝国）直通中国的两条主要海道：一条通往我国古代的南方大港（今越南北部及雷州半岛的徐闻、合浦），另一条到达今缅甸南部，经伊洛瓦底江等河流进入我国西南部，再通过云南永昌郡与内地沟通。《后汉书·西域传》中记叙："桓帝延熹九年，大秦王安敦遣使自日南徼外献象牙、犀角、玳瑁，始乃一通焉。"这是中国同罗马帝国突破斯里兰卡中转而直接交往的最早记录，连接东西方的海上运输大动脉首次疏通，连接欧亚大陆的"海上丝绸之路"真正建立。汉代养蚕和纺织业已较为发达，丝织品成为这一时期的主要出口商品。

黄武五年（226 年），孙吴政权分交州置广州，加强了南方海上贸易。孙权派遣朱应、康泰出使南海诸国，"其所经及传闻则有百数十国"，足迹几乎遍及整个东南亚。据史料记载，东晋时期广州成为海上丝绸之路的起点。东晋隆安三年（公元 399 年），高僧法显等人从长安出发，通过陆上丝绸之路到达印度河流域，其足迹为"汉之张骞、甘英皆不至"。后来法显等人从海上通道回国，是第一批循海路而归的海上丝绸之路探险者。南朝时期与南海诸国的交往更加活跃，海上丝路的航线越过印度半岛，延伸至阿拉伯海和波斯湾一带，连通了东西亚。丝绸仍然是主要的出口商品，输入品包括各种珍贵宝石、金银器、工艺品等。

3. 隋唐时期

隋朝建立后，加强了对南海的经营，南海、交趾是当时著名的商业都会和外贸中心；义安（今潮州市）、合浦也占有一定地位。但唐朝中叶之前，东西方的交通仍然以陆上丝绸之路为主，然而陆上丝绸之路不仅沿途自然条件恶劣，更为严重的问题是易受各国政治形势的影响而受阻中断，有很大的局限性。西汉时期，陆上丝绸之路就曾"三绝三通"；魏晋南北朝时期基本阻塞；唐朝安史之乱后，吐蕃势力的扩展致使其完全中断。

海上丝绸之路则没有这些局限，相当便利，无论运载能力、成本、人员物资的消耗都更具有优势。唐中叶后，我国经济重心向南方转移，丝绸、茶叶是主要的出口商品,江南地区作为主产区为海上丝绸之路的兴盛提供了坚实的物质基础。此外,大运河的开通也促进了我国水上运输和造船业的发展,东南地区造船技术发达也保障了海上丝绸之路的发展。

隋炀帝时期,我国就对海上贸易予以保护和鼓励。唐朝更加开放兼容,外贸管理体系、法令规则都更为完善,有力推动了海上丝绸之路的拓展。唐朝出发于广州向西南方向延伸的海上丝绸之路,途经90多个国家和地区,全程共约14000公里,是8—9世纪全球最长的远洋航线。开元二年(714年),唐玄宗设市舶使,几乎包揽了南海贸易,带来大量的财政收入。于是中唐之后,海上丝绸之路取代了陆上丝绸之路,成为我国对外贸易的主要通道。到唐代后期,已初步形成广州、泉州、明州、扬州四大名港。这一时期,除了丝绸、瓷器等各类商品,值得一提的是还出现了"昆仑奴"的贩进。

4. 宋元时期

宋元时期,南海航路空前繁盛,除南宋末年海盗活动猖獗时,宋朝与东南沿海国家绝大多数时间保持友好关系,广州成为海外贸易第一大港。航海专用地图在北宋时期出现,这种地图包含地形地貌、水文要素、定位条件等与航海有关的资料和说明。

海上丝绸之路向西、向南延伸,使我国与非洲各国有了新的交往。由大食国(波斯湾和红海沿岸国家)经故临国(今印度半岛西南端的奎隆),又经三佛齐国(苏门答腊岛东部),达上下竺与交洋(今奥尔岛与暹罗湾、越南东海岸一带),"乃至中国之境。其欲至广(广州)者,入自屯门(今香港屯门);欲至泉州者,入自甲子门(今陆丰甲子港)。"这就是当时的中西主航线。

宋代市舶司制度逐渐完善,其职能包括发放中国商船出口许可证,检查有无夹带违禁物品,给开赴国内其他港口的中国商船以"防船兵仗",以及向朝廷报告贡船到岸消息等其他与外贸相关的事项。其根本目的是保证中央有效操纵市舶司以控制外贸。埃及是与我国交往最早、关系最为密切的非洲国家,两国互派使节,享受对等的贸易优惠国待遇。虽然唐代就有中国瓷器进入非洲,但大批的贸易则是在宋元以后。因为发现了大量的中国古代瓷器,甚至有人把东非称为"中国古瓷的储仓"。海上丝绸之路也加强了我国与东亚国家政治、经济、文化的联系。海上丝绸之路在宋代的持续发展,增加了朝廷和港市收入，一定程度上促进了经济发展，也为当时中外文化的交流提供了条件。

元代中国与海外国家交往数量仅文献记载的就有南宋《诸蕃志》的 4 倍多，达到约 220 个。元政府制定了"至元法则"和"延佑法则"，作为全国一律的系统规定，"至元法则"堪称中国历史上第一部有较强系统性的外贸管理法则。元代，人们还将中国以南的海域分作"西洋"和"东洋"，体现了海外地理知识的进步。

这一时期，进出口货物更加丰富，但随着贸易的逐渐成熟，也出现了禁止贸易的物资，如禁止进口"兵器及可造兵器之物"、部分书籍、外国货币等，阶段性禁止进出口金银、铜器和铜钱等。

5. 明代

与唐宋时期主要用来增加财政收入不同，明初市舶司制度的目的是执行海禁又能"怀柔远人"，而到明后期又以增加财政收入为目的。但明朝后期私人海商贸易壮大，市舶司无法完成海关和外贸的双重职能，随着其他机构的设立，市舶司逐渐形同虚设。

明代海上丝绸之路的发展可谓由盛转衰。"盛"是指郑和七下西洋。郑和下西洋标志着我国海上丝绸之路发展的顶峰，航线覆盖达亚洲、非洲 39 个国家和地区，最远到达麻林地（今坦桑尼亚的基尔瓦基斯瓦尼）。宋元时期，我国的民间海外贸易规模很大，但到了明代，国家只重视官方的"朝贡贸易"，由于明代中后期沿海形势不利，朝廷实行严格的"海禁"政策，在民间贸易被禁止的情况下不得不转为走私形式，海外贸易由盛而衰，港口也逐渐慢慢衰落。

6. 清代与民国时期

清代在明朝的基础上又开辟了北美洲航线、俄罗斯航线和大洋洲航线等，中日贸易在康熙年间盛极一时。康熙二十四年（1685 年），清政府在粤、闽、浙、苏 4 省设立海关，标志着中国海关制度的开端，其中广州的外贸制度极具代表性。清代是海外移民的高潮，华侨还纷纷建设会馆，相当程度地影响着侨居地的经济发展。1840 年鸦片战争爆发后，我国逐渐沦为半殖民地半封建社会，海关自主权、外贸自主权、港口引水权相继丧失，海上丝绸之路彻底中断。

民国时期，香港逐渐成为远东国际贸易的重要转口口岸。民国前期，出口商品以生丝和丝织品为最多，但自 20 世纪 30 年代后期逐渐衰落。这一时期列强夺取了关税的收支和保管权，甚至关税开支后的余额也被外国银行控制，这一情况在省港大罢工后有所改观。

(二) 海上丝绸之路的意义

海上丝绸之路数千年来连接了我国和欧亚非诸多国家，加强了各国人民的经济交流和友好往来，与陆上丝绸之路相辅相成，为世界文明的交流和发展作出了重大贡献。通过海上丝绸之路，从丝绸到瓷器与茶叶，中国同 60 多个国家有直接贸易往来，推动了各方经济的发展。

海上丝绸之路也是古代中外文化交流的重要渠道。日本通过东方海上丝路曾向唐王朝正式派出共计 19 次、每次约 400 人的使团进行学习；新罗国更是以各种名义派出使节 126 次。瓷器和茶叶通过海上丝绸之路传向世界各地，产生了深远的影响（林华东，2014）。

历史上，海上丝绸之路带来了不同文化的交流和碰撞，在推动世界的进步和发展方面发挥了不容忽视的作用。

全球的形势在近几十年发生了重大的变化，在不断发展的形势下，如何获得更多更大的发展空间，不断提升人民生活水平，是关乎国计民生的重大战略问题。今天以中国作为东方起点的海上丝绸之路连接起来的亚太地区，是全球经济增速最快、潜力最大的地区。数千年来曾发挥重大作用的海洋经济观念和和谐共荣的意识，将为我国今后的发展再次提供丰厚的历史借鉴。"一带一路"倡议的提出就是以和平发展为出发点，为我国与周边国家提出新的合作与对话的关系框架，也为亚非欧各国提供了一个和平、平等的增进交流和理解的新平台。古代海上丝绸之路"友善、包容、互惠、共生、坚韧"的文化内涵，对于建设 21 世纪海上丝绸之路，对于中国与世界更深层次的互动，具有非常重要的现实意义。从古至今，东方与西方、中国和亚太各国，在社会发展、经济文化等方面都有很大不同，但以史为鉴，在通过海上丝绸之路形成的共同文化价值基础上，各国一定能够找到合作共赢的机会和条件。

二、"21 世纪海上丝绸之路" 倡议

(一)"21 世纪海上丝绸之路" 提出的背景

进入 21 世纪后，中国经济持续高速发展，在 2007 年美国次贷危机爆发并蔓延全球后，中国在全球经济中的作用愈加凸显，政治经济地位都有明显提高。虽然中国经受住了全球金融危机的考验，但为了应对经济危机、刺激经济，2008 年 11 月推出的 "四万亿元刺激计划" 也产生了一定的负面效应，随着全球经济发展持续放缓，负面影响日益凸显，具体体现为工业产能大量过剩、银行不良贷款率明显提升等。这一行业曾对中国的经济积累和发展有过重要贡献，而现在国情、世情都发生了重大变化。以 2012 年为例，中国钢铁、水泥等行业的产能利用率分别为 72% 和 73.7%（侯利民，2015），行业利润大幅下滑，企业负债累累。持续下去将不可避免地出现银行不良资产增加、生态环境恶化、企业倒闭等严重问题。而经济结构调整非一时之功。

国际经济局势方面，次贷危机未平，欧债危机又起，欧美经济复苏困难、市场饱和、贸易保护主义抬头。在中国逐渐和平崛起，GDP 超越日本成为世界第二后，美国曾提议建立 "两国集团"（G2）和想要提出中美国（Chimerica）的说法，但中国无意称霸，并且仍然是世界上最大的发展中国家，因此美国的提议均遭拒绝。随即，美国就提出并开始推进 "重返亚太" 的战略。作为当前世界上唯一的超级大国，美国在全球的政治、经济、军事上有巨大的影响力，其战略调整造成一系列连锁反应，带来了亚太多国外交战略的深刻调整。2011 年，美国又提出要以阿富汗为中心，连接南亚、中亚与西亚，建立 "新丝绸之路"，并与太平洋岛链战略相结合，形成对中国的战略包围圈。与此同时，日本也在努力扩大其地区影响力，加强与东盟国家尤其是军事层面的合作，造成南海地区局势日趋紧张。2013 年，美国将 "重返亚太" 调整为 "亚太再平衡" 战略（杨晓杰，2019）。所谓再平衡政策，是盎格鲁撒克逊的传统地区战略，但中国显然是美国再平衡的主要对象。

同时，中国在快速发展中，油气资源、矿产资源绝大部分依赖于进口，铁矿石主要进口自澳大利亚和巴西，石油则主要来自中东。大宗资源的输入主要通过海路，工业和基础设施也集中于沿海，因此从能源战略安全和国家安全的角度考虑，需要加强海洋安全和能源路线安全的建设，而能源路线则

高度与海上丝绸之路重合。近代以来，西方国家崛起的过程一次次昭示：面海而兴、背海而衰，经略海洋是大国崛起的必要条件。我国是海陆复合型的大国，背靠欧亚大陆，东临世界最大洋，在和平发展时期具备绝佳的水陆条件。早在 20 世纪 80 年代，邓小平就提出要经略海洋，2012 年中国制订了建设海洋强国的目标。要实现中华民族伟大复兴的目标，必须有效维护国家海洋权益，加强海洋综合管理，建设与东盟国家海洋合作伙伴关系，增进务实合作。

2003 年 10 月，中国与东盟宣布建立"面向和平与繁荣的战略伙伴关系"，同年，中国宣布加入《东南亚友好合作条约》。自此，双方的经贸发展进入快车道，携手开创了"黄金十年"。中国东盟博览会连续举办十年，以经济合作为契机，逐渐扩展到政治、安全、文化等领域。中国与东盟还在共同应对国际金融危机和抗击重大灾害中通过合作形成了良好的局面。2010 年中国成为东盟的第一大贸易伙伴，东盟成为中国第三大贸易伙伴，同年中国—东盟自由贸易区建立，标志着双方关系进入更加成熟的新时期。无论东盟还是陆上丝绸之路沿线的发展中国家，都是我国转移过剩产能，扩大国际市场的重要贸易伙伴。为了化解美国对中国构筑的战略包围圈，减轻周边环境的战略压力，一个与中国友好互信的东盟，对为我国深化改革、继续发展创造良好的周边安全环境具有极其重要的意义。另外，国际金融危机深层次的影响持续显现，我国的发展更加需要一个稳定良好的外部环境。

2013 年 10 月 3 日，中国国家主席习近平出访东南亚国家，在印度尼西亚做了题为"携手建设中国—东盟命运共同体"的演讲，演讲中指出，东南亚地区自古以来就是"海上丝绸之路"的重要枢纽，中国愿同东盟国家加强海上合作，使用好中国政府设立的中国—东盟海上合作基金，发展好海洋合作伙伴关系，并提出了共同建设"21 世纪海上丝绸之路"的构想。2013 年 12 月的中央经济工作会议也指出："建设 21 世纪海上丝绸之路，加强海上通道互联互通建设，拉紧相互利益纽带。" 2014 年 11 月召开的中央财经领导小组第八次会议，研究讨论了"一带一路"规划建设，并启动亚洲基础设施投资银行和丝绸之路基金。随后，12 月的中央经济工作会议指出："要重点实施'一带一路'、京津冀协同发展、长江经济带三大战略。" 2015 年 3 月，国家发改委联合外交部和商务部共同发布了《推动共建丝绸之路经济带和 21 世纪海上丝绸之路的愿景与行动》，文件中指出，以主要港口为节点，共建通畅安全高效的大通道；努力实现区域基础设施更加完善，基本形成高效安全的海陆空通道网络，提高互通互联水平；进一步提高投资贸易便利化水平，基本形成高标准的自由贸易区网络，经济联系更加密切，文化交流和政治互信更加深入。由此可见，"21 世纪海上丝绸之路" 建设作为新时期的区域合作战略，具有坚实的政策支持。基于其重大意义和政策支持，"21 世纪海上丝绸之路" 已成为当前政界、商界、民间、学术界所关注的焦点。

（二）"21 世纪海上丝绸之路" 的内涵

1. "21 世纪海上丝绸之路" 涵盖地区及路线

2015 年 3 月，国务院授权发布《推动共建丝绸之路经济带和 21 世纪海上丝绸之路的愿景与行动》，其中提出：

"西南地区：发挥广西与东盟国家陆海相邻的独特优势，加快北部湾经济区和珠江—西江经济带开放发展，构建面向东盟区域的国际通道，打造西南、中南地区开放发展新的战略支点，形成 21 世纪海上丝绸之路与丝绸之路经济带有机衔接的重要门户。发挥云南区位优势，推进与周边国家的国际运输通道建设，打造大湄公河次区域经济合作新高地，建设成为面向南亚、东南亚的辐射中心。推进西藏与尼泊尔等国家边境贸易和旅游文化合作。"

"沿海和港澳台地区：利用长三角、珠三角、海峡西岸、环渤海等经济区开放程度高、经济实力强、辐射带动作用大的优势，加快推进中国（上海）自由贸易试验区建设，支持福建建设 21 世纪海上丝绸之路核心区。充分发挥深圳前海、广州南沙、珠海横琴、福建平潭等开放合作区作用，深化与港澳台合作，打造粤港澳大湾区。推进浙江海洋经济发展示范区、福建海峡蓝色经济试验区和舟山群岛新区建设，加大海南国际旅游岛开发开放力度。加强上海、天津、宁波—舟山、广州、深圳、湛江、汕头、青岛、烟台、大连、福州、厦门、泉州、海口、三亚等沿海城市港口建设，强化上海、广州等国际枢纽机场功能。以扩大开放倒逼深层次改革，创新开放型经济体制机制，加大科技创新力度，形成参与和引领国际合作竞争新优势，成为'一带一路'特别是 21 世纪海上丝绸之路建设的排头兵和主力军。发挥海外侨胞以及香港、澳门特别行政区独特优势作用，积极参与和助力'一带一路'建设。为台湾地区参与'一带一路'建设作出妥善安排。"

据此可知，21世纪海上丝绸之路，国内的主要参与地区是西南的广西和云南，以及东南部的上海、浙江、福建、广东和海南五省份，其中福建是21世纪海上丝绸之路的核心区。

基于共建的原则，21世纪海上丝绸之路的主要航线：泉州—福州—广州—海口—北海—河内—吉隆坡—雅加达—科伦坡—加尔各答—内罗毕—雅典—威尼斯，主要城市和航路如图1-1所示。

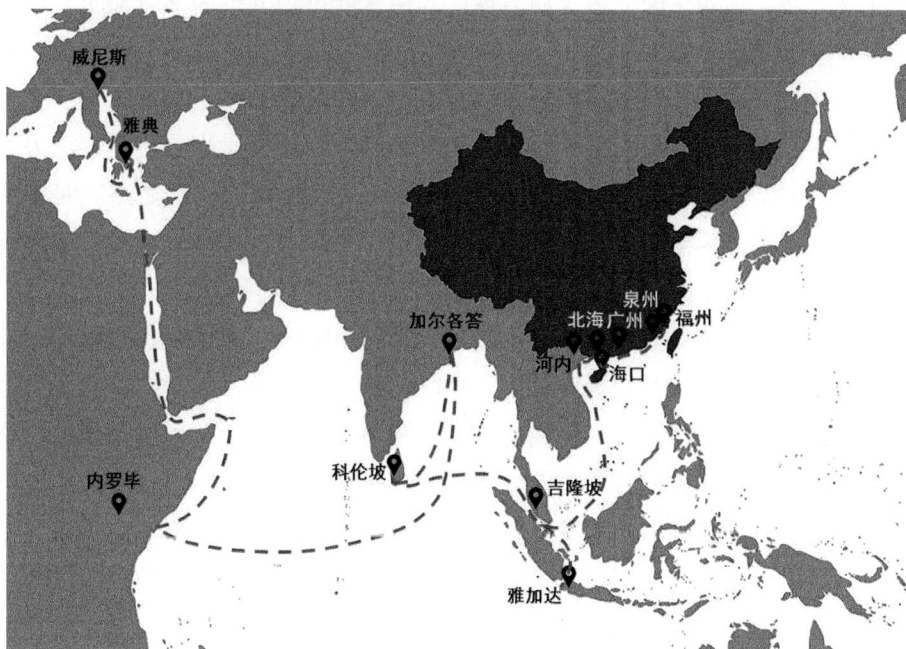

图1-1　21世纪海上丝绸之路的主要城市及航路

从航线可以看出，21世纪海上丝绸之路的合作伙伴不仅限于东盟国家，而是以点带线，以线带面，连通起东盟、南亚、西亚、北非、欧洲等各大经济板块，以亚欧非经济贸易一体化为长期目标。东盟地处海上丝绸之路的十字路口，作为必经之地和距离我国最近的地区，是21世纪海上丝绸之路的首要发展目标。

2. "21世纪海上丝绸之路"建设的特点

"21世纪海上丝绸之路"与丝绸之路经济带同为我国的重大倡议，其意义和格局非同一般，其特点主要有以下三方面。

（1）具有大空间、多领域的基本形态。"21世纪海上丝绸之路"具有以点带线，以线带面的网状结构，空间广阔，跨越了多个领域。具体表现在四个方面：一是"点多"。"21 世纪海上丝绸之路"途经亚欧非三个大洲的多个国家，以多座名城作为关键节点，整体上呈现"串联"结构，并在一些重点港口城市形成"并联"分支，这与"丝绸之路经济带"陆上节点呈网状的结构有明显区别。二是"线长"。"21 世纪海上丝绸之路"主要分为两条航线，从中国出发，经南中国海后，一条通过印度洋最后到达欧洲，另一条则往南太平洋方向，犹如连接中国及周边地区和国家外围边界的高速公路带，航程达数万海里。三是"面广"。"21 世纪海上丝绸之路"连通东盟、南亚、西亚、北非、欧洲等各大经济板块的市场链，东接现今世界上最活跃的东亚经济圈，西连发达的欧洲经济圈，途中经过的广大腹地则是发展迅速、潜力巨大的新兴国家。四是跨度大。从时间上看，"21 世纪海上丝绸之路"是古代海上丝绸之路的延续和发展，时间跨度达两千年以上；从空间上看，它跨越亚欧非三大洲众多国家和地区，规模之宏大堪称前所未有。

（2）具有冲击与反击相统一的基本表现。2010 年以来，美国增加印太地区军事实力，鼓吹"亚太再平衡"，通过政治、经济和军事上等手段，加紧围堵遏制中国。"21 世纪海上丝绸之路"在战略上有力对冲了美国的围堵。第一，通过向西发展，避开美国在亚太地区的封锁图谋，大大减轻了向东发展已经或可能受到的美国及其盟友施加战略遏制带来的压力；第二，通过"亚投行"和"丝路基金"等金融手段，以相对柔和的方式加强同东南亚、南亚、西亚、非洲和欧洲等地区的联系，对冲了美国通过如 TPP 等各种同盟协议对我国形成的经济孤立意图；第三，通过提出并大力推进建设人类命运共同体和海洋命运共同体，强化了亚洲各国之间的沟通联系，提升了中国对亚太地区事务的主导权。正如习近平主席在亚洲相互协作与信任措施会议第四次峰会的主旨讲话中所提出的："亚洲的事情，归根结底要靠亚洲人民办，亚洲的问题，归根结底要靠亚洲人民来处理；亚洲的安全，归根结底要靠亚洲人民来维护。"中国的"一带一路"倡议，有力地抵制了美国打算主导亚太地区事务甚至控制这一地区的野心。

（3）以协商、合作、共赢作为基本途径。正如习近平主席所指出的，推进"一带一路"建设，要"坚持各国共商、共建、共享，遵循平等、追求互利，牢牢把握重点方向，聚焦重点地区、重点国家、重点项目，抓住发展这个最大公约数，不仅造福中国人民，更造福沿线各国人民"。要坚持合作共赢，推动人类命运共同体的建设。

3. "21 世纪海上丝绸之路" 的实施原则和路径

我国是全球陆上邻国最多的国家，要维护好、利用好 21 世纪初的重要战略机遇期，必须建设好与周边国家的睦邻友好合作关系，与海上丝绸之路沿线国家在政治层面更加互信、经济层面深度融合、文化层面更加紧密，从而使 21 世纪海上丝绸之路更加畅通。在"人类命运共同体"的倡议下，为"21 世纪海上丝绸之路"沿线各国提供良好的合作共赢平台，要做到这一点，应当坚持以政策沟通、设施联通、贸易畅通、资金融通、民心相通为主要内容，并坚持以合作共赢为基点。

其中，政策沟通主要是指要保障和加强政府间的合作交流机制，建立政治互信；设施联通是优先建设港口、机场等基础设施；贸易畅通是在设施联通的基础上，将打造沿海地区核心商贸区作为重点内容，促进国际贸易；资金融通是以亚投行和丝路基金为重要支撑；民心相通是指通过加强人文交流，增强各国人民的友好互信。

为了推动政治互信，中国政府积极与海上丝绸之路沿线国家在政府、政党、议会等层面保持良好的互动交流，凝聚共识。作为 21 世纪海上丝绸之路的建设重点，中国注重与东盟的友好关系（林进忠，林旻，黄邵，2017）。目前，与东盟已经签署了《中国—东盟面向和平与繁荣的战略伙伴关系联合宣言》《南海各方行为宣言》《东南亚友好合作条约》等合作文件，并成立了中国—东盟商务理事会，举办了中国—亚欧博览会、中国—东盟博览会、中国—东盟商务与投资峰会、大湄公河次区域经济合作等对话及合作机制。在这些平台和机制的保障下，海上丝绸之路沿线国家可以求同存异，进行及时、深刻的交流，共同制定深化合作的规划和措施，通过建立良好的政治生态增进战略互信。

贸易畅通方面，经济合作本来就是 21 世纪海上丝绸之路沿线国家与地区合作的基础。建设 21 世纪海上丝绸之路，应当以贸易投资为纽带，加快中国与沿线国家及地区在经济合作方面的深度融合，早日形成有利于各方共同发展的区域经济一体化格局。2010 年中国与东盟的自贸区正式实施，双方领导人随即同意对其进行升级，以促进生产要素的自由流动和优化配置。凭借着陆海互联互通的基础，各方将有条件进一步开拓国际市场，降低流通成本，激发市场活力，使各国商品都有机会以更低的价格和更便捷的方式进入海上丝绸之路沿线国家的市场。

民心相通，要加强21世纪海上丝绸之路"和平和友谊"的精神传播，要深入了解和开发沿线国家的人文资源，以彼此尊重为基础，在交往中互学互鉴，巩固并进一步夯实同海上丝绸之路沿线国家和地区发展关系的社会和民意基础。应积极开展非官方外交，做好文化宣传工作，让海上丝绸之路命运共同体意识在沿线国家和地区生根发芽、开花结果。

"21世纪海上丝绸之路"和"丝绸之路经济带"一样，以坚持合作共赢为基点，与沿线国家和地区共同建设起政治互信、经济融合、文化包容的利益共同体、命运共同体和责任共同体。一些西方媒体炒作"一带一路"是中国版的"马歇尔计划"，这显然是对"一带一路"的刻意曲解，事实上，两者在理念和实践方面都有着显而易见的本质区别。

在上述原则之下，"21世纪海上丝绸之路"应平行推进基础设施互联互通、产业金融合作和机制平台建设，加快实施自由贸易区战略，加强安全领域交流与合作，促进政策沟通、道路联通、贸易畅通、货币流通、民心相通，共创区域繁荣，展开"三大机制、五大举措"的建立和实施（贾益民，2017）。

（1）三大合作机制

①外交与安全合作机制。要重视外交工作的高层引领作用，尤其是在政经博弈复杂的"21世纪海上丝绸之路"沿线，同时将经济工作置于首要位置，形成经济和外交相互促进的良性机制。要与沿线各个国家加强沟通协调，加紧商议和签署投资保护、交通运输、贸易便利化、金融合作、司法协助等相关的一些协议，推动国际合作。要着重共同保护海上航道安全，打击海上跨国犯罪。整合现有协商机制，建立便于"21世纪海上丝绸之路"沿线国家和地区共同参与的战略平台，以共同商讨、解决相关的经济、外交和安全问题，并推进《南海行为准则》的谈判。为强化高层引领作用，还需进一步提高国家领导人、经济和外交高级官员相互访问和交流的频率，增进了解和战略互信。

②海洋、港口与城市合作机制。首先，利用好现有合作机制，在已签署

双边海洋领域合作谅解备忘录和协议的基础上，继续推动与更多国家签订双边或多边海洋合作机制，探索建立海洋部门的多边联席制度，共同开展海洋经济、环保、科技和渔业等各个领域的合作。其次，根据各个省市的比较优势和定位，建立与"21 世纪海上丝绸之路"沿线重点地区的城市合作机制。通过与东盟、南亚和中东各主要港口建立港口城市联盟和"一对一"的港口合作关系，建立合作开发与运营重要港口的机制。

③经贸合作机制。虽然经贸合作是"21 世纪海上丝绸之路"建设的主渠道和优先领域，但与其他区域贸易协定不同的是，"21 世纪海上丝绸之路"不具有排他性，而是要在吸收和整合现有亚太经贸合作机制的基础之上，融入中国元素，形成独特的多元化合作机制。因此，在建设"21 世纪海上丝绸之路"的过程中，还要大力推动中国—东盟"10+1"升级版，发挥亚太经合组织（APEC）的作用，积极运作好亚欧会议（ASEM）、亚洲合作对话（ACD）、亚信会议（CICA）、中阿合作论坛、中国—海合会战略对话和大湄公河次区域经济合作（GMS）等多边合作平台。并充分发挥各类投资贸易博览会、国际论坛等区域和次区域平台的作用。

（2）五大战略举措

①打造战略支点体系。海上丝绸之路涉及 30 多个国家和地区以及国内众多省市，由于我国国内改革攻坚和各项建设的任务依然十分繁重，因此"21 世纪海上丝绸之路"初期的建设不可能面面俱到。所以要突出国家总体设计，明确需求导向，确定"21 世纪海上丝绸之路"建设的核心区域、重点对象、优先领域、重大项目以及关键节点，要合理有序谋篇布局，重点突破。国际合作应选择周边国家、资源丰富型国家、通道型国家等具有不同典型特征的国家作为支撑点。并着眼于中南半岛和马六甲海峡，突破贸易和能源运输网络的瓶颈。大力支持"泛亚铁路计划"，推动高铁"走出去"。并争取在马六甲海峡及其周边区域的港口进行联合开发和运营。

②提升互联互通水平。基础设施互联互通是"21 世纪海上丝绸之路"建设的优先领域，也是使红利惠及相关地区最有效的手段。海上互联互通，涉及港口及航线、物流集散和交易设施，要重点打造东南亚重要港口与西南陆地的通道，对接西南陆上丝绸之路；陆上互联互通，涉及高速公路、高速铁路和油气管道等设施。主要是加快中国与中南半岛的陆路通道建设，推动

昆曼公路和"泛亚铁路计划"①，建设和运营好中缅油气管道；空中互联互通，主要以北京、上海和广州为主，包括沿海各个主要航空港，积极开通至东南亚和中东地区的航线，并大力发展航空货运业务；信息和电网的互联互通，要研究发展与越南、缅甸和老挝等国的电信基础设施互通、电力资源共享以及水利开发合作。

③从五个方面推进经贸合作。一是大力推进自由贸易区战略。加快启动和推进中国—东盟自贸区升级版谈判，尽快完成区域全面经济伙伴关系（RE-CP）协定的谈判的同时，争取与"21 世纪海上丝绸之路"重要节点所在国家完成双边自贸协定的签订。二是参与重构东亚生产分工体系。东亚地区以垂直分工制造网络塑造了其全球竞争力，但随着中国人口红利走向结束，产业升级势在必行，东南亚国家正在承接相应的产业转移。中国要加快向东南亚"走出去"的步伐，引导建立以中国为中心的生产分工体系。三是推动服务贸易自由化。各国应考虑充分发挥各自的比较优势，放宽服务业市场准入条件，推动服务贸易自由化。四是加快境外经贸区建设。可以考虑以中国—马来西亚"两国双园"模式为样板，加快在战略支点国家和地区、重要港口、铁路沿线等进行境外经贸区建设。并将重点放在资源开发型、港口服务型、国内产业配套型三种园区。五是创新亚太金融合作。以亚洲基础设施投资银行为杠杆，撬动亚太金融合作格局的改革和创新；并以金融合作为契机，推动人民币国际化进程，加强与东南亚各国金融市场的互相开放和货币政策的协调。

④加强海洋开发与合作。海洋开发与合作是 21 世纪海上丝绸之路建设的重点内容之一，也是我国实现建设海洋强国目标的必然举措。要推动与"21 世纪海上丝绸之路"沿线国家在渔业捕捞、能源开发、海洋船舶、海洋工程设备和海洋科技研发等领域的合作。例如，随着我国远洋捕捞活动的增加，出现了很多跨国渔业纠纷和环保问题，因此要大力推动与"21 世纪海上丝绸之路"沿线国家签订渔业合作协议，共同进行渔业资源开发和利用。并大力发展跨国海洋产业价值链，鼓励在印度尼西亚、缅甸等重要支点国家建立远

---

① "泛亚铁路"最早是由马来西亚总理马哈蒂尔在东盟第五次首脑会议上提出的。当时共有东线、中线和西线三种设想。其是湄公河流域开发的重要项目之一，它将把中国、越南、泰国、柬埔寨、马来西亚和新加坡连接起来，形成一条重要的南北经济走廊。2001 年 10 月，在泰国举行的第三次东盟—湄公河流域开发合作部长级会议，原则上通过了有关建造泛亚铁路的计划。

洋渔业基地，开展与相关的渔业资源调查、冷库、物流、深加工和食品开发，以及远洋渔船检测服务等，建立国际性的海洋全产业链。

⑤大力推进人文交流。国之交在于民相亲，民相亲在于心相通。要充分发挥海上丝绸之路历史文化的纽带作用。可以通过增设友好城市和协调机制，共同打造世界遗产和风景旅游区，联合举办各类文化节事活动，加强和沿线国家的人文交流。还应积极开展各类文化产业和文化贸易合作，深入实施人脉工程，加强教育、智库、媒体、非政府组织等的交流。特别应当发挥华人华侨的独特作用。华侨华人在参与建设、协助公关、舆论宣传等方面具有得天独厚的优势。要充分发挥其特殊地位，更好地推动"21 世纪海上丝绸之路"建设与中国—东盟经济合作。

（三）"21 世纪海上丝绸之路"倡议的实施举措

2013 年 "21 世纪海上丝绸之路" 倡议正式提出后，从国家领导到各地政府，从战略合作到项目建设，从配套政策到平台交流，都有一系列的举措。

1. 高层推动

国务院总理李克强在 2013 年中国—东盟博览会上强调要铺就面向东盟的海上丝绸之路。2013 年 12 月，中央经济工作会议提出 "推进丝绸之路经济带建设，建设 21 世纪海上丝绸之路"。2015 年 2 月 1 日，推进 "一带一路" 建设工作会议在北京召开。2015 年 3 月 28 日，制定并发布《推动共建丝绸之路经济带和 21 世纪海上丝绸之路的愿景与行动》。2015 年 3 月 28 日，习近平主席在博鳌亚洲论坛开幕式上发表主旨演讲，表示 "一带一路" 建设不是要替代现有地区合作机制和倡议，而是要在已有基础上，推动沿线各国实现经济战略相互对接、优势互补。2017 年 6 月 19 日，国家发展改革委和国家海洋局联合发布《"一带一路" 建设海上合作设想》，作为首届 "一带一路" 国际合作高峰论坛的领导人成果之一，这是中国政府首次就推进 "一带一路" 建设海上合作提出中国方案。

2. 签署合作框架

中国与马来西亚、阿联酋、希腊等国家签署了共建 "21 世纪海上丝绸之路" 合作备忘录，与一些毗邻国家签署了地区合作和边境合作的备忘录以及经贸合作中长期发展规划。研究编制与一些毗邻国家的地区合作规划纲要。

2016 年 9 月 19 日，推进 "一带一路" 建设工作领导小组办公室主任、国家发展改革委主任徐绍史与联合国开发计划署署长海伦·克拉克签署了《中华人民共和国政府与联合国开发计划署关于共同推进丝绸之路经济带和 21 世纪海上丝绸之路建设的谅解备忘录》。作为第一份中国政府与国际组织签署的共建"一带一路"的谅解备忘录，这是国际组织参与"一带一路"建设的一大创新。

3. 亚洲基础设施投资银行的建立

2013 年 10 月 2 日，习近平主席提出筹建亚洲基础设施投资银行倡议。2014 年 10 月 24 日，21 个首批意向创始成员国的财长及授权代表在北京举行签约，决定成立亚洲基础设施投资银行（Asian Infrastructure Investment Bank，以下简称亚投行，AIIB）。

2015 年 4 月 28 日，亚投行第四次谈判代表会议闭幕。此次会议是亚投行 55 个意向创始成员国名单最终确定后首次齐聚北京，代表们对《亚投行章程（草案）》修订稿进行讨论并取得显著进展。2015 年 12 月 25 日，亚洲基础设施投资银行正式成立。2016 年 1 月 16 日至 18 日，亚投行开业仪式暨理事会和董事会成立大会在北京举行。亚投行的法定资本达 1000 亿美元。截至 2019 年 7 月 13 日，亚投行已有 100 个成员国。2019 年 10 月 24 日，北京亚洲金融大厦竣工，成为亚洲基础设施投资银行总部永久办公场所。

亚投行的宗旨是通过在基础设施及其他生产性领域的投资，促进亚洲经济可持续发展、创造财富并改善基础设施互联互通；同时与其他多边和双边开发机构紧密合作，推进区域合作和伙伴关系，应对发展挑战。

为履行其宗旨，亚投行开展以下业务：（1）推动区域内发展领域的公共和私营资本投资；（2）利用其可支配资金为本区域发展事业提供融资支持；（3）鼓励私营资本参与投资有利于区域经济发展的项目、企业和活动，在无法以合理条件获取私营资本融资时，对私营投资进行补充；（4）为强化上述职能开展的其他活动或提供的其他服务。

亚投行首批批准了孟加拉国电力配送升级和扩容项目、印度尼西亚国家贫民窟升级项目、巴基斯坦 M-4 高速公路项目和塔吉克斯坦公路项目，四个项目共投资 7 亿美元。截至 2019 年 12 月，亚投行的投资总额近 100 亿美元。其中，印度相关项目有 14 个，孟加拉国和印度尼西亚分别有 5 个，巴基斯坦和土耳其分别有 4 个，中国有 2 个。

4. 文化平台交流

2014 年 1 月 13 日，21 世纪海上丝绸之路建设暨 "中国南海文化丛书" 学术研讨会在广州召开，各路专家为广东如何借力海上丝绸之路建设进一步经略海洋献计献策。2014 年 10 月 31 日，广东 21 世纪海上丝绸之路国际博览会在东莞市举行。展会吸引了 42 个国家和地区的 1000 多家参展企业和 6000 多家境内外采购企业。2015 年 2 月 12 日，以 "打造命运共同体，携手共建 21 世纪海上丝绸之路" 为主题的 21 世纪海上丝绸之路国际研讨会在福建泉州开幕。中共中央政治局委员、中央书记处书记、中宣部部长刘奇葆出席本次研讨会，并发表 "扬帆海上丝路实现共赢发展" 的主旨演讲。2015 年 3 月 23 日，由中国和南非学者联合举办的 "海上丝绸之路与跨文化交流" 国际学术研讨会在开普敦举行，中国社会科学院秘书长、中国社会科学杂志社总编辑高翔做主旨发言。

5. 重点省份制订实施方案

（1）福建省

根据 2015 年 3 月，国家发展改革委、外交部、商务部发布的《推动共建丝绸之路经济带和 21 世纪海上丝绸之路的愿景与行动》（以下简称《愿景与行动》），福建被明确赋予 21 世纪海上丝绸之路核心区的角色。在 2015 年 11 月 17 日，经福建省发展改革委、福建省外办和福建省商务厅经福建省人民政府授权后发布了《福建省 21 世纪海上丝绸之路核心区建设方案》。

方案分为总体思路、加快设施互联互通、推进产业对接合作、加强海洋合作、拓展经贸合作、密切人文交流合作、发挥华人华侨优势、推动闽台携手拓展国际合作、创新开放合作机制和强化政策措施保障共计十个部分。

根据建设方案，福建省 "21 世纪海上丝绸之路" 核心区建设重点合作方向，除了打造经马六甲海峡向西至印度洋，延伸至欧洲的西线合作走廊，以及经印度尼西亚抵达南太平洋的南线合作走廊；还要结合福建与东北亚传统合作伙伴的合作基础，积极打造从福建沿海港口北上，经韩国、日本，延伸至俄罗斯远东和北美地区的北线合作走廊。省内，则支持泉州市建设 21 世纪海上丝绸之路先行区；支持福州、厦门、平潭等港口城市建设海上合作战略支点；平潭、厦门和漳州应发挥两岸产业对接的集中优势；莆田、宁德要发挥深水港口优势和妈祖文化、陈靖姑文化①的纽带作用，拓展与海上丝绸之路沿线国家和地区的经贸合作和民间信俗交流，促进经贸人文融合发展；另外，还支持三明、南平、龙岩等非沿海城市建设海上丝绸之路腹地拓展重要支撑，发挥生态、旅游资源优势和朱子文化、客家文化等纽带作用。

加快互联互通设施方面，除了以港口为重点的海上通道建设以及航空、陆海联运建设外，还要深化口岸通关体系建设和加强现代化信息通道建设。要进一步扩大口岸开放，加强口岸基础设施建设，完善口岸通关机制，促进港口通关有效整合，提升口岸通关便利化程度。推进与东盟国家跨境运输便利化，依托福建省国际贸易"单一窗口"平台，探索推进与东盟国家、港澳台地区口岸通关部门信息互换、监管互认、执法互助等，打造便捷的通关体系，并且要积极推动福建与东盟国家的信息走廊建设，完善信息网络合作与信息传输机制，促进与海上丝绸之路沿线国家和地区信息互联互通，打造便捷的信息传输体系。

产业合作和海洋合作上。支持企业扩大对外投资，并且要加强与西亚、东南亚地区在油气和矿产方面的合作。在积极发展远洋渔业和生态保护的同时，要推动与东盟等国家海洋灾害预警、减灾防灾、救援救助方面的合作，更要加强与东盟国家加强海上联合执法、联合防恐合作，增进了解与互信，共同维护地区和平稳定与航行安全。

相比其他省市，福建的特殊之处在于与台湾临近，并且在文化上也有更多的共同之处。因此，肩负着携手台湾拓展国际合作的重任。一方面，要深化闽台经贸合作，促进"21世纪海上丝绸之路"核心区的建设，同时也要通过核心区建设提升闽台交流合作水平。通过深化闽台交流合作推动福建自贸试验区与台湾自由经济示范区加强合作。支持台资企业参与福建港口建设，密切与台湾地区的海上运输合作，共同打造环台湾海峡港口群和航运中心。支持福建企业与沿线国家和地区的台资企业加强合作，携手共同拓展东盟等国际市场。完善海上安全执法合作机制，共同打造稳定、畅通的海上丝绸之

---

① 顺天圣母、临水夫人陈靖姑被誉为"救产、护胎、佑民"的"妇女儿童保护神"，是福建最有影响力的陆上女神。2008年，陈靖姑信俗文化被列入国家非物质文化遗产名录。据统计，目前分布在世界各地的临水宫分宫分庙有4000余座，信众已逾亿人。其中，台湾主祀陈靖姑的宫庙有500多座，配祀的宫庙3000多座，信众1500多万人。

路。加强经贸合作的同时，也要加强祖地文化、民间文化交流，加快闽南文化生态保护实验区和客家文化、妈祖文化等载体建设，弘扬中华文化。深化两岸民间基层交流合作，强化福州、厦门、泉州在两岸空中直航中的中转功能，进一步方便人员往来。

强化政策措施保障方面，除了要加强组织领导、强化统筹协调、加大政策扶持、突出项目带动和强化人才支撑外，还要注重加强境外投资风险防范。具体建议措施包括加强境外投资信息服务，为企业提供海上丝绸之路沿线国家和地区政治经济、社会文化、法律规范、投资项目等信息，及时发布风险提示；加强境外投资监测与预警体系建设，积极跟踪分析企业境外投资及项目建设进展，为企业"走出去"提供分析借鉴；并注意引导企业增强风险意识。

（2）广东省

广东在 2015 年发布了参与"丝绸之路经济带"和"21 世纪海上丝绸之路"建设实施方案。早于先秦时期，岭南地区与南海诸国已有经贸往来。作为海上丝绸之路最早的发祥地之一，广东是中国两千多年唯一从未中断海上贸易的省份，并始终与海上丝绸之路沿线诸国保持着频密的经贸联系，目前已逐步发展成为国内与东盟、南亚、南太国家经贸合作量最大的省份之一。广州在历史上也曾长期作为第一大港口，承担着对外贸易的重任。

广东制订的实施方案主要包括九个方面的重点任务：促进重要基础设施互联互通，加强对外贸易合作，加快投资领域合作，推进海洋领域合作，推动能源领域合作，拓展金融领域合作，深化旅游领域合作，密切人文交流合作和健全外事交流机制。

广东将举办 21 世纪海上丝绸之路国际论坛暨国际博览会，并利用广交会、高交会等平台推进经贸合作。建设中国（广东）自由贸易试验区，推动与沿线国家的贸易合作。支持企业赴沿线国家投资，在现代农业、先进制造业、现代服务业和跨国经营等方面开展深度合作。鼓励有条件的省内金融法人机构走出去到沿线国家投资发展，吸引沿线国家金融机构来粤设立机构，支持双方金融机构建立沟通协调机制，开展业务合作。支持在沿线国家投资的广东企业与当地金融机构开展合作，共同发展。设立广东丝路基金，支持"一带一路"项目建设。

（3）海南省

海南最重要的举措就是中国（海南）自由贸易试验区的建立。2018 年 4 月 13 日，习近平主席在海南省暨海南经济特区 30 周年大会上宣布决定支持海南全岛建设自由贸易试验区。次日，中共中央、国务院发布了《关于支持海南全面深化改革开放的指导意见》，明确要结合海南特点，在海南岛全岛实施自贸区的建设。2018 年 10 月 16 日，国务院批复同意设立海南自贸试验区，并印发《中国（海南）自由贸易试验区总体方案》。同年 10 月 29 日，2018 "一带一路" 媒体合作论坛中国（海南）自由贸易试验区政策介绍会在海南博鳌召开。

按照海南总体规划的要求，以发展旅游业、现代服务业、高新技术产业为主导，科学安排海南岛产业布局。要发挥海南岛全岛试点的整体优势，推动形成全面开放新格局，把海南打造成为我国面向太平洋和印度洋的重要对外开放门户。

（四）"21 世纪海上丝绸之路" 的意义

党的十八大报告指出："合作共赢，就是要倡导人类命运共同体意识，在追求本国利益时兼顾他国合理关切，在谋求本国发展中促进各国共同发展，建立更加平等均衡的新型全球发展伙伴关系，同舟共济，权责共担，增进人类共同利益。"

对经济进入新常态、发展进入新阶段的中国来说，共建 "21 世纪海上丝绸之路"，有助于我国与相关国家在基础设施、物流贸易、能源、海洋资源、金融合作、人文交流等领域展开全方位的合作。通过实质性的、经济深度融合的合作，有助于拓展我国发展战略空间，为我国产业转型升级和经济持续稳定发展提供有力支撑。"21 世纪海上丝绸之路" 沿线的国家，在中国提出的构建 "人类命运共同体" 的倡议下，借着 "丝路" 提供的平台，也获得了区域互助、合作共赢的机遇。我国面临着产能过剩，但 "21 世纪海上丝绸之路" 沿线有不少国家有很大的基建需求和强烈的发展诉求，帮助这些国家发展基建，在解决过剩产能的同时，也为我国稳定地进行产业升级提供了时间窗口。所以，我国 "21 世纪海上丝绸之路" 倡议能够与沿线国家的发展有效衔接和融合，在一定程度上满足了各方共同发展的愿望，创造了合作共赢的机遇和条件。

对于一些有融资需求的发展中国家来说，世界银行和亚洲开发银行对投资国的审查门槛过高。为提供基础设施建设融资而成立的亚投行，能够为包括中国在内的"21 世纪海上丝绸之路"提供创新的合作途径和融资平台。尤其应当注意的是，"21 世纪海上丝绸之路"的目标是实现亚欧非相关国家的共同发展，这是对现有国际秩序的"补充"，不是"颠覆"，不是"霸权主导"，而是"互利共赢"。

近代中国的衰落与缺乏海洋意识和海权意识，闭关锁国不无关系。1894年甲午海战失败后，清王朝彻底失去了海防屏障。新中国成立后，我国政府重视海洋开发和海防实力提升，积极加强人民海军建设。我国是一个贫油国家，也是目前世界上进出口贸易规模最大的国家，80%的石油、50%的天然气进口和43%的进出口商品都要经过"海上丝绸之路"（杨晓杰，2019），"21世纪海上丝绸之路"倡议对我国的能源和进出口贸易安全有重要意义的同时，倡议倡导的相关国家共商、共建、共享的原则也符合周边国家的共同利益，是探索国家之间合作治理新模式的一种尝试。要实现中华民族的伟大复兴，落实海洋强国战略必不可少，"21 世纪海上丝绸之路"的实施，有利于提高我国国际竞争力和综合国力，对建设海洋强国和中国梦的实现具有重要的积极意义。

随着我国实力不断增强，西方霸权国家不断挤压我国周边的战略空间，大搞"岛链"建设，对我国为了维护国家周边安全而付出的、并不高昂的正常国防支出说三道四，对我国正当行使南海主权横加干涉。对中国的和平崛起十分戒备，实际上是自己"心里有鬼"。2011 年 11 月，在美国夏威夷檀香山举办的亚太经济合作组织（APEC）会议上，奥巴马宣布美国已经与其他 8个国家就跨太平洋战略经济伙伴关系协定（TPP）达成一致，力争在 2012 年落实这一计划，并在 2015 年实现零关税。美国这一举动的目的被认为是拉拢亚太国家，架空 APEC，打压中国。2012 年 1 月 5 日，时任美国总统奥巴马与当时的国防部长帕内塔、参谋长联席会议主席邓普西在五角大楼举行记者会，公布了名为《维持美国的全球领导地位：21 世纪国防的优先任务》的军事报告，明确提到要加强美国在亚洲的军事存在，标志着美国从军事上也正式启动了"重返亚太"的战略。政治上，美国为首的西方势力对昂山素季大加推崇，重启与缅甸的交往，在积极拉拢东南亚各国的同时，力求凸显美国在亚太的地位与利益；军事上，陆战队进驻澳大利亚，高调组建"空海一体战办公室"①；经济上全力推动 TPP，妄图全方位地织起对中国的新型封锁网。特朗普上任后，虽然 TPP 被搁置，但对中国的敌视并未减轻，特朗普将"亚太再平衡战略"调整为"印太战略"。2017 年 12 月发布的《美国国家安全战略》报告中，特朗普政府正式将"印太"作为美国国家安全战略中的最重要地区，不光在东南亚太平洋地区对我国进行战略围堵，更扩大到西南部的印度洋及其沿岸国家（郑永年，张弛，2018）。虽然这些文件中都未直接提及中国，但显而易见，美国从"亚太战略"到"印太战略"，都是围绕着我国周边做文章，针对意味十分明显。

作为"一带一路"倡议的重要组成部分，"21 世纪海上丝绸之路"和丝绸之路经济带一海一陆遥相呼应，可以分别从海洋和内陆两条线对冲美国"印太战略"在地缘上对我国的围堵。"21 世纪海上丝绸之路"向西向南突破，可绕开美日在西太平洋的封锁，经南海进入印度洋，并一路向西对接中东直达欧洲和东非。"一带一路"南北双线西进，海陆配合，能够在战略上实现亚欧非一体。通过亚投行的建设实施，"一带一路"倡议也能够有力对冲美国主导的金融体系的围堵。目前，在联合国安理会常任理事国中除美国外均已加入亚投行。

"21 世纪海上丝绸之路"所倡导的合作共赢和人类命运共同体的主旨理念，"让世界来搭中国的顺风车"的包容态度，充分体现了中国负责任大国的担当，展现了中国和平崛起的姿态和信心，呈现了巨大吸引力。相比美国一直以来的单边主义、长臂管辖等霸权姿态，具有更大的进步性和合理性。中国秉持"亲、诚、惠、容"的周边外交理念，致力于维护世界和平、促进共同发展，努力消弭与有关争议国的分歧，求同存异，共谋发展，深化经济、政治领域的合作，不仅可以与东盟有关国家增信释疑，还能使美国利用东南亚国家对中国发展进行牵制的图谋破产，打开中国地缘战略的新局面。

---

① 美国国防部空海一体战办公室（ASB Office，ASBO）是 2011 年 8 月 12 日由海军、空军、海军陆战队三大军种联合建立的，为贯彻执行 ASB 作战理论建立某种框架。主要手段包括推动各军种之间的协调、影响各军种的军事演习、鼓励空中和海上能力的发展与融合、与各联合部队进行合作等。

三、金融对 "21 世纪海上丝绸之路" 的意义

金融作为现代经济的核心，在国家战略中占据重要地位。在 "21 世纪海上丝绸之路" 的建设中，也要以 "规划先行、金融先导" 为原则（田益豪，蒋瑛，2018）。以金融为推手，统筹带动中国的技术、装备、标准等随企业 "走出去"。

"21 世纪海上丝绸之路" 沿线多为新兴市场国家，区域金融实力不足，水平较低，具体表现为以下几点：第一，"21 世纪海上丝绸之路" 沿线不少新兴市场国家的资本市场发展缓慢，但过早、过快地开放了金融业，导致企业缺乏安全和高效的直接融资渠道；第二，"21 世纪海上丝绸之路" 沿线国家大多经济实力不强，总体金融实力较差，缺乏资金和融资支持来进行互联互通基础设施的建设；第三，"21 世纪海上丝绸之路" 沿线国家众多，涉及多国家、多币种的广泛跨境金融合作，但多边合作框架还不够完善；第四，由于国家众多，很多国家之间并不是友好关系，地缘政治、经济博弈非常复杂，因此要建设完善的货币稳定体系、投融资体系和信用体系存在一定现实困难。而这些问题都可以通过金融手段来应对，金融最大的特征是具有灵活弹性的政策和多样化的工具，因此在处理多重分化的问题时有很大的优势。因此，在坚持依法商业运作的前提下，通过金融手段引导资本先行进入合作市场，能够助力沿线国家发展，还能在一定程度上降低 "中国色彩"，弱化政治因素和疑虑，换取相关国家对中国更好的认同。现如今，金融业的发展日新月异，作为社会资源配置的核心手段，金融对产业变革、社会演化和国家安全都有深远的影响。金融不仅是经济的血液，更是时代发展的驱动力之一。因此，在 "21 世纪海上丝绸之路" 的发展建设中，应当强化金融的引领作用。

（一）"21 世纪海上丝绸之路" 建设对金融的需求

加强金融支持 "21 世纪海上丝绸之路" 的建设，是发展更高水平开放型经济的必然要求，可以进一步增强我国的经济实力和综合实力。以 "21 世纪海上丝绸之路" 沿线建设为契机，遵循共商共建共享的原则，推动国际经济和金融合作，在形成面向全球的贸易、生产、服务网络的同时，还能够助力国内金融体系改革，促进 "21 世纪海上丝绸之路" 沿线区域经济的一体化。

增强金融对"21世纪海上丝绸之路"建设的支持，有助于化解区域发展不平衡不充分的问题。区域协调发展战略和构建全面开放新格局是将我国建设成为现代化经济体的重要组成工作。"一带一路"建设有助于促进我国区域协调发展、化解发展不平衡不充分的矛盾（董希淼，2017）。这一过程中，需要积极强化金融支持，对内对外推动互联互通的基础设施建设，降低中西部地区的贸易成本，达到产能和资源互补、拓展贸易空间的目标。

我国已经成为世界第二大经济体，要实现健康、长期的可持续发展，参与国际治理体系的变革是必然要求，也是国际社会的期许。建设"21世纪海上丝绸之路"，正是中国积极参与并改善全球治理体系所贡献的智慧和方案。这一过程中，需要通过金融来落实，为提供公共产品创造有利条件。"21世纪海上丝绸之路"的建设所需的金融服务，涉及各个领域，包括投融资、证券和保险等。

"21世纪海上丝绸之路"沿线多数国家经济发展水平相对落后，基础设施建设存在巨大资金缺口，制约了经济发展。通常而言，基础设施建设的资金大都来自本国财政，但不少国家因财政收入不足，难以满足其对基础设施建设支出的需求。亚投行《2019亚洲基础设施融资报告》中指出，亚洲大部分地区有大量的基础设施投资机会，目前的基础设施建设也主要由银行贷款驱动。据估计，亚洲地区基础设施融资缺口约为每年4590亿美元（AIIB，2019）。

由于"21世纪海上丝绸之路"沿线各国地理位置和经济发展差异很大，在能源、资源和产业结构上具有巨大的合作空间，因此沿线各国的贸易往来频繁、规模和领域不断扩展，对融资的需求也随之迅速增长。我国在过去几年和可预见的未来较长时间内，与"21世纪海上丝绸之路"沿线国家的贸易始终保持并将继续保持高速增长，因此贸易融资的需求也将持续扩大。

在"21世纪海上丝绸之路"的项目投资中，基础设施占据重要地位，而基础设施项目具有投资规模大，建设周期长，收益起效慢等特点，另外，海外地区投资环境普遍更具风险性，因此基础设施投资项目对保险服务有迫切的需求。工程保险、责任保险、货物运输保险、海外投资保险、信用保险、重装备保险等各个类型的产品，在风险相对集中的基础设施项目中都大有可为。此外，在"21世纪海上丝绸之路"加强互联互通的同时，跨境人员往来不断增强，相关人员对自身的生命及财产安全也有迫切的保障需求。

此外，"一带一路"的建设为人民币的国际化带来历史性机遇，反过来，人民币的国际化也为相关建设创造了更加便捷和可行的条件。2018 年，我国跨境贸易中人民币结算业务达到 5.11 万亿元，其中直接投资的人民币结算业务为 2.66 万亿元（管国亮，2019）。随着"一带一路"建设的深入推进，跨境人民币结算的需求也在快速增长。亚投行、丝路基金以及各投资主体在支持基础设施建设的同时，也会带动直接投资中对人民币结算的需求。

（二）金融支持"21 世纪海上丝绸之路"建设的方式

"21 世纪海上丝绸之路"倡议提出后，获得诸多国家支持和响应，取得积极进展，但部分地区和项目由于金融供给不足等问题，存在建设遇阻的情况。因此，急需正确理解对"21 世纪海上丝绸之路"的金融支持，解决建设过程中的金融服务问题。我们应当正确认识经济与金融的逻辑关系，抓牢金融服务于实体经济的本质，让金融更好地为"21 世纪海上丝绸之路"保驾护航。

2018 年 4 月 12 日，博鳌亚洲论坛副理事长周小川在广州举办的"2018全球治理高层政策论坛"上表示，为了有效发挥金融在"一带一路"建设中的重要支撑作用，亟须构建和完善多层次、多种类的金融服务体系。要以市场化为原则发挥地缘、成本、规模、配套和政策支持四大优势，整合政策性金融、开发性金融和商业性金融资源。

第二章　金融脆弱性及其意义

虽然"21世纪海上丝绸之路"前景光明，但也存在很多需要面对和克服的困难。东盟地区国家较多，政治和历史关系错综复杂，经济、政治乃至领土纠纷都存在。如何协调各国之间的关系和利益，顺利推进"21世纪海上丝绸之路"的建设，十分考验国家的智慧。而美国、日本和印度等国出于自身利益、地区影响力以及文化和历史方面的影响，也必将对"新丝路"的建设造成压力甚至设置障碍。由于金融在"一带一路"建设中起着至关重要的串联和推动作用，而"21世纪海上丝绸之路"沿线的主要组成国家大都经济规模有限，经济组成单一，易遭受或曾严重遭受过经济危机的冲击。因此，在经贸和政治合作中，必须着重关注其金融系统的脆弱性，做好充分的准备，以确保"21世纪海上丝绸之路"的顺利建设，保障我国的经济利益和投资收益。

一、金融脆弱性的基本概念

金融脆弱性的概念产生于20世纪80年代初期。Hyman P. Minsky 在《金融体系内在脆弱性假说》一书中对金融脆弱性问题做了比较系统的解释，形成"金融脆弱性假说"（Minsky，1982）。他认为，内在脆弱性是金融业的本性，是由高负债经营的行业特点决定的，这是狭义的金融脆弱性。黄金老（2001）认为，金融脆弱性是指一种高风险的金融状态，泛指一切融资领域中的风险积聚，具体又基本分为传统信贷市场上的脆弱性和金融市场上的脆弱性，这是广义的金融脆弱性。伍志文（2002）从金融制度学的角度，认为金融脆弱性即金融制度或金融体系的脆弱性，是由于外因和内因的作用，金融体系稳健性状态受到破坏，金融制度结构出现非均衡导致风险积聚，金融体系丧失部分或全部功能。

金融机构的脆弱性，最基本的衡量指标是清偿力，即银行资产与负债之差（Babecky J，Nek T H 和 Mateju J 等，2012）。由于银行普遍地具有"硬负债、软资产"的特点，所以衡量银行的清偿力就变成对其资产的估价问题，即不良资产比率是金融脆弱性的主要指标。由于金融机构属于服务业，依托于客户而存在，客户的状况会反映金融机构的稳健程度，而客户是整体意义上的。所以，宏观经济变量也能反映金融部门的脆弱性。

对一国金融脆弱性的衡量可以用一系列的经济金融指标来度量。国际货币基金组织和世界银行 1999 年 5 月启动的"金融部门评估计划"（FSAP）用宏观审慎指标（如经济增长、通货膨胀、利率等）、微观审慎指标（如资本充足性、盈利性指标、资产质量指标等）来判别金融体系的脆弱性（Babecky 等，2012；Behn M 等，2013）。

二、金融脆弱性与金融风险

金融风险的范围很广，按其涉及的范围划分，可以分为微观金融风险和宏观金融风险。微观金融风险是指金融活动的参与者，如厂商、金融机构、个人投资者所面临的不确定的变化结果，主要表现为信用风险、流动性风险、资本风险、投资风险和表外业务风险以及利率风险、汇率风险。宏观金融风险是指各种金融制度或金融活动对整个国民经济带来的不确定性的变化结果，当这种金融风险变为现实时，将会导致金融危机，对一国乃至全球金融及经济的稳定都会构成严重威胁。宏观金融风险主要包括三种类型：制度风险、外债风险、国际投机风险。

金融脆弱性与金融风险意义相近，但着重点不同。金融风险是指金融市场主体从事货币、资金和信用交易过程中遭受损失的不确定性，或者说经济主体在金融活动中预期收益与实际收益出现偏差的概率。金融风险，严格来说是指潜在的损失可能性。金融脆弱性不仅包括可能的损失，还包括已经发生的损失。

三、金融脆弱性与金融危机

国际货币基金组织把金融危机定义为整个社会的金融系统爆发的危机。它主要表现在金融系统运作过程中，包括金融资产价格在内的各种金融指标在短期内发生剧烈的变化。这些金融指标包括汇率、短期利率、证券资产的价格、房地产价格、金融机构倒闭家数等。金融危机会让整个金融系统陷入混乱状态，丧失资产分配的功能，从而导致经济动荡或经济危机（Babecky J，Nek H 和 Mateju J 等，2012）。

国际货币基金组织在其 1998 年 5 月发表的《世界经济展望》中，指出金融危机可以分为以下几种类型：（1）货币危机，是指投机性冲击导致一国货币大幅度贬值，或者货币当局为保卫本币而被迫动用大量外汇储备，大幅提高短期利率。（2）银行危机，是指真实的或潜在的银行破产，致使银行纷纷中止国内债务的清偿，或迫使政府提供大规模援助以阻止事态的发展。（3）债务危机，是指一国不能支付其外债利息。（4）全面性金融危机，可以称为"系统性金融危机"，是指金融市场出现严重的混乱局面，对实体经济产生极大的负面效应，一次系统金融危机可能包括货币危机，但一次货币危机却不一定陷入国内支付体系的严重混乱，也就不一定导致系统金融危机的发生。

金融脆弱性，只表明金融已经具有不稳定性，并不等于金融危机（Plata A 和 Schrooten P M，2004）。由金融脆弱到金融危机还有一个演化过程。金融危机是金融脆弱积聚到一定程度时以突发性、破坏性的方式表现出来，其作用和影响范围是系统的，也就是说金融危机是金融脆弱的积累和爆发。金融危机是指金融体系出现严重困难乃至崩溃，全部变现金融资产指标的急剧恶化，金融资产价格暴跌，金融机构陷入困境或破产，会对实物经济运行产生极为不利的影响，由此可见，金融脆弱积累到一定程度才会发生金融危机。

在金融全球化的背景下，金融脆弱向金融危机的转化速度大大加快。尤其是一个经济体受到冲击（尤其是投机性冲击）的可能性增大（L A 和 Detken C，2011）。以前，一国经济常常是受到实体经济方面的冲击（如农业的大幅度减产、石油冲击）而引发危机，而这些实体经济冲击并不经常发生。现在，随着私人资本及机构投资者的崛起，以及各国市场的开放，来自国际资本的冲击经常发生。由于国际投机者的攻击往往以货币为目标，货币危机就成为 20 世纪 90 年代以来金融危机的先导（Berg A 和 Pattillo C，1999）。在投机者的攻击下，一国货币急剧贬值，导致外汇市场开始排斥以致拒绝这种货币，该货币也就处于危机之中。在全球化时代，国与国之间金融脆弱以至金融危机的联系也更密切。

四、研究"21 世纪海上丝绸之路"沿线亚洲国家金融脆弱性的意义

从 1929 年的大萧条，到 20 世纪 90 年代日本经济泡沫崩溃，从 1997 年亚洲金融危机，到 2007 年的次级贷款危机和 2009 年的欧洲债务危机，每一次金融危机的爆发，都不可避免地使人民生活受到严重的影响，甚至国家政治都有可能发生动荡。江泽民总书记曾指出："一个国家，金融如果出了问题，就会给整个经济建设和社会稳定带来灾难性的后果。"探究金融体系脆弱性的内生机制，从不同侧面探究金融体系脆弱性产生的原因，是对经济学的重大贡献。及早地分析和预测金融脆弱的发生，对世界经济、国际金融的稳定都有巨大的现实意义。

我国目前 GDP 总量已达到全球第二位，PPP 位居全球首位，也是全球进出口贸易总量最大的国家和外汇储备规模最大的国家。在保持长期较高速度发展的同时，我国也在深化金融供给侧结构性改革并逐步有序地扩大金融开放。1997 年，泰国爆发的金融危机就能够席卷东南亚和东亚。作为全球经济的"发动机"和国际金融市场中举足轻重的一环，我国金融的稳定直接关系着全球金融的稳定，我国金融市场的波动必然会对亚洲甚至全球金融市场带来影响；作为"一带一路"的倡议者，我国金融体系和金融市场的稳定，直接关系着相关项目能否顺利推进和实施，关系着"一带一路"倡议的成败和我国战略形势的走向，我国的金融稳定是在"21 世纪海上丝绸之路"倡议推进中必须重点关注的根本性问题之一。

因此，在本书第三章，以中国 1992—2015 年的数据为例，通过在国际领域、金融领域、实体经济领域、公共财政、政策制度及传染效应几个领域选取指标，建立金融脆弱预警系统，并评估 15 个指标的预警效果，力图为"21 世纪海上丝绸之路"沿线其他国家的金融脆弱性研究与预测提供一个思路和参考。

而以东盟为主的"21 世纪海上丝绸之路"沿线各亚洲国家，除新加坡之外，都是发展中国家，其中多数国家经济体量不大，产业结构不完整，相对单一并处于全球产业链中较为低端的部分，同时又具有相对比较鲜明的外向型经济特征，因此较易受到投机资本或全球经贸变化等外部冲击。而这些国

家是推进 "21 世纪海上丝绸之路" 建设首先要合作的区域经济体，对于 "21 世纪海上丝绸之路" 倡议能否开个好头，能否顺利贯通都有着重要的意义。

因此，本书第四章选取了越南、马来西亚、泰国、菲律宾、印度尼西亚、新加坡和印度 7 个国家，分析其金融市场现状和金融脆弱性，根据可得数据，为各国分别建立并计算银行压力指数与外汇市场压力指数，以便在 "21 世纪海上丝绸之路" 的实施中，充分了解发展中国家和新兴市场国家的金融脆弱性，尽早发现、防范和化解金融风险，防患于未然。这对保障各方利益，顺利推进 "一带一路" 倡议并实现中华民族的伟大复兴，具有重要的支撑意义。

第三章　中国的金融稳定与风险分析

中国人民银行于 2015 年 10 月 23 日宣布下调金融机构人民币贷款和存款基准利率，以降低社会融资成本，同时下调金融机构人民币存款准备金率 0.5 个百分点，以保持银行体系流动性合理充裕。这已经是人民银行在 2015 年第五次降息降准。在全球经济下行压力这一背景下，决策者有何意图，收效怎样，人民币汇率的稳定性是否能经受考验？

纵观历史，每一次重大金融危机都伴随着区域乃至全球经济动荡，例如 20 世纪 30 年代大萧条、1997 年亚洲金融危机、2001 年互联网泡沫崩溃以及 2008 年国际金融危机等。Friedrich 等（2013）指出，在金融深化与全球一体化的进程中，货币危机是不可避免的。中国虽然没有深陷上述几次重要的金融危机之中，但并未摆脱金融动荡的影响。本章考虑经济基本面上汇率的可持续性，建立了一个可以预测货币危机发生概率的早期预警机制，旨在为决策者制定货币政策时提供前瞻性信息，以降低使用货币政策工具应对金融危机的相机操作成本。

一、理论依据

金融危机一般表现为本国货币突然的大幅度贬值、公共部门和私人部门的大规模贷款违约、股市低迷以及银行压力加大等，且这些问题往往会联合出现。目前，有几种不同方法来预测货币危机，其中一种是计算外汇市场压力指数，该指数分别赋予外汇储备、汇率与利率不同的权重。Aziz 等（2000）将货币危机定义为特殊冲击下的大幅货币贬值，为阻止危机，中央银行不得不缩减外汇储备或提高利率，因此他们使用外汇指数与汇率指数作为危机指标，研究了 20 个发达国家和 30 个新兴经济体国家。Bussiere 和 Mulder（2000）构建了包括国际外汇储备下降和利率上升两个指标的危机指数，指标的变动率越大，发生危机的概率越高。除将外汇储备、汇率和利率作为判据，还有其他预测和发现货币危机的方法。Bussiere 和 Mulder（1999），Grier 和 Grier（2001）考察了投机冲击下的货币贬值行为。Mwamba 和 Majadibodu（2012）使用了南非地区的微观数据和 GARCH 模型对潜在汇率的波动进行模型构建和数据分析，研究发现这些波动可以对危机发生提供预测信号。Frankel 和 Saravelos（2012）将危机范围扩大为金融与实体经济部门，除了外汇市场压力指数中包括的变量，他们还选择了股票市场回报率、真实 GDP 变动、工业产值以及国际货币基金组织提供的融资作为危机预测的指标变量。

如 Babecký 等（2012）所述，由于对危机结束的时间点的定义不同，并没有针对危机的统一定义，一些国家还存在数据限制，因而在危机的衡量上存在不同标准。许多研究通过挑选特定变量和阈值来构建市场压力指数并借此探测危机，还有一些经济学家提供了专业测量方法或媒体回访作为预测危机的参考（Caprio G and Klingebiel, D, 2003；Laeven L 和 Valencia F, 2012）。本章使用 KLR 方法来估测货币危机发生的可能性，这种非参数信号法最早由 Kaminsky 等人提出，通过分析若干经济指标来预测危机发生的概率（Kaminsky G, 1998；Kaminsky G 和 Reinhart C, 1999）。Kaminsky（1998）在文章中计算了危机发生的概率并考察了指标的预测能力，对"亚洲金融危机是一种前所未有的新型金融危机"这一当时主流观点予以了反驳，认为亚洲金融危机本来是可以预计的。Berg 和 Pattillo（1999）同样研究了 1997 年亚洲金融危机，借此评价 KLR 指标法的有效性，他们强调 KLR 信号法对于某些国家或经济体具有很强的预测能力，并使用 Probit 方法检验了每个预测指标的显著性情况。随后，Edison（2003）在之前的研究上增加了 7 个预测指标以及 8 个国家的样本。他在新样本中建立了新的阈值水平，发现金融的脆弱性既可以表现在一个单样本国家，也可以在一组国家样本中凸显。Peng 和 Bajona（2008）分析了中国 1991—2004 年的危机情况，展示了 1997 年亚洲金融危机对中国经济造成的影响，并给出避免未来金融危机的相关建议，如加强监管和国企改革等。此外，Alvarez-Plata 和 Schrooten（2004）使用 KLR 法预测阿根廷危机，但结果显示此方法对于研究阿根廷的金融并不适用。

Babecký 等（2012）研究了欧盟以及经济合作与发展组织国家的情况，使用两步法选取了潜在预警指标，即首先使用误差修正自回归模型选择预测窗口期，然后采用贝叶斯模型估计每个指标。结果发现，国内房价、股价、信贷增长和一些总量指标能够有效估计未来发生危机的可能性。Betz 等（2014）完善了之前研究所采用的宏观金融失衡指标和银行脆弱性指标，构建了一个早期预警模型来预测欧洲银行发生危机的概率。Lainà 和 Nyholm（2015）结合了信号提取模型与多元 Logit 模型，对预测芬兰发生危机的指标的有效性进行评估，结果表明贷款利率和存款利率的比值和房价这两个变量是最为有效的。

二、数据与研究方法

在 Kaminsky 等和 Budsayaplakorn 等人的研究基础上，挑选了 15 个经济指标来预测中国的情况。这些指标是基于 1992 年 1 月至 2015 年 9 月的 14 个变量计算得出（变量的描述性统计见表 3-1）。数据涵盖了国际领域、金融领域、实体经济领域、公共财政、政策制度及传染效应六个方面。

表 3-1 变量的描述性统计

序号	变量	均值	中位数	标准差	最小值	最大值	观测值数量
1	国际储备（十亿美元）	1238.69	453.79	1364.71	18.88	3993.21	274
2	进口（十亿美元）	56.72	28.73	55.54	2.57	183.01	309
3	出口（十亿美元）	66.34	29.95	65.88	2.84	227.51	309
4	有效汇率（2010＝100）	95.32	93.15	13.36	65.58	132.11	261
5	7天实际加权平均利率(%)	4.62	3.15	3.24	1.00	11.51	285
6	美联储实际利率（%）	2.78	2.93	2.18	0.07	6.31	285
7	实际 M_1（十亿元人民币）	12058.81	8120.72	10673.62	842.71	35867.81	283
8	M_2（十亿元人民币）	53373.71	39698.10	37223.04	11763.81	135982.41	190
9	国内信贷（十亿元人民币）	35560.90	26076.84	24113.17	9373.43	97054.97	190
10	GDP（十亿元人民币）	7989.68	6968.90	4757.11	2121.55	17873.28	190
11	贷款利率（%）	5.85	5.85	0.59	4.60	7.47	190
12	存款利率（%）	2.60	2.25	0.61	1.75	4.14	190
13	银行存款（十亿元人民币）	51469.56	38424.42	35591.20	10777.88	132542.06	190
14	上证指数（SSE）（1990/12/19＝100）	1772.26	1568.42	1034.15	109.90	5824.12	297

表 3-2 给出了 1992 年 1 月至 2015 年 9 月的 15 个早期预警指标以及说明[①]。

表 3-2　指标的描述

序号	指标	说明
1	国际储备	以 1 亿美元为单位的外汇储备总额
2	进口	以 1 亿美元为单位的进口总额
3	出口	以 1 亿美元为单位的出口总额
4	贸易条件	出口价格指数与进口价格指数的比值
5	有效汇率偏差	有效汇率偏离时间的趋势
6	实际利率差	（联邦储备实际利率−中国 7 天加权平均实际利率）/ 中国 7 天加权平均实际利率×100
7	超额 M_1	实际 M_1 超过 M_1 需求估计的百分比
8	M_2 的货币乘数	M_2/总货币基础
9	国内信贷总额/国内生产总值	
10	实际利率	中国 7 天加权平均实际利率
11	贷款利率/存款利率	皆为年度利率
12	银行存款	国内存款
13	M_2/国际储备	M_2 需转换成外币
14	GDP	使用立体匹配方法将季度数据转换为月度数据
15	上海证券综合指数	日数据的月度平均处理

数据来源方面，国际储备、M_1、M_2、基础货币、国内信贷和存款、贷款和存款利率取自中国人民银行数据库；进出口、GDP、CPI 取自中国国家统计局的数据；中国 7 天加权平均利率数据取自中国外汇交易中心；有效汇率数据取自国际清算银行；美联储实际利率数据取自美国劳工统计局（Bureau of Labor Statistics）；上海证券交易所（SSE）综合指数数据取自上海证券交易所公布的数据。

该预警系统的构建基础是 KLR 信号方法。Kaminsky 等将金融危机定义为，一个国家的货币突然贬值、国际储备急剧下降，或上述两种情况同时发

---

① 除指标 5 与指标 7 外，基于利率的 3 个指标，指标 6、指标 10、指标 11 都是相对于上年同期的百分比变化。这种计算去年同期水平变化的方法由 Kaminsky 等（1998）提出，他们认为这种方法确保了指标的可比性，使变量保持平稳，不受季节影响。

生。此外，利率急剧增加也是发生危机的一种表现，因为一国的中央银行或货币管理机构为抵御危机、捍卫本国货币，可能会采取提高利率的措施；或者某国货币被投机者大量囤积，试图做空时，银行间隔夜拆借利率也会大幅上升。

在分别评估 15 个变量的预警效果之前，我们首先检测"外汇市场压力指数"这一指数被广泛运用于采用 KLR 方法进行分析的研究工作中。该指数由三部分组成：人民币有效汇率的月度百分比变化，国际储备的月度百分比变化的相反数，以及 7 天加权平均利率月度百分比变化。其中，国际储备变化取负值的原因在于，外汇储备的降低是人民币承受压力的信号，同时提高利率意味着中央银行正在捍卫其货币。三个变量的方差有差异，确定它们权重的方法是使每一个部分的条件方差相同。

现有的研究表明，当指标偏离正常水平时，意味着危机即将到来。在本章所采用的实证模型中，危机被定义为当外汇市场压力指数超出均值至少 1.29 个标准差（位于历史数据的前 10%）的情况。一般来说，所考察的时间会分为多个时段，每个时段内均出现一次极高的通货膨胀率（超过 150%），每个时段内通胀率的均值和方差均有一定差异。但是本章所选取的时间段内通货膨胀率从未超过 150%，因此不将其分割为多个时段，均值和方差在数据涵盖的整个时间内保持不变，即 1.29 倍于标准差的判断标准数值在本章的研究中始终保持不变。

利用上述方法确定发生危机的具体时间段之后，就可以对每项指标在危机发生之前的变化进行考察。当其中某项指标超出预先设定的阈值时，就认为该指标释放了一个警报信号，该信号可以预测未来 24 个月之内危机的发生。换言之，如果一项指标在月份 n 正确地释放了危机预警信号，即超过了阈值范围，那么可以预见，在（n+1）月至（n+24）月的时间段内，危机将会发生。根据信号是否发出和危机是否发生进行组合可以分为四类情形。如果某项指标释放出信号且随后的 24 个月内有危机发生，那么释放出信号（指标超过阈值）的月份数量用 A 来表示，这样的信号被称为真信号。如果某项指标释放出信号但随后的 24 个月内没有危机发生，那么释放出信号的月份数量用 B 来表示，这样的信号被称为假信号。C 则表示没有信号发出但是随后依然发生了月份数，而 D 表示既没有信号发出也没有危机发生的月份数。这四种类型和相应数值的含义如表 3-3 所示。

表 3-3　KLR 信号法矩阵

类型	24 个月内发生危机	24 个月内未发生危机
信号发出	A	B
信号未发出	C	D

资料来源：Kaminsky 等（1998）。

KLR 信号法的目标为找到每个指标的最优阈值水平，得到调整后的噪信比，也就是最小化的噪信比，如下式所示：

$$调整后的噪信比 = 最小化 \left[\frac{B/(B+D)}{A/(A+C)} \right]$$

其中，分子是在随后的 24 个月内没有发生危机时产生信号（假信号）的比例，即噪音的比例，分母是在随后 24 个月内发生危机时产生信号的比例，即真信号的比例。

为了找到每个指标的最佳阈值，一系列位于 10%～20% 样本的百分位数被重复使用以计算噪信比。得出结果后即可选出使噪信比最小的百分位数，同时可得到该指标对应的最优阈值。确定最优阈值后，每一项指标即被赋予预测危机的能力。指标的评估可以在两个层面进行，分别为个体层面（单个指标在预测危机方面的有效性）和群体层面（几项指标作为一个群体在预测危机方面的有效性）。根据表 3-3 内容可知，对于某项指标，最理想的情况是，只要随后有危机发生，之前必定有信号发出；或只要没有危机发生，之前一定没有信号发出。在这种状态下，A> 0，D> 0 且 B = C = 0。然而在实际情况中，理想信号很难产生。因此，本章需要解决的主要问题除确定每个指标的阈值外，还有如何将数个指标分组，并使每个指标组释放的信号尽可能准确地预测危机的发生，即让这些信号的行为接近理想信号。因此，我们使用了 Logit 模型来评估指标组在预测危机方面的有效性。

三、实证过程与结果

（一）危机识别

根据外汇市场压力指数的计算结果可认为，在 1994—2015 年有 19 个月发生了危机，分别为 1997 年 12 月、1998 年 1 月、2007 年 9 月、2008 年 10 月、

2009 年 7 月、2010 年 2 月、2010 年 5 月、2010 年 6 月、2010 年 12 月、2011 年 6 月、2011 年 9 月、2011 年 12 月、2013 年 6 月、2014 年 7 月、2014 年 9 月、2014 年 11 月、2014 年 12 月、2015 年 2 月和 2015 年 7 月。图 3-1 中，所有超过平均值（-0.58）1.29 个标准差（1.50）的外汇市场压力指数均被标示出来，对应的月份也可从图中看到。

如图 3-1 所示，货币危机的发生集中在两个时期，分别为 1997—1998 年和 2010—2014 年，前一时段与亚洲金融危机肆虐的时间相符合。尽管当时中国保持人民币汇率对美元不变，但依然难免受到周边国家和地区金融市场动荡的波及。1997 年 12 月和 1998 年 1 月，均检测到危机的发生，这是由于香港回归后，实行盯住汇率制的港元在此期间正遭受国际投机者的大肆攻击，金融市场动荡波及中国内地导致的。后一时段危机频发则归因于 2010—2014 年，中国金融市场的不断深化、与国际市场的进一步接轨，将人民币暴露于海外市场的波动下；以及自 2007 年以来，国际金融危机的爆发使市场对中国出口产品的需求大幅下降。上述这些问题是否有可能导致中国内地爆发真正的金融危机，这就是本章接下来讨论的重点。

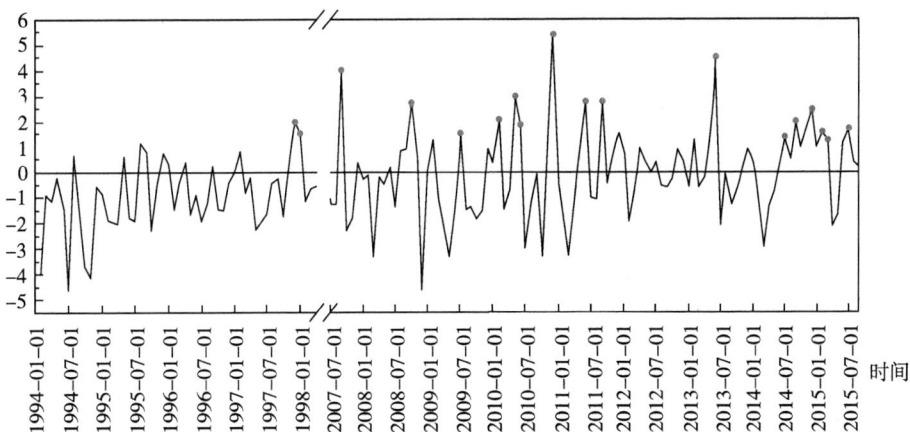

图 3-1　根据外汇市场压力指数所识别的危机

（资料来源：作者计算）

（二）指标的静态评估

在 15 项选定的经济指标中，9 项指标与货币危机发生的概率是正相关的，即变量的值越大，在未来 24 个月内发生货币危机的可能性就越大。其余的 6

项指标则正好相反，这些指标在表 3-5 和表 3-6 中用星号标出。表 3-4 给出了 15 个指标的最优阈值和矩阵信息。需要指出的是，第（1）列最优百分数是指每项指标在 10%～20% 的范围内使调整后的信噪比最小时所对应的百分数，最优百分数出现于 10%～20% 的范围是由 KLR 方法本身决定的。第（2）列为每个指标的最优百分数位所对应的阈值。第（3）列中的数字为每个变量所覆盖的危机发生的月份数。由于数据的可得性，M_2 的货币乘数、国内信贷占 GDP 的比例、贷款利率与存款利率的比值、M_2 对国际储备的比率的数据量只能涵盖 17 个月的货币危机。其余指标的数据时间跨度则包括了所有 "外汇市场压力" 指数所检测到的全部 19 个危机月。第（4）列给出了各指标成功预测的货币危机的月份数。15 项指标中，M_2 的货币乘数指标成功预测了 16 个月的危机发生，达到 94% 的预测成功率。出口总额和 M_2/国际储备也表现良好，分别预测到了 15 个和 13 个月的货币危机。另外，贷款利率/存款利率、实际利率、实际利率差这 3 项指标在预测危机方面则表现不佳，准确率仅为 5%～16%。每项指标产生的真信号的数量由第（6）列给出。根据检测结果可知，M_2 与国际储备的比值、超额 M_1 是产生真信号最多的两项指标，而贷款利率与存款利率的比值则表现最差，只产生了 4 个优质信号。第（7）列的数值表示潜在的优质信号的总量，即优质信号数量（表 3-3 中的 A）和没有信号产生但是其后 24 个月内有危机发生的月份的数量（表 3-3 中的 C）之和，如果模型中所用数据从 1992 年起均可得的话，此数值对于所有指标都应相同。第（8）列是噪声的数目，即随后的 24 个月内并没发生危机，但某项指标却产生了信号的月份数（表 3-3 中的 B）。潜在的劣质信号的数目示于最后一列，这是噪声数量（表 3-3 中的 B）和既没有信号产生且随后 24 个月内也没有危机产生的月份数（表 3-3 中的 D）的和。

每项指标的表现在表 3-4 中进行了总结。值得注意的是，第（1）列给出了有效信号数量（A）与潜在的有效信号数量（A + C）的比值。表现最好的指标是 M_2 与国际储备的比例，其优质信号均占本应发出的危机预警信号总量（潜在优质信号数量）的 28.0%。贷款利率与存款利率的比值，以及进口总额则是表现最差的两个指标，在危机预警方面的准确性分别只有 6.3% 和 7.0%。其他指标预测危机的准确性居于普通水平，真信号的比例在 10%～23%。在噪声数量（B）占潜在的劣质信号总量（B + D）的比例方面，银行存款的表现最佳，误报率只有 1.6%。贷款利率与存款利率比值则以 83.3% 的误报率成为表现最差的一项指标。第（3）列是调整后的噪音—信号比，由真信号的比例除以误报率得到。在其他条件不变的情况下，该值越低，对应指标预测危机的可靠性越高。预测指标不同，其对应的调整后的噪信比也有很大差异，如银行存款的噪信比仅为 0.07，而贷款利率/存款利率的噪信比则为 13.3。这是选择可靠的预测指标的最重要的原则之一。

根据 Kaminsky 等的研究，当样本数量足够大的时候，如果某项指标毫无预测功能，只是随机释放出无用的"预警"信号，那么该指标的调整后的噪信比值应为 1。出于这个原因，我们首先将调整后的噪信比大于 1 的指标剔除掉。基于表 3-5 所示的结果，6 项指标将不用于下文所述的信号研究，排除研究的指标包括进口总额、有效汇率偏差、M_2 的货币乘数、贷款利率与存款利率的比值、GDP 以及上海证券综合指数。第（4）列给出了各项指标基于危机预测的可靠性进行的排名。可用于信号研究的 9 项指标根据其危机预测的可靠性由高到低依次为：银行存款、M_2 与国际储备的比值、贸易条件、国际储备、实际利率、出口总额、国内信贷与 GDP 的比值、超额 M_1 以及实际利率差。剩余 3 列则通过另一种方式解释了危机预测的可靠性，即比较危机发生的条件概率［KLR 信号矩阵中的 A/（A+B）］与非条件概率［KLR 信号矩阵中的（A+C）/（A+B+C+D）］的大小，只有当某项指标的条件概率大于其非条件概率时，该指标才能在危机预警方面提供有效信息。第（8）列表明，当条件概率大于非条件概率时，其调整后的噪信比小于 1，说明这两种指标可靠性的判据是等价的。表 3-6 根据预测危机的有效性和准确性给出了 15 个指标的排名情况。

表 3-4　指标的最优阈值和矩阵信息

指标	最优百分比（%）	最优阈值[a]（%）	数据覆盖危机数	成功预测危机数	预测危机的准确性（%）[b]	优质信号数	潜在优质信号数	噪声数	潜在劣质信号数
列数	(1)	(2)	(3)	(4)	(5)	(6)	(7)	(8)	(9)
矩阵成分						A	A+C	B	B+D
国际储备 *	10	-4.2	19	7	36.8	19	143	7	119
进口	10	39.8	19	12	63.2	10	143	20	154

续表

指标	最优百分比（%）	最优阈值ª（%）	数据覆盖危机数	成功预测危机数	预测危机的准确性（%）ᵇ	优质信号数	潜在优质信号数	噪声数	潜在劣质信号数
出口*	10	5.2	19	15	79.0	20	143	10	154
贸易条件*	10	8.2	19	12	63.2	20	143	6	118
有效汇率偏差	12	9.4	19	8	42.1	16	143	15	118
实际利率差	10	117.6	19	3	15.8	16	143	13	142
超额 M_1	16	11.2	19	12	63.2	25	143	20	140
M_2 的货币乘数	18	7.75	17	16	94.1	20	118	12	60
国内信贷/GDP	10	8.8	17	8	47.1	13	118	5	60
实际利率	10	10.5	19	2	10.5	20	144	9	141
贷款利率/存款利率	18	2.6	17	1	5.9	4	118	60	72
银行存款*	16	−13.4	17	8	47.1	18	116	1	62
M_2/国际储备	20	8.6	17	13	76.5	33	118	3	60
GDP*	19	−8.3	19	12	63.2	22	142	29	129
上海证券综合指数*	19	17.4	19	11	57.9	22	143	31	142

资料来源：作者计算。

注：*表示指标值与发生危机的概率成反比；a 为最优百分比水平上的阈值；b 为 P 指标在危机发生前 24 个月至少发出一个信号的危机数，占危机总数的百分比。

表 3-5　信号法下的指标表现

指标	优质信号/潜在优质信号（%）	噪声/潜在劣质信号（%）	调整后的噪音—信号比ª	排名	总信号发出数 P（危机/信号）ᵇ		P（危机）	P（危机/信号）—P（危机）
列数	（1）	（2）	（3）	（4）	（5）	（6）	（7）	（8）
矩阵成分	A/(A+C)	B/(B+D)	[B/(B+D)]/[A/(A+C)]		A+B	A/(A+B)	(A+C)/(A+B+C+D)	A/(A+B)−(A+C)/(A+B+C+D)
国际储备*	13.3	5.9	0.44	4	26	73.1	54.6	18.5
进口	7.0	13.0	1.86	14	30	33.3	48.1	−14.8
出口*	14.0	6.5	0.46	6	30	66.7	48.1	18.6

续表

指标	优质信号/潜在优质信号（%）	噪声/潜在劣质信号（%）	调整后的噪音—信号比[a]	排名	总信号发出数 P（危机/信号）[b]	P（危机）	P（危机/信号）—P（危机）
贸易条件*	14.0	5.1	0.36	3	26	76.9	54.8	22.1
有效汇率偏差	11.2	12.7	1.14	10	31	51.6	54.8	−3.2
实际利率差	11.2	9.2	0.82	9	29	55.2	50.2	5
超额 M_1	17.5	14.3	0.82	8	45	55.6	50.5	5.1
M_2 的货币乘数	16.9	20.0	1.18	11	32	62.5	66.3	−3.8
国内信贷/GDP	11.0	8.3	0.76	7	18	72.2	66.3	5.9
实际利率	13.9	6.4	0.46	5	29	69.0	50.2	18.8
贷款利率/存款利率	6.3	83.3	13.3	15	64	6.3	62.1	−55.8
银行存款*	23.3	1.6	0.07	1	28	96.4	65.2	31.2
M_2/国际储备	28.0	5.3	0.19	2	36	91.7	66.3	25.4
GDP*	15.5	22.5	1.45	13	51	43.1	48.1	−5
上海证券综合指数*	16.1	21.8	1.36	12	54	42.6	50.2	−7.6

资料来源：作者计算。

注：a 代表噪音比率（占潜在劣质信号的百分比）与优质信号比率（占潜在优质信号的百分比）的比；b 为发出信号后的 24 个月内至少有一次危机发生的信号占总信号的比例。

表 3-6 指标的表现排名

排名	依据噪信比高低	依据成功预测危机的比例
1	银行存款	贸易条件
2	M_2/国际储备	M_2 的货币乘数
3	实际利率	出口
4	出口	M_2/国际储备
5	国际储备	进口
6	国内信贷/GDP	GDP
7	超额 M_1	上海证券综合指数
8	实际利率差	国内信贷/GDP
9	有效汇率偏差	银行存款
10	M_2 的货币乘数	国际储备

续表

排名	依据噪信比高低	依据成功预测危机的比例
11	上海证券综合指数	超额 M_1
12	GDP	实际利率差
13	贸易条件	实际利率
14	进口	有效汇率偏差
15	贷款利率/存款利率	贷款利率/存款利率

资料来源：作者计算。

(三) 指标的动态评估

本章讨论的内容是将每项指标危机预测的有效性以静态角度进行描述。其重点在于选择指标并将其排名，即找出在尽可能准确的预测危机的同时尽量少产生噪音的指标。然而从当权者的角度考虑，由于能够缓解危机带来的危害，先验性的信息则更加有价值。因此，上述的每项指标能够提供多少有效的先验性预警信息，对政策制定者来说是重要的参考。一项能够提前较多时间释放出可靠的危机预警信号的指标，要比一项危机已经濒临到来时才发出预警信号的指标更加有价值，在考虑时应占有更高的权重。表 3-5 中的排名并没有考虑到这一点，无论预警信号在危机到来前的 24 个月就产生，还是1 个月前才产生，对排名都没有影响。

为了解决上述问题，我们检验了每项指标产生危机预警信号的平均提前量，并将结果列于表 3-7 中，预警时间指的是某项指标发出第一个信号相比危机发生提前的月份数的平均值。虽然指标在整个考察的时间周期内都可以发出危机信号，但我们此处关注的依然是危机发生前 24 个月这一窗口期内危机预警的表现。表 3-7 中最显著的事实是，所有指标发出第一个信号的时间平均都先于危机发生时间 8 个月以上。其中，实际利率能够提前最长时间产生预警信号，在危机出现 24 个月之前就已经能够预测。从这一结果可知，所有的指标都能较早而非"大难临头"才发出警报信号，与本章题目"早期预警"相符。

表 3-7 平均引发时间

指标	预警时间（月）
实际利率	24.0
实际利率差	23.0
国际储备	20.3
贸易条件	19.2
M_2/国际储备	19.2
银行存款	18.8
上海证券综合指数	18.6
国内信贷/GDP	17.8
进口	17.3
M_2 的货币乘数	16.3
贷款利率/存款利率	16.0
超额 M_1	15.8
出口	15.3
GDP	12.3
有效汇率偏差	8.6

资料来源：作者计算。

除了平均引发时间外，我们还根据每一次危机的引发月份来评估每个指标的有效性。对于上述 9 个有效指标，提前发出信号的时间用三维累积频率直方图展示（见图 3-2）。以"实际利率"为例，在危机发生前 24 个月至 6个月期间，发出两个信号，在危机前 5 个月发出一个信号，但在危机前的最后 4 个月没有发出信号。根据图 3-2，M_2/国际储备和超额 M_1 在最早时期提供了最密集的信号；M_2/国际储备、出口和贸易条件在中期频繁发送信号；银行存款、贸易条件，M_2/国际储备发出的信号集中在危机发生前的最近几个月。

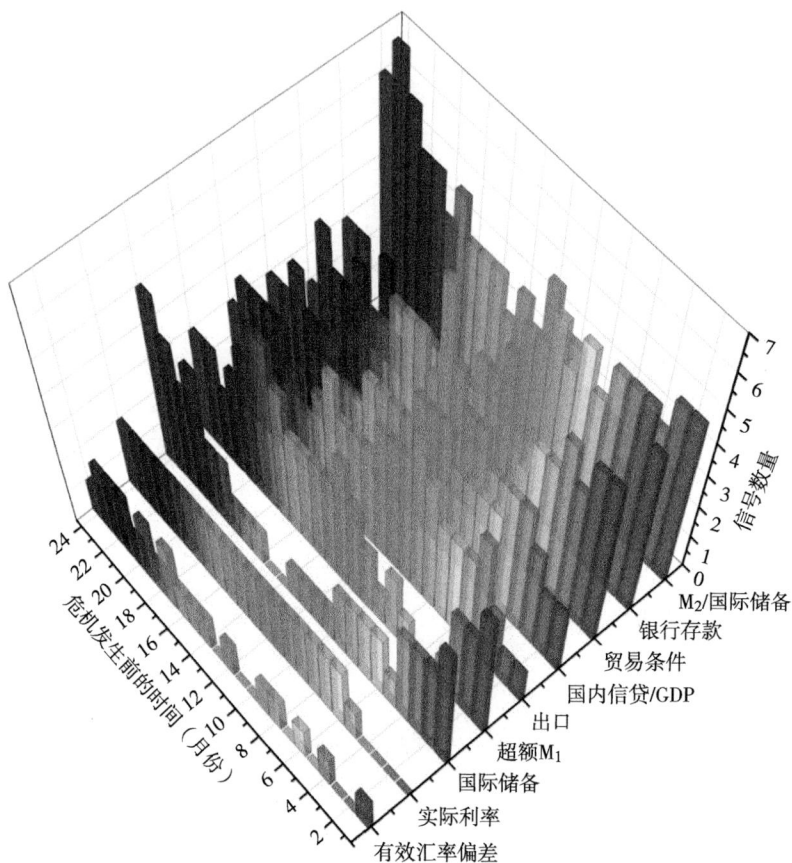

图 3-2 有效指标引发时间的三维累积频率直方图

(资料来源：作者计算)

另一项对指标的潜在有效性的表征指标是其在危机之前的信号持久性，这是指在每 24 个月时长的周期内发出信号的平均数量与未发出信号的月份数的比值。换言之，它是调整后的噪信比的倒数（KLR 矩阵中的 ［A/（A＋C）］/［B／（B＋D）］），表 3-8 给出了每项指标的持续性。同样，根据它们的表现进行了排名，可以看到，在危机发生之前，排名靠前的 8 项指标的持久性至少达到 1.22 次，排名事实上与表 3-6 的结果是相同的。

表 3-8 信号的持续期

指标	持续期
银行存款	14.43
M_2/国际储备	5.31
贸易条件	2.75
国际储备	2.26
实际利率	2.21
出口	2.15
国内信贷/GDP	1.32
超额 M_1	1.22
实际利率差	1.22
有效汇率偏差	0.88
M_2 的货币乘数	0.85
上海证券综合指数	0.74
GDP	0.69
进口	0.54
贷款利率/存款利率	0.08

资料来源：作者计算。

四、我国货币危机的预测与检验

（一）危机预测

之前的内容就如何确定危机发生以及评估危机预测指标的有效性进行了阐述。接下来就可以对所选指标的具体数据进行整合从而估算未来可能发生危机的概率。概率估算基于数项检测指标的不同组合。自 2015 年 10 月起，以未来 24 个月的时长为窗口期，具体分下述几个步骤来计算未来发生危机的可能性：（1）以调整后的噪信比的倒数为权重，给 9 项最有效指标进行加权；（2）采用 2013 年 10 月至 2015 年 9 月的数据来判断每个指标的最优阈值水平；（3）被考察期间的危机发生的概率以 9 项最有效的指标为依据进行计算。

表3-9 2015年10月起对中国危机的预测结果

指标	调整的噪声—信号比率	权重(%)	信号日期(2013年10月至2015年9月)	预测时期	危机发生概率(%)
银行存款	0.07	43.90	2014-01	2014-02 至 2016-01	43.90
			2014-02	2014-03 至 2016-02	
			2014-03	2014-04 至 2016-03	
			2014-04	2014-05 至 2016-04	
			2014-05	2014-06 至 2016-05	
			2014-06	2014-07 至 2016-06	
			2014-07	2014-08 至 2016-07	
			2014-08	2014-09 至 2016-08	
			2014-09	2014-10 至 2016-09	
			2014-10	2014-11 至 2016-10	
			2014-11	2014-12 至 2016-11	
			2014-12	2015-01 至 2016-12	
			2015-03	2015-04 至 2017-03	
M_2/国际储备	0.19	16.15	2014-10	2014-11 至 2016-10	16.15
			2014-11	2014-12 至 2016-11	
			2014-12	2015-01 至 2016-12	
			2015-01	2015-02 至 2017-01	
			2015-02	2015-03 至 2017-02	
			2015-03	2015-04 至 2017-03	
			2015-04	2015-05 至 2017-04	
			2015-05	2015-06 至 2017-05	
			2015-06	2015-07 至 2017-06	
			2015-07	2015-08 至 2017-07	
			2015-08	2015-09 至 2017-08	
			2015-09	2015-10 至 2017-09	
贸易条件	0.36	8.37	无	无	0

续表

指标	调整的噪声——信号比率	权重(%)	信号日期(2013年10月至2015年9月)	预测时期	危机发生概率(%)
国际储备	0.44	6.88	2014-10	2014-11 至 2016-10	6.88
			2014-11	2014-12 至 2016-11	
			2014-12	2015-01 至 2016-12	
			2015-01	2015-02 至 2017-01	
			2015-02	2015-03 至 2017-02	
			2015-03	2015-04 至 2017-03	
			2015-04	2015-05 至 2017-04	
			2015-05	2015-06 至 2017-05	
			2015-06	2015-07 至 2017-06	
			2015-07	2015-08 至 2017-07	
			2015-08	2015-09 至 2017-08	
			2015-09	2015-10 至 2017-09	
实际利率差	0.46	6.72	无	无	0
出口	0.46	6.54	2014-02	2014-03 至 2016-02	6.54
			2014-03	2014-04 至 2016-03	
			2015-03	2015-04 至 2017-03	
			2015-04	2015-05 至 2017-04	
			2015-07	2015-08 至 2017-07	
			2015-08	2015-09 至 2017-08	
			2015-09	2015-10 至 2017-09	
国内信贷/GDP	0.76	4.02	2015-07	2015-08 至 2017-07	4.02
超额 M_1	0.82	3.71	2014-11	2014-12 至 2016-11	3.71
实际利率差	0.82	3.71	无	无	0

资料来源：作者计算。

　　表3-9中的六项指标（银行存款、M_2/国际储备、出口、国际储备、国内信贷/GDP、超额 M_1）在所考察的时期内都发出了信号。结果表明，有81.20%（43.90 + 16.15 + 6.88 + 6.54 + 4.02 + 3.71 = 81.20）的可能性在2015年10月至2017年9月发生本章开头所定义的危机。当然，这一预测结果只是基于现有的数据并建立在执政者未采取任何行动来缓解危机的假设基础之上。预测的结果会随着时间的推进以及政府公布更多的数据而发生变化。

（二）指标组合的预测可靠性：多元 Logit 模型分析

在进行中国的货币危机的早期预警分析方面，有 9 项指标是较为可靠的。依据 Lainà 等人的工作，可以通过多元 Logit 模型进一步检验上述 8 项指标的有效性。本章共列出 12 个效果最好的 Logit 模型。与 KLR 模型的结果相联系，可知最佳的两个指标是银行存款和 M_2、国际储备的比值。模型（1）至模型（5）集中探讨银行存款的有效性，这是经 KLR 模型检验有效性最高的一项指标。模型（7）至模型（12）则包含了有效性居次席的指标，即 M_2 与国际储备的比值。表 3-10 给出了各个回归模型的估算结果。第一列为变量名称，其他列则给出了 12 个模型里每项指标计算出的系数，系数的统计学显著性（用星号表示）和标准差（小括号中的数值）。

银行存款这一指标在模型（1）至模型（5）以及模型（11）中都非常重要，且其系数始终是负值，这表明银行存款的降低会提高未来 24 个月内货币危机发生的概率。模型（1）仅包含银行存款这一项指标，模型（2）、模型（4）、模型（5）中则分别补充了 M_2 与国际储备的比值和超额 M_1 这两项系数为正且系数在统计学上显著的指标。实际利率在模型（2）中不显著，国际储备在模型（3）中也不显著。在模型（6）中，国内信贷与 GDP 的比值和超额 M_1 这两个变量都很显著。模型（7）至模型（12）集中考查了 M_2 与国际储备比值的影响。结果显示，该变量在所有 6 个模型中都是统计显著的。模型（7）只包含 M_2 与国际储备比值这一指标，其他模型则进一步加入了国际储备、超额 M_1 以及银行存款等指标。在这些模型中，所有指标均在统计上显著，充分显示了其有效性。将表 3-5 的结果归纳以后可知，在预测中国内地未来 24 个月内发生货币危机的可能性方面，银行存款和实际利率可共同构建为一个有效性非常高的预警系统，在此系统中加入超额 M_1 和国际储备这两项参数后，预警效果可进一步提升。

表 3-10　24 个月引发期的 Logit 回归结果

解释变量	Model（1）	Model（2）	Model（3）	Model（4）	Model（5）	Model（6）
银行存款	−0.138 * (0.075)	−0.137 * (0.073)	−0.146 * (0.075)	−0.178 ** (0.081)	−0.124 * (0.064)	
M_2/国际储备		0.040 * (0.024)				

续表

解释变量	Model (1)	Model (2)	Model (3)	Model (4)	Model (5)	Model (6)
实际利率	0.541*	0.457	0.504*	0.609**		
	(0.297)	(0.312)	(0.305)	(0.307)		
国际储备			0.014		0.032*	
			(0.018)		(0.019)	
国内信贷/GDP						0.073*
						(0.041)
超额 M_1				0.070*	0.086**	0.088**
				(0.038)	(0.040)	(0.044)
解释变量	Model (7)	Model (8)	Model (9)	Model (10)	Model (11)	Model (12)
银行存款					-0.110*	
					(0.058)	
M_2/国际储备	0.040*	0.279***	0.052**	0.292***	0.064**	0.292***
	(0.022)	(0.079)	(0.024)	(0.081)	(0.026)	(0.081)
实际利率						
国际储备		-0.188***		-0.182***		-0.182***
		(0.06)		(0.058)		(0.058)
国内信贷/GDP						
超额 M_1			0.077*	0.076*	0.096**	0.076*
			(0.04)	(0.04)	(0.04)	(0.04)

金融危机往往会造成严重的经济浩劫，若能提前预测金融危机的发生并采取积极措施，则很有可能大大降低危机造成的破坏。本章采用一种特别的识别方法来确定可以预测危机的参数，并将这些参数用于估计未来我国发生危机的概率。研究结果显示，我国在 2017 年 10 月之前的 24 个月内发生危机的概率值高达 81%。当然这一结果建立在假定经济状况一直持续到未来两年后的基础之上；当然如果执政者能对这些预警信号及时作出应对，上述状况极大可能不会出现。对于危机的定义并非系统性的金融危机，而是一种异常。事实上，2016 年人民币兑美元汇率的大幅下挫正是上述"危机"的具体表现形式。

（三）政策制定者的损失函数与效用评价

在模型中，二元变量 $I_j(h) \in \{0, 1\}$（其中 j 是不同的时间段）代表危机的发生，预测时间段为 h。二元变量为 1 时，表示危机前的时间段，其他时间段变量为 0。危机发生的概率用 $p_j \in [0, 1]$ 表示，并转化为一个二元变量 P_j，当它为 1 时，p_j 大于某个特定的阈值 λ，否则为 0。有两种类型的错误：第一类错误是指，危机在没有信号的情况下发生，概率为 $T_1 = P[p_j \leq \lambda \mid I_j(h) = 1]$。第二类错误是指，收到信号预警，但没有危机发生，概率为 $T_2 = P[p_j > \lambda \mid I_j(h) = 0]$。我们的目标是，当政策制定者在错过危机 ($\mu$) 和发出错误信号 ($1-\mu$) 之间有不同的偏好参数时，找出它们的损失。通过计算无条件的损失概率 $P_1 = P[I_j(h) = 1]$ 和平静期概率 $P_2 = P[I_j(h) = 0]$，政策制定者的损失函数为 $L(\mu) = \mu T_1 P_1 + (1 - \mu) T_2 P_2$。模型的绝对效用 $U_a(\mu)$ 是通过考虑模型的损失和忽略模型的损失而产生的 $U_a(\mu) = \min[\mu P_1, P_2(1 - \mu)] - L(\mu)$。这凸显了政策制定者在这两类错误之间取得平衡的困难。此外，计算最大可能有用性中 $U_a(\mu)$ 的份额（相对有用性）：$U_r(\mu) = U_a(\mu)/\min[\mu P_1, P_2(1 - \mu)]$。

在上述框架中，通过改变参数 $\mu \in [0, 1]$，我们计算了具有不同主观偏好的决策者的效用。图 3-3 显示了样本内和样本外预测的结果。

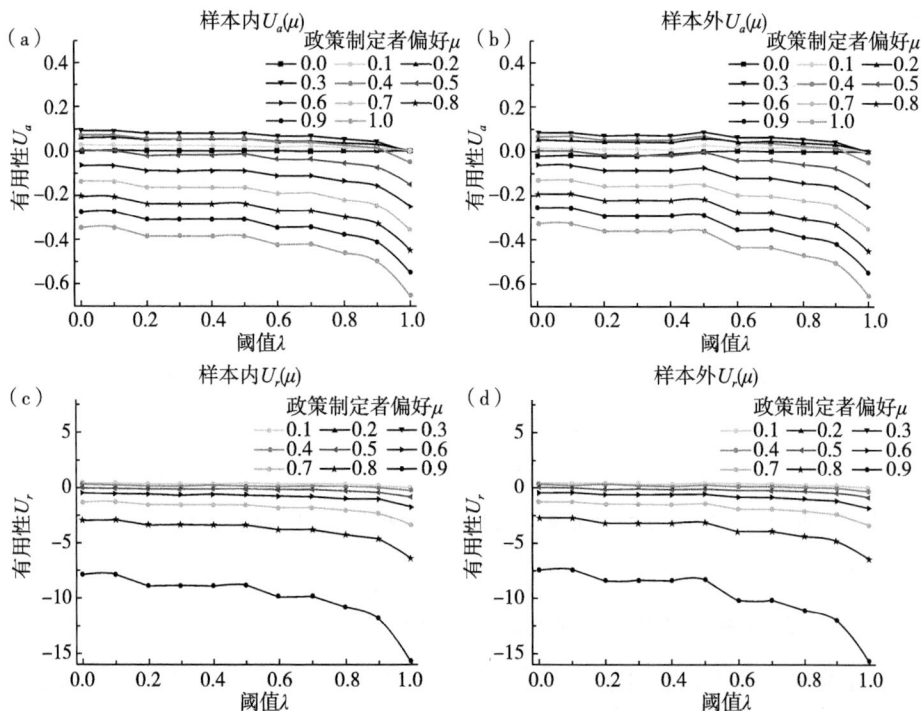

图 3-3 当 $\lambda \in [0, 1]$，$\mu = 0.0, 0.1, \cdots, 1.0$ 时，$U_a(\mu)$、$U_r(\mu)$ 的值

五、我国金融稳定性分析

2019 年 11 月，中国人民银行发布了《中国金融稳定报告（2019）》，对 2018 年我国的金融稳定性情况进行了详细分析。2018 年以来，全球经济政治格局深度调整，中国的经济金融发展面临的外部挑战明显增多。面对挑战，我国的金融系统服务实体经济的力度增强，金融秩序不断好转，在防范化解重大金融风险的攻坚战中，取得了良好开局。受国内外多种因素的作用，我国经济中一些长期积累的深层次矛盾逐渐暴露，金融风险进入多发期，并且呈现新的特点和演进趋势。我国的社会融资规模存量从 2002 年的 14.85 万亿元增长到 2019 年 7 月末的 214.13 万亿元，年均增速 8.1%。根据《中国金融稳定报告（2019）》，2018 年我国银行业的存贷款规模稳步增长，但不良贷款率有所提高，达到 1.97%，同比上升 0.11 个百分点，银行业对不良贷款的认定也更加审慎。全国的产业构成中金融业占比也越来越大，并将随着实体和金融的跨界发展渗透至市场和经济的各个领域。虽然我国的金融风险总体可控，但存量风险仍需进一步化解，金融市场对外部冲击高度敏感，市场异常波动风险不容忽视。同时，自身的不良贷款以及房地产和资产泡沫问题也不容忽视。此外，数字经济带来的暗箱效应也必须予以重视。

在国务院金融稳定发展委员会统一指挥协调下，我国金融业采取了多种措施，针对不同领域提前逐步释放风险，对可能显现的"黑天鹅"和"灰犀牛"风险，强化日常风险监测与评估，做好各类风险处置预案。并持续推动监管改革，弥补监管短板，有效稳住了宏观杠杆率，平稳处置了包商银行等高风险机构。稳妥化解了中小银行的局部性、结构性、流动性风险和民营企业的债券违约时间。总体来看，我国的金融风险由快速积累转向高位缓释，守住了不发生系统性金融风险的底线。

虽然面对不断出现的外部冲击，但中国经济的韧性仍然较强，居民储蓄率高，微观基础充满活力，重要金融机构运行稳健，宏观政策工具充足，监管体制机制相对健全，防范化解风险经验也比较丰富，因此我国金融系统的稳定性在全球也是比较突出的。随着我国金融市场更加开放，也必须更加警惕外资进入带来的影响和新的风险点的产生。

第四章 "21世纪海上丝绸之路"沿线亚洲国家金融脆弱性分析

在"21世纪海上丝绸之路"倡议的实施中，中国要同众多的发展中国家和新兴市场国家合作，尽早发现、防范和化解金融风险，防患于未然，对保障各方利益，顺利实现"一带一路"倡议，具有重要的战略支撑意义。"21世纪海上丝绸之路"沿线的亚洲国家，以东盟国家为主，这些国家与我国的经贸往来十分密切，其金融稳定情况十分值得关注。在东盟十国中，越南和菲律宾与我国在南海上有一定争端，人口较多，近年来发展也比较迅速；泰国曾经爆发过严重的金融危机并蔓延至整个东亚和东南亚；马来西亚的经济在东南亚较为发达，印度尼西亚则是东盟人口最多、面积最大、经济总量最大的国家，而新加坡则是"21世纪海上丝绸之路"沿线亚洲国家中唯一的发达国家，因此主要关注这些国家的金融市场情况和金融脆弱性，同时从其金融发展历程和金融制度中吸取经验教训。另外，印度作为区域大国，发展潜力很大，与我国的关系也较为复杂，存在领土争端，并曾经发生过军事冲突。印度在南亚次大陆影响力巨大，也直接关系到"21世纪海上丝绸之路"印度洋段的发展和安定，因此也十分值得关注。

一、越南

（一）越南的基本情况

1. 越南地理文化简述

越南社会主义共和国（Socialist Republic of Vietnam）简称越南（Vietnam），是世界上为数不多的社会主义国家之一。越南位于东南亚的中南半岛东部，面积约33万平方公里，国土狭长，南北长1600公里，东西最窄处为50公里。越南北与中国广西、云南接壤，西与老挝、柬埔寨交界。越南紧邻南海，拥有长 3260 多公里的海岸线。

2018 年，越南人口约为 9554 万，三分之一为城市人口。越南是一个多民族、多宗教的国家，共有 54 个民族，以京族为主体，约占总人口的 87%，华族为越南第八大民族。越南信奉人数最多的宗教是佛教，最早从印度传入，东汉末年，大乘佛教从中国传入越南，被越南人称为"北宗"。10 世纪后，大乘佛教被尊为国教。

越南首都河内是一座历史名城，是越南的政治、文化中心，有较多名胜古迹，如市中心的还剑湖、胡志明主席曾宣读《独立宣言》的巴亭广场和见证中越两国文化交流的文庙等。胡志明市是越南的经济中心，最大的港口和交通枢纽。

历史上，越南北部曾长期为中国领土，后于 968 年脱离中国独立建国，之后不断向南扩张，历经多个封建王朝，但均为中国藩属国。1803 年，阮朝君主阮福映派遣使节赴宗主国中国，请求改国号为"南越"，嘉庆皇帝赐国号"越南"。19 世纪中叶，法国开始侵略越南，随后清政府在 1885 年中法战争结束后与法国签订《中法新约》，放弃了对越南的宗主权。1930 年，阮爱国（胡志明）在香港九龙成立越南共产党。1940 年，日本侵略越南，在越南共产党的领导下，1945 年 8 月"八月革命"胜利，日本被逐出越南。1945 年 9 月 2 日，胡志明发表《独立宣言》，宣布越南民主共和国成立（北越）。1945 年 9 月 23 日，法国殖民军卷土重来，侵占西贡。1949 年，在法国的扶持下，"越南国"建立。1954 年 7 月 21 日，《日内瓦协议》签订，确定越南南北分治。1955 年 7 月 17 日，美国撕毁《日内瓦协议》，并扶植吴廷琰建立越南共和国（南越）。1961—1973 年，越南战争爆发，在中国的援助下，北越取得胜利，并于 1975 年占领西贡，1976 年，越南南北宣布统一，改称越南社会主义共和国。越战胜利后，越南对自身军力十分自负，屡次侵入中国边境并占领南沙群岛的大部分岛礁。中国于 1979 年进行对越自卫反击战。直到 1991 年，中越关系才恢复正常化。

越南是一个马克思列宁主义社会主义共和制人民共和国，越南共产党是越南的唯一合法政党。1930 年 2 月 3 日越南共产党成立后，同年 10 月改名为印度支那共产党，1951 年更名为越南劳动党，1976 年重新改用越南共产党。越南国家主席为阮富仲，于 2018 年 10 月 23 日当选，他同时还从 2011 年 1 月

18 日起担任越南共产党党中央总书记。

2. 越南的经济概况

越南是一个传统的农业国,自然条件和气候优越,是重要的大米出口国,但由于长期受到殖民统治的剥削和战争的破坏,技术落后,经济基础薄弱。1976 年越南统一时,其北部在越南共产党的带领下仿照苏联初步建立了计划经济体制,并对南方进行了大规模的社会主义改造。1976 年,越共四大制定了要实现"社会主义工业化"的核心任务,由于越南经历了数十年的战争破坏,工业基础极其薄弱,这个目标脱离了越南实际。此外,1978—1980 年越南不仅遭受大规模的自然灾害,还因入侵柬埔寨和与中国产生边境摩擦消耗了大量军费且遭受多国的经济制裁。面对严峻的经济形势,越共转变发展思路,调整经济政策,开始效仿中国的改革开放,引入市场经济。同时发挥拥有多座优良海港的特点,发展对外贸易。但越南在这一阶段缺乏长远战略,行政手段不当,导致物价飞涨,人民生活困难。

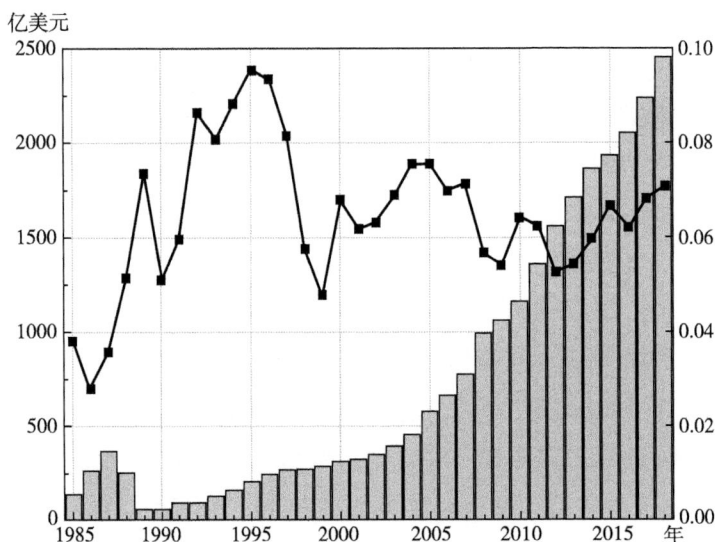

图 4-1 越南的 GDP 及其增长率

(资料来源:世界银行数据库)

在 1986 年的越共六大中,越南领导人总结了过去在经济政策上的错误,确定了新的发展道路,宣布进行革新开放。为实现改革目标,越南政府采取了一系列的政治经济措施:第一,结束战争状态,全力发展经济;第二,调整外交政策，全面对外开放；第三，进行市场化改革。1991—1995 年，越南的 GDP 年均增长率达到 8.2%（见图 4-1），其革新开放取得了明显的初步成效。然而好景不长，由于自身经济结构不合理和自然灾害影响，越南在面对 1997 年亚洲金融危机时受到严重打击。危机肆虐后，越南认识到在对外开放的同时，需要加强国营企业的效率，并对区域货币危机采取更加全面的对策。因此，越南政府加强了国内的经济基础设施建设，开发国内市场潜力，并颁布了《银行法》，采取了加强对信贷的管控，提高银行系统抗风险能力等措施，取得了明显成果。（阮氏秋河，2012）

百万美元

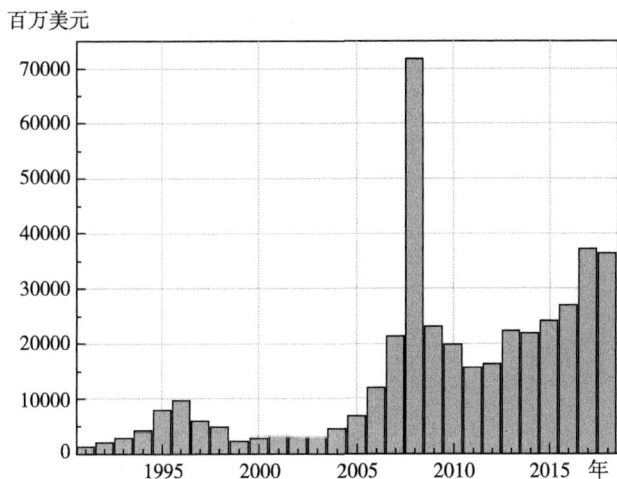

图 4-2　越南历年的外商直接投资：注册资本

（资料来源：越南统计局）

越南近年来的发展与中国改革开放后的发展有较大相似之处，甚至有其自身的优势。越南沿袭了典型的东亚经济发展方式，即劳动密集型的制造业和低附加价值的服务业占据了主导地位。它的迅速发展仰仗着投资环境的改善和对外开放战略的积极实施。基于这一点，由于和中国部分产业模式及发展战略的高度雷同性，在一些领域形成了较强的竞争关系。中国以明显更长的工业化时间积累（计划经济时代也留下了一定的财富）和经济规模的比较优势，长期保持着较强的发展势头；越南则凭借其在资源和劳动力成本上的比较优势紧随其后，向世界展示它的追赶步伐。由于战争等原因，越南年轻人口比重高，劳动力丰富；越南体力劳动者和技术劳动者的工资水平也远低于中国；越南的天然资源也比较丰富。因此，越南在过去十年中吸引了大量的外商直接投资（见图 4-2），其中也包括因中国投资成本的增加而退出的外国和中国本土的企业。为了在亚洲快速挤进小康国家的行列，越南政府不断推出更加积极的外向型经济发展战略以吸引大量外商直接投资的流入。同中国相似的是，越南重视基础设施建设和保持汇率的相对稳定性；除此之外，越南还提供了更多优惠的外部融资条件，如允许外国金融机构的进入，并允许其提高对境内机构的参股比例等，即通过金融开放来降低外国企业投融资中所产生交易成本。表面看来，越南延续着东亚发展的模式，同时又吸取了中国经济增长的成功经验。所以，在 21 世纪初的几年内，越南一直延续着高增长、高就业和人均收入水平明显改善的良好表现。

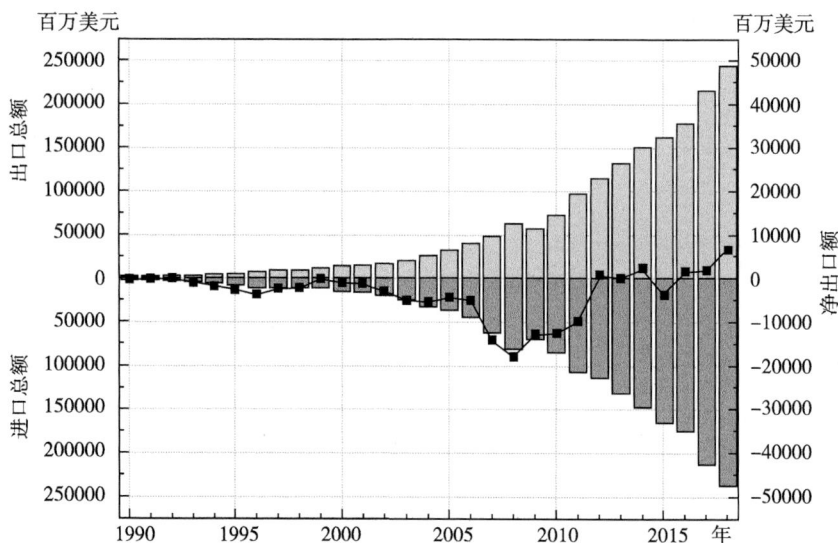

图 4-3　越南的进出口情况

（资料来源：越南统计局）

在这种良好的基本面下，越南在 2008 年却爆发了严重的金融危机。长期以来，越南为尽快缩短和其他东亚国家的发展差距，提高人民生活质量，不断积极改善外商投资的环境，以促进外商直接投资的流入和贸易增长。虽然越南认识到这种发展模式会带来像中国那样的流动性过剩问题，因而也在模仿日本等其他东亚国家，通过大量进口基础设施建设所需要的器械和工业原材料来缓解国际收支的不平衡。但这一做法却扩大了贸易逆差（见图 4-3），削弱了政府利用外汇储备干预市场的能力。事实上，越南的外债规模确实也高于外汇储备，从而增加了投机资本寻求暴利的冲动。这一点上，越南重蹈了 1997 年东南亚危机前受害国家的覆辙，没有充足的外汇储备，导致其遭遇了"小国的痛苦"。从图 4-4 可以看到越南的外汇储备和债务余额，为了处理 2008 年的金融危机，越南动用了大量的储备，2008—2009 年越南的国际储备迅速下滑。

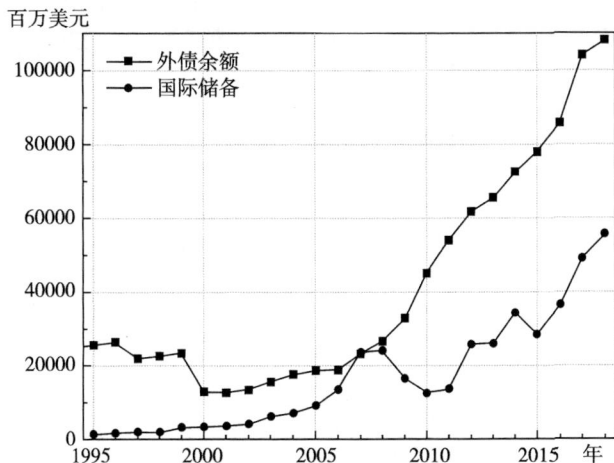

图 4-4　越南的外债余额和国际储备情况

(资料来源：越南统计局)

东亚模式发展依靠的比较优势和所选取的外向型发展战略，绝不能允许在金融体制改革中急于求成。在自身经济规模和抗风险能力有限的情况下，为大量吸引外资而急于推行所谓的金融自由化和金融开放，是十分危险的。如果这样的话，当基本面受到外部冲击，一旦出现如通货膨胀增大（见图 4-5），贸易逆差扩大（见图 4-3）等恶化的趋势时，资金走向就很容易背离实体经济的发展；此时，如果国内的金融体系和监管机制再不能抵挡由此带来的大规模的短期资本流入和无法预料的资本外逃，金融危机爆发的一切条件就已完全具备。而且，由于像越南这样的小国一般都缺乏有效的金融体系，危机后依靠自己重建家园的过程就会异常艰难，恢复得快与慢，只能取决于危机后外部环境的好与坏。2008 年的越南正是如此。过早的过度开放资本账户，使当成本推动型的通胀程度日益恶化时，政府的汇率和利率调整能力变得十分有限。越南曾策略性地调高汇率和利率以冲销通胀压力，但这反而更加破坏了它的外向型经济发展模式，再加上美国次贷危机的影响，在内外两方面都严重抑制了出口。另外，越南的金融市场过度开放，超出了政府调控和监管的能力。这时，闻到血腥气的游资，甚至包括出于自我保护的本能而在基本面恶化时加入游资的原本健康的资本，就会主宰资本市场，并很容易利用越南扭曲的金融体系来获取"无风险"的收益。

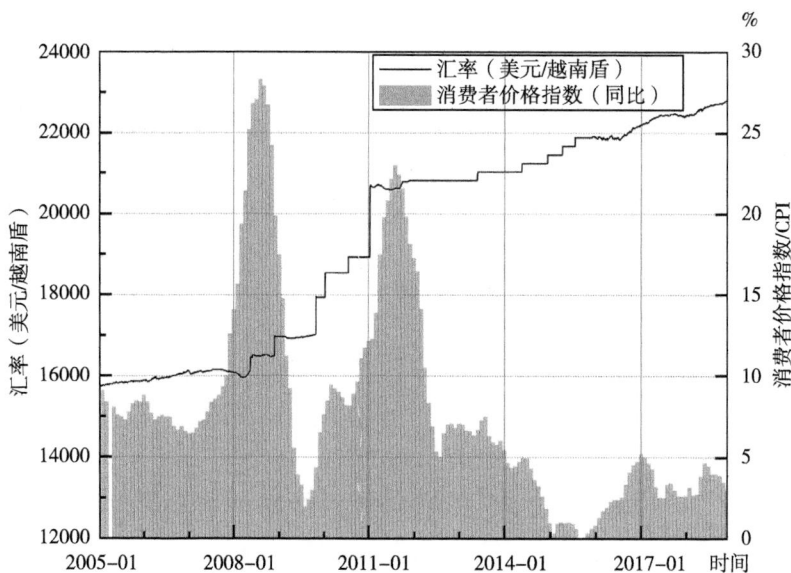

图 4-5 越南的汇率和 CPI 变化

（资料来源：越南统计局）

不过随后，越南政府调控的效果比较显著，在消费、投资和出口等提振的刺激下，越南经济实现较快复苏，使其很快从全面金融危机的阴影中走出，很多经济指标呈现改善趋势。2010 年，在达沃斯世界经济论坛年会上，越南被评为走出全球经济衰退的典范。然而，高速的经济增长却暗藏隐患，2011年，被誉为"亚洲猛虎"的越南经济陷入高赤字、高通胀、高不良贷款率和证券市场萎靡等困境，加之欧洲主权债务危机的影响，使越南不得不出台一揽子计划以提振经济。为控制通货膨胀，越南调整了财政和货币政策。经过坚持不懈的努力，各项政策落到实处，越南宏观经济发展也发生了积极的转变。（范文南，2015）

根据世界银行的数据，2014 年越南国内生产总值 1862 亿美元，同比增长

6%,增幅高于 2012 年 5.2%和 2013 年 5.4%的水平。其中,工业和服务业是越南国内生产总值中贡献率最多的领域,分别为 GDP 增长贡献 2.75 个和 2.62 个百分点。2014 年越南的平均 CPI 比上年上涨 4.09%,为最近十年最低涨幅。短期来看,越南各级政府财政赤字率和债务负担率仍将呈小幅扩大态势。长期来看,国企和金融行业改革红利的不断释放将支撑越南中长期经济的发展。近年来,越南的宏观经济持续表现良好,GDP 增长率始终保持在 6%以上。越南近年的高速发展,主要得益于中国经济的转型,无论纺织、鞋业等轻工业,还是手机、芯片、电子屏幕等相对高技术的产业,越南都从中国承接了不少产能。在世界经济不景气的情况下,同类的新兴市场出口普遍负增长,但越南出口保持了强劲的增长,电子元器件和配件在 2013—2017 年复合增速超过 25%。相比印度等国家,曾属于中华文化圈的越南在承接制造业以发展经济方面更加具有活力。2018 年,越南更是以 7.1%的增速一举超过中国。由于近年的高速发展,越南总理阮春福表示,希望越南在 2030 年成为中高收入国家,2045 年越南建国百年时成为高收入的发达国家。

近年来,中越经贸关系发展迅速,根据中国海关总署数据,中国自 2004 年后一直是越南第一大贸易伙伴。2018 年,中越双边贸易额首次突破 1000 亿美元,同比增长 12.71%。越南从中国进口商品总额为 654.4 亿美元,出口为 412.7 亿美元。在投资方面,虽然总量不大,但中国近年对越南的投资存量和投资流量总体增长迅速。2008 年,中国对越南直接投资存量为 5.2 亿美元,到 2017 年增长到 49.7 亿美元。其间,除了 2016—2017 年出现较小的降幅,其余年份中国对越南的投资存量的增幅都非常明显,但规模相比日本、韩国等国差距还很大。

3. 越南的主要产业

越南的主要产业是农业和工业,2017 年,越南农林水产业、工业建筑业、服务业占 GDP 比重分别为 15.34%、33.34%和 41.32%。

(1) 农业

越南长期以来是一个传统的农业国,农业人口达到总人口的 75%,全国面积的 60%为耕地或林地,农业曾占 GDP 的 30%以上。农业以种植业为主,粮食作物包括稻米、玉米、马铃薯、番薯和木薯等,是世界上重要的水稻出口国。经济作物主要有咖啡、橡胶、腰果、茶叶、花生、蚕丝等。

（2）工业

越南主要的工业领域包括能源、食品、纺织、化工、建筑、加工制造等。由于越南青年人口比例很高，劳动人口素质尚可，有着相当巨大的人口红利，因此近年来其加工制造业得到了快速发展。电子、纺织业和鞋业是越南工业中最具优势的产业，占越南出口总额的60%以上。越南的多数行业不具备完整的产业链，缺乏高新技术，产品附加值较低，尚处于工业化早期阶段。越南政府也认识到这一问题，颁布了《越南工业发展2020年计划与2030年展望》，越南将着重培养高技术创新型人才，致力于推动工业结构向现代化方向重组并发展具有现代化先进技术的行业。

电子工业。近十年来，越南的电子工业迅速发展，相关企业数量增长4倍，2017年已增至1021家。自2013年起，电子产品已经成为越南最大的工业部门。2017年，越南的电子产品出口额超过700美元，增长率超过30%，占越南出口总额的三分之一。作为对越南投资最大的企业，三星集团总投资额约170亿美元，2017年三星越南公司的出口总额约540亿美元，占越南出口总额的四分之一，越南已成为三星最大的海外工厂。三星越南公司2017年营业总额达到651亿元，是越南规模最大的企业，甚至超过了越南电力集团和越南油气集团。除三星公司外，微软、LG、英特尔、富士康等企业纷纷在越南投资建厂，其中不少是从中国、泰国等国家将制造基地转移到越南。虽然越南电子工业规模增长迅速，但外资企业对其本土电子工业的带动效果不明显，国内配套行业发展水平较低，主要完成包装和印刷等技术含量低的分工，产品本地化比例不足30%。

纺织业。纺织业是越南第二大外汇来源，2017年出口额达到310亿美元，外资企业在越南的纺织行业总投资金额约158亿美元，主要来自中国内地、中国台湾地区、中国香港地区、韩国等。与电子工业类似，越南的纺织业产业链也不完整，80%的原辅料需要进口。其中布料方面，2016年接近70%依赖进口。

其他产业。越南是世界第二大鞋类出口国和第三大生产国，但类似于纺织业，80%左右的高档鞋的原辅料依赖于进口。电信业方面，越南近年逐步走向国际市场，Viettel公司在柬埔寨、老挝、孟加拉国等国均有投资，其持股49%的老挝Unitel电信占老挝市场份额的50%以上。油气方面，2013年越南已探明原油储量为 44 亿桶，排名东盟国家第一，但炼油能力不足，成品油大多需要进口。

（二）越南金融市场概况

越南建国初期，饱经战乱，经济发展缓慢，经过长期的探索，越南逐渐发现金融体制改革的重要性与必要性。1986 年，越南开始实施"革新开放"政策，金融管理体系基本建立。随后，越南在金融方面推出了一系列重大改革，引入市场竞争机制，培育资金市场，并逐渐提升金融业的自由度。

1988 年，越南国家银行正式与财政部脱钩，开始独立行使中央银行的职权。1990 年，商业银行业务从越南国家银行剥离，越南国家银行仅负责实施货币发行、控制通货膨胀、稳定币值以及管理外汇和黄金，成为纯粹的中央银行。越南允许银行以国家控股和公私合营等多种所有制形式的方式存在，并加强了中央银行的作用。除了上述职能外，越南国家银行负责制定和颁布有关货币和银行经营活动方面的法规，签发或撤销信用机构的营业执照，并承担对银行业的监管职能。财政部则履行对保险业的行政管理，负责颁布保险业相关法规，签发或撤销保险活动的经营许可证，并对保险业实施监管。此外，财政部的职能还包括参与越南财政系统的规划和政策的制定，并管理信用机构的财政。（谭雅玲，1993）

2000 年 7 月，胡志明市证券交易中心成立，越南正式建立了证券市场。2005 年 3 月，河内市证券交易中心正式营业。越南国家证券委员会负责代表政府对证券市场进行行政管理，包括签发证券公司的上市许可证，监管证券公司的经营活动并对违规经营的证券公司进行惩处等。越南的债券市场于2009 年正式启动后，得到了迅速发展，但由于发展时间不长，越南债券市场的监管机制尚待完善，债券市场仍处于发展的初级阶段。2000 年时，越南股市仅有 2 家公司挂牌上市、总市值为 9860 亿越南盾，占 GDP 的 0.28%，到2016 年 11 月，股市总市值达 1790 万亿越南盾，为 GDP 的 43%，债券市场余额占 GDP 的 24%。（驻越南使馆经商处，2007）

1993 年，越南全国只有一家国有保险公司，随着越南金融自由化的加快，以及 2007 年 1 月 11 日正式加入世界贸易组织，其保险业飞速发展。截至2019 年底，越南强制性社会保险参保人数为 1518.5 万人；职业病工伤保险参保人数为 1506.8 人；失业保险参保人数为 1334.3 万人；医疗保险参保人数为

8539 万人；各类保险覆盖率达到 90%。然而随着保险市场规模迅速增长和多元化发展，越南保险业的问题也逐渐凸显，如投资组合单一；相关法律法规尚待完善，尤其反骗保方面有所欠缺；保险公司并购和倒闭缺乏规定指导；人才短缺，从业人员素质有待提升等。因此，国民的保险意识也不够，投保率低。

1. 越南的银行业概况

越南银行行业虽然成立得比较早，但是由于受战争的影响，在运营发展过程中曾遇到巨大障碍。出于经济和金融业的落后，越南从 1986 年正式开始革新开放。越南银行业的早期改革也是这场市场经济改革的组成部分，重点是政府放权和金融业务的私有化。

20 世纪 90 年代之前，越南国家银行一直兼有中央银行和商业银行的职能，1990 年越南出台了国家银行法，将商业银行的职能从越南国家银行剥离，成立了四家新的国有商业银行，分别侧重面向不同的经济部门。其中，越南工商银行面向工商业，越南农村发展银行面向农业，越南外贸银行面向国际业务，越南投资与发展银行则面向基础设施建设。同时，越南政府在此之后也开始允许国内建立股份制银行、投资银行和外资银行（何曾，2014）。

作为社会主义国家，越南长期以来以公有制经济和国有企业为主体，缺乏开放的市场竞争环境，因此银行和其他企业不可避免地出现效率低下甚至贪腐等问题。国有银行的贷款也基本面向国企，不良贷款较多，盈利能力较差，还需要政府注入资金。亚洲金融危机后，越南在 1998 年 10 月 1 日颁布《越南国家银行信贷法》，对国有商业银行进行债务重组和改革。手段包括增加法定资本金，确保资本充足率；处理不良贷款，提升信贷安全；推动国有商业银行的股份制改革和上市；以及成立政策性银行负责政策性贷款等。

2002 年，越南的 32 家股份制银行和 15 家外资银行，只有两家满足 8%的资本充足率，四大国有商业银行的资本充足率均不足 5%。越南政府通过财政部拨款和发行债券的方式向四大行注入资本金，大大提高了国有商业银行的资本充足率，有效提升了其安全性。为解决不良贷款过高的问题，2014 年越南央行对银行系统进行清查，将银行债务分为有财产担保和无财产担保两类。前者若不能按期偿还就采取拍卖抵押财产的方式清偿债务，后者则需要部分政府拨款，部分银行自行消化。截至 2004 年底，越南政府共拨款 4.14 万亿越南盾以冲销坏账，到 2005 年，四大国有银行的呆坏账已处理 92%（谢忠考,林建坤,2010)。

过分缺乏市场竞争的国有化,对越南银行业健康发展不利。越南政府也认识到需要推动国有商业银行的股份制改革和上市,这样可以改善银行的产权结构和内部治理,提升运营效率,还可以补充资本。2004 年,越南外贸银行作为试点率先开展了股份制改革,2006 年 10 月,其他三家银行的上市计划也得到政府批准。除了进行商业银行的股份制改革,越南还成立了社会政策银行专门为低收入者提供贷款和服务,成立了越南发展银行为国家投资项目和政策性出口信贷项目提供金融服务,相关的业务也从商业银行剥离。

值得一提的是,越南政府在进行国有商业银行股份制改革时,还允许本国私人资本进入;并允许私人资本自行建立股份制商业银行。另外,越南政府为了提升本国银行体系的运行效率,为了加入世界贸易组织并在加入后履行对世界贸易组织的承诺,扩大了银行业的对外开放。2003 年,越南国家银行废除了不符合国际惯例或标准的相关规定,开始鼓励外资对越南银行业进行投资;2004 年,越南央行颁布 151 号文件,允许外资购买越南银行不超过注册资金 30%的股份;2005 年,开始允许外商独资银行在越南建立支行(潘永,邹冬初,2011)。2007 年 1 月越南加入世界贸易组织后,其银行业进一步对外开放,允许国内的外资银行经营越南盾的存款业务。越南的这一系列举措带动了越南本土银行的改革创新,增强了市场竞争力,促进了越南外资银行的发展。2011 年之后,按照世界贸易组织条款要求,越南给予了外资银行国民待遇,允许其和越南本土银行遵循同样的存贷款规定并享有同样的金融服务经营范围。

越南在促使银行业的竞争主体更加多元化的同时,还积极推进利率的市场化和货币政策调控的市场化,允许商业银行在央行规定的基本利率的基础上根据自身情况合理上浮或采用奖励措施吸引存款。越南政府还建立了存款保险制度,成立了越南存款保险公司(VDI),以政府或央行提供的资本对符合条件的银行进行必要的支持。

除了放开国内的限制,越南在央行层面与多个国家建立了不同程度的合作关系,由于中国与越南相邻,越南对中国的贸易依存度也很高,两国在商业银行的非股权合作快速发展。另外,越南为了适应银行业的快速发展,开始大力培养相关人才。

通过多年的努力，越南的银行业取得了较大的发展。越南共有 5 家国有控股银行（分别为外贸银行、农业与农村发展银行、工商银行、投资发展银行和九龙江房屋发展银行）、34 家城市股份制商业银行、18 家农村股份制商业银行以及 12 家金融租赁公司。1995 年以前，越南不允许成立外资股份制银行。由于越南十年来的快速发展和积极的金融开放，越南的外资银行增长很快，已有 51 家外国银行分行、4 家合资银行、6 家外国全资子银行和 49 家外国银行代表处。2015 年底，工商银行、中国银行、建设银行、交通银行均在越南设立分行，农业银行则在河内设有代表处。

虽然越南的银行数量增长很快，多种所有制共存，外资银行机构也比较多，但国有控股银行的四大银行规模明显超过其他银行，信贷占有率一度高达 80%，截至 2016 年底，依然占据了全国信贷规模的 50% 左右，集中垄断程度较高。其他银行的规模难以与国有四大银行相匹敌，业务开展地区也往往有较强的局域性。

由于经济快速发展，越南的银行业在 2010 年后一直保持较快的信贷扩张步伐。2011—2016 年，存贷款的复合年均增长率分别达到 16.2% 和 14.2%，尽管 2016 年特朗普执政后，其贸易保护和逆全球化的主张对全球贸易带来不利预期，但由于中国制造业的转移，越南在 2017 年后依然保持了经济和信贷的强劲增长，这同时也是政府推动与消费需求共同刺激的结果。

随着越南产业的发展，其贷款结构也随之发生明显的变化。2012 年，越南的工业、建筑业和贸易分别占贷款总额的 29%、9% 和 20%。2012 年后这三个领域所占的比例逐渐下降，且下降幅度很大。在 2012—2016 年的各行业的平均分布数据中，这三项产业所占的信贷比例已经分别下降至 12%、9% 和 17%。进入 2017 年，越南的信贷规模仍然迅速增长，由于国内消费者购买力的不断提高对经济发展产生了巨大的驱动力，零售业在信贷规模中的比例也不断扩大。

2. 越南的货币制度和货币政策

越南盾的汇率受美元的影响非常深远。结合越南不同时期汇率政策和宏观经济运行情况的分析来看，越南自其金融改革以来，汇率政策共经历了 5 次调整（阮氏黄丹，2015），各个阶段中美元对越南盾的影响也存在鲜明的特点（见表 4-1）。

表 4-1 越南不同时期的汇率政策及越南盾与美元的关系

时期	越南盾汇率政策	美元对越南盾的影响
"自由浮动"阶段 (1989—1991 年)	浮动汇率制	大幅贬值、美元投机和经济美元化
"固定汇率"阶段 (1992—1998 年)	固定汇率制	钉住美元、外部名义驻锚、升值并严重偏离真实价值
"管理浮动"阶段 (1999—2001 年)	有管理的浮动汇率制	越南国家银行以银行间外汇市场越南盾兑美元前一交易日的平均交易价格作为官方汇率、贬值
"固定钉住"阶段 (2002—2007 年)	固定钉住美元汇率	以市场供求为基础、单一钉住美元,越南盾兑美元官方汇率逐渐递减并收窄至 1%
"可调整的钉住"阶段 (2008—2012 年)	可调整的钉住美元汇率制	越南盾兑美元官方汇率平稳中有 6 次一次性大幅贬值、交易期间调整

在 1989 年,越南进行第一次汇率制度改革,实行浮动汇率制度,以越南盾对美元汇率为基础的单一汇率制度取代了流行于计划经济时代的多重汇率机制。由于这一时期的越南官方汇率存在长期的高估现象,越南盾经历了频繁的贬值,进口商品价格上涨和国内通货膨胀恶化的同时,宏观经济的运行也不稳定,催生了对美元的投机行为和经济的美元化现象。为打破贬值与通货膨胀恶化的不断循环,1992—1998 年,越南盾对美元汇率的波动幅度被控制在 1%的范围内,在 11000 上下窄幅振荡,这样的政策使美元为越南盾提供了一个外部名义驻锚,但钉住美元会使越南盾汇率走高并严重偏离其真实价值,导致出口困难,国际竞争力下降。

表 4-2 2008—2011 年美元与越南盾的汇率变化

时间(Y/M/D)	越南盾对美元一次性贬值幅度	同期美元对人民币贬值幅度	时间(Y/M/D)
2008-06-11	2%	1.08%	2008-03-10
2008-12-25	2.90%	0.79%	2008-06-27
2009-11-26	5.20%	0.22%	2008-11-07
2010-02-11	3.40%	0.01%	2009-03-25
2010-08-18	2.10%	0.54%	2009-11-26
2011-02-18	9.30%	3.05%	2011-02-18

资料来源:BIS 数据库。

　　1999 年后，由于 1997 年亚洲金融危机的影响，越南采用了有管理的浮动汇率制。随后，越南盾汇率则表现出明显的"钉住"美元的特征，具体可划分为 2002—2007 年的"固定钉住"美元阶段和 2008—2012 年的"可调整的钉住"美元阶段。在"固定钉住"美元阶段，越南经济发展进入快速发展期，宏观经济形势向好，越南盾对美元币值较稳定，形成了以市场供求为基础的单一钉住美元的汇率制度，美元对越南盾的影响较为乐观，越南盾兑美元官方汇率的年内波动幅度呈逐年递减趋势并收窄至 2004—2007 年的 1%。金融危机期间，越南盾汇率剧烈波动，越南央行数次扩大波动区间。2008 年 3 月，这一区间由上下 0.75% 扩大至上下 1%；2009 年 3 月这一区间扩大至上下 5%。随着市场的逐步稳定，该区间逐步缩小，2011 年 2 月缩小至上下 1%。2015 年 8 月，随着中国"8·11"汇改后人民币大幅贬值，越南盾波动区间扩大至上下 3%。2016 年，由于外资的大量涌入，越南盾在前三季度出现了少见的升值。2008—2011 年，美元对越南盾的影响显著地表现为越南盾兑美元官方汇率在相对平稳的走势中随着美元的贬值，共有 6 次一次性大幅贬值，最高为 2011 年 2 月 18 日的 9.3%；2008—2011 年美元对人民币汇率和越南盾对美元汇率累计贬值分别为 11.55%、30.23%。其中，2008 年 1 月至 2011 年 2 月，越南盾贬值约 28%。2011 年以后，随着经济的逐步稳定以及政府调控的加强，越南盾汇率又恢复稳定。2012—2015 年总共贬值 7%，年均贬值仅 1.75%。

　　综合来看，美元是越南盾汇率制度选择的重要考虑因素，在越南宏观经济发展的不同时期对越南盾有不同的影响，反映在经济发展层面既有积极的促进作用也有消极的负面影响。自越南革新开放以来，由于越南的通货膨胀相对水平一直居高不下，越南盾一直面临着来自对内和对外的双重贬值压力，越南盾对美元汇率也长期处在贬值通道中，在国际竞争力方面属于典型的弱势货币。为提高越南货币政策的公信力，恢复人们对越南盾的信心，越南盾保持与强势货币美元的汇率稳定显得尤为重要。因此，在这样的形势下，美元对越南盾货币政策的公信力有着重要影响。

　　2015 年 12 月 31 日，越南国家银行颁布了第 2730/QD-NHNN 号决定，从 2016 年 1 月 4 日起实行中心汇率定价机制，即越南央行参考其他外币汇率，每天公布越南盾对美元汇率作为中间价，在现行 3% 的浮动幅度内进行外汇交易。但商业银行可自行制定越南盾兑其他货币的汇率，不受该区间的限制。可见，美元对越南盾汇率定价机制的影响更加趋于市场化。进入 2016 年，越南盾汇率走势逆转，出现小幅升值，主要原因是 2016 年大量外资进入越南投资，卖出美元买入越南盾导致。越南与多个国家和地区签订自由贸易协定后，外资进入越南的速度明显加快，经济形势相对乐观，这对越南盾形成一定支撑。2016 年，越南盾兑美元贬值 1.18%，兑人民币升值 5.43%。

2018 年，中美发生贸易摩擦，两国都是越南的重要贸易伙伴，美国是越南第一大出口市场，占出口总额的五分之一，而中国是越南最大的贸易伙伴和第一大进口市场，占越南进口总额的四分之一。越南所谓的中心汇率定价机制，其本质还是几乎为固定汇率制。由于人民币对美元的贬值，越南如果不调整其汇率，中国的相对廉价的商品将涌入越南，对越南贸易平衡构成重大的威胁。河内国家大学经济与政策研究院（VERP）院长阮德成认为，越南应采取灵活的汇率政策，让越南盾对美元汇率贬值，但贬值幅度须低于人民币对美元汇率的贬值幅度。这样进口商和出口商都能够保证受益。在此背景下，越南盾对美元明显下跌。近年来，由于越南经济外向，且存在顺差，越南盾对美元汇率从 2008 年到 2018 年末的十年中，从 16302 贬值到 23190，累计贬值逾 40%。在外汇和经常账户的双顺差之下，若继续贬值可能会导致国内通胀加剧，资产泡沫化风险增加，因此在 2018 年调整之后，越南盾的中间汇率未再进行明显调整，总体保持稳定。

（三）越南金融脆弱性分析

1. 越南的宏观经济情况分析

越南近年来的发展速度较快，成绩令人瞩目。2018 年全球经济放缓，但越南的进出口仍保持了较快的增速。越南与中国是邻国，文化又有相近之处，因此近年承担了不少从中国迁出的工业，甚至不少中国企业也在越南进行投资。在世界经济论坛发布的 2018 年全球竞争力报告中，越南在 140 个国家和地区中位列第 77 位。越南的宏观经济稳定性得分和排名相对较高，但与创新、技术、工业化水平相关的指标则得分较低。

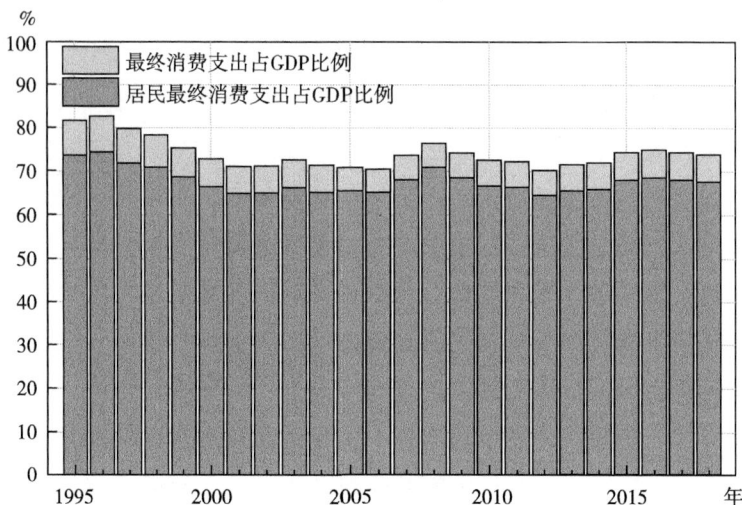

图 4-6 越南的最终消费支出和居民消费支出占 GDP 的比例

（资料来源：Wind 数据库）

在越南的经济发展中，外商直接投资有较强的拉动作用。2018 年达到约 190 亿美元（见图 4-2），占社会投资总额的 23.4%，同比增长 9.6%。随着越南对外开放和基础设施的进一步完善，加上中国制造业的升级转型，越南在未来有望吸引到更多的外商投资。在越南的 GDP 中，最终消费支出超过 70%，且增速稳定在 10% 左右，其中近 90% 是居民消费（见图 4-6），因此居民消费对 GDP 增长贡献较大。但越南的储蓄率偏低，2019 年越南的储蓄率为 25.4%，与中国的 44.6% 差距很大，这对经济的持续发展会造成一定不稳定性。

近年来，由于地利和教育上比东南亚或南亚的一些国家情况更好，识字率高，港口运输业较为便利，越南发展状况比东南亚其他中低收入国家优秀。并且越南由于战争等历史原因，目前平均年龄十分年轻，人口规模也较大，预计人口红利还能持续约二十年。此外，越南与中国当年"摸着石头过河"的发展情况不同，越南可谓是"摸着中国过河"，在一定时期内，越南的发展战略、政策和目标都可以参照中国在加入世界贸易组织之后的发展路径，因此更有可能少走一些弯路，这些都是越南在未来继续保持较高速发展的有利因素。

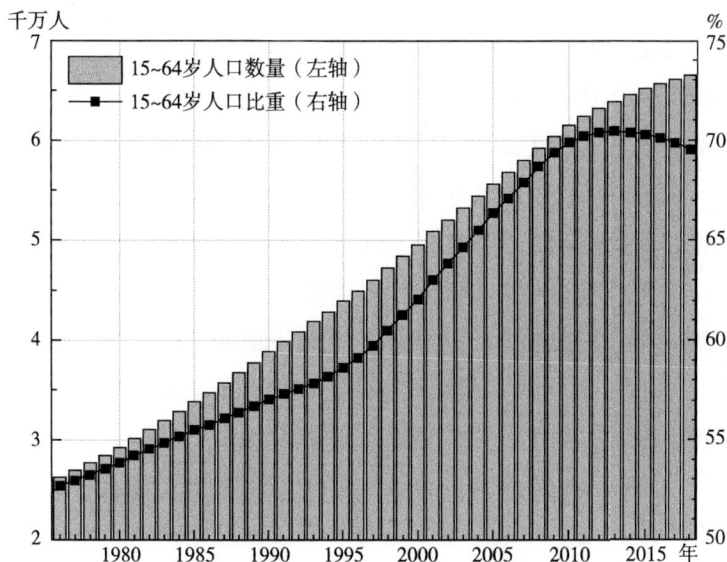

图4-7 越南的劳动人口数量和比重

（资料来源：世界银行数据库）

越南要持续高速发展，实现自己成为中高收入国家的目标绝非易事，其国内也面临着不少问题。在2017年全球清廉指数排名中，越南以35分排在全球180个国家中的第107位，官僚腐败现象较严重。政府存在行政效率低下，执法过程不透明，对经济和投资干预过多等问题，不利于投资。而随着经济发展和开放的加深，越南虽然法律政策逐渐完善，但为了跟上世界经济格局的变化以及自身产业升级的需要，越南对投资等法律进行频繁修订，有些内容变动巨大，甚至前后矛盾。

越南的GDP虽然连年创新高，但其财政收入却没有及时跟上。越南政府2018年的财政收入约610亿美元，占GDP的24.9%，而同年处于工业化转型期的中国，即使在强调减轻企业压力，税收仍然占GDP的28.74%。这其中重要原因之一是越南允许军队经商，军方在获取大量利益的同时却几乎不缴税。财政收入的不足会使越南政府在二次分配、基建、公共服务和管理等方面难以弥补和调配。目前基础设施已成为越南经济发展的一大阻碍。基建离不开两件事，一是政府财力，二是拆迁征地。中国土地为国家所有，因此拆迁征地统筹规划较为便利，同时还可以带来大量的财政收入，但越南的土地为个人所有，可以自由交易，政府无法通过土地交易获得收入，征地拆迁难度较大，因此在完善基础设施方面面临的障碍更大。基础设施跟不上，会导致资源流动受阻，地区之间的发展不平衡，容易加速贫富差距增大，不利于中产阶级的产生和壮大，长期会对经济发展造成不利影响。目前，越南已经以较高速度发展了近三十年，但依然仅有河内和胡志明市经济较为发达，且就在这两大城市内部，发展也非常不平衡。

越南目前贫富差距较大，因此其工会近年时常鼓动罢工抗议，要求增加工资收入。越南目前的人均 GDP 约为中国的四分之一，但人均收入接近中国的 50%，这说明，目前越南的发展部分类似于曾经的南美洲的发展，人均收入与 GDP 不匹配。人均收入若提升过快，会快速消磨成本优势。而越南不具备中日韩这样的工业基础，直到现在工业体系也很不完善，因此快速提升的收入很容易导致在未来陷入"中等收入陷阱"。越南虽然也认识到这一点，并提出产业升级的计划，但缺乏重工业体系，工业基础薄弱，科技水平不足的越南，跨过这一步的难度相当大。

另外，越南 2018 年进出口贸易总额达到 4822 亿美元，而 GDP 为 2425 亿美元，外贸依存度高达 199%。极度的外向型经济导致越南容易受到经济周期的影响。在亚洲金融危机时期和次贷危机导致的全球金融危机时期，越南的经济都受到明显波及。国际金融市场的投机资本也从来没有放松过对猎物的追寻，越南外向型的经济，规模不大的外汇储备和快速发展的市场，都是吸引投机资本的地方。亚洲四小龙都经历过严重的"剪羊毛"，越南相比这些国家，金融防御体系和发展水平都明显不足，因此更应该做好防范金融入侵的准备。

2. 越南银行业的脆弱性分析

（1）越南银行业面临的主要问题

越南的银行业走向现代的时间较短，因此在快速发展中难免遇到种种问题。在越南革新开放后，尤其是 2007 年加入世界贸易组织后，越南的银行业规模扩大十分迅速，在信贷的飞速扩张中，越南的银行的资本充足压力不小，尤其是处在新巴塞尔协议这一大背景下，其资本充足率面临更大的挑战。同时，越南的坏账庞大，在 2012 年前后这一问题尤为突出（陶氏泉，2010）。

除越南银行业自身的问题外，其另一大挑战来自国外银行的竞争。东盟经济共同体建成以后，新加坡、马来西亚等国的银行陆续进入越南，一定程度上对越南本土银行造成了冲击。外国银行相比越南本土银行，在资本规模、资金周转率、风险管理专业性和金融产品丰富性方面都具备一定优势。随着越南对外开放加快，越来越多的全球大型银行进入越南，这些银行在经营管理和资源整合方面都具备极大优势。

（2）越南银行业的信贷风险分析

越南的商业银行业务中最重要的、比重最大的是贷款业务，银行大部分的利润也来源于此，因此越南银行的信用风险也就成为风险最集中的部分，越南银行体系对风险识别和衡量的指标也以贷款为主。革新开放后，越南的银行体系高速发展并逐渐与世界接轨。2005 年以后，越南的国有商业银行深化股份制改革，吸引投资，通过增加财政资金来防范经营风险。

2005 年 4 月，越南国家银行发布了《贷款风险分类原则》，将贷款分为正常、关注、次级、可疑和损失五个级别，其中后三类被认为是不良贷款（吴宝珍，2013）。越南银行业 2011—2014 年处于信贷高扩张时期，银行一再扩张运营规模，设立分支机构；同时合资银行和外资银行也纷纷进入越南。这对贷款扩张和银行盈利有好处，但相应的违约的风险也在增大。2011 年和 2014 年，越南的信贷增长速率很高，2012 年，由于证券市场和房地产市场迅猛发展，对应领域的贷款余额迅猛上升并产生资产泡沫，受金融危机的影响，银行信贷增长速率下降。

2011—2012 年，越南的不良贷款比例高且成分复杂。2012 年，越南的利率变动频繁，贷款利率升高。这一年越南国内的金融危机也导致大量企业经营困难，失去偿还能力。由于越南在 2011 年信贷规模增长迅速但质量不高，并且 2012 年由于次贷危机和欧债危机的影响蔓延，越南的信用危机在 2012 年集中爆发（范明英，2016），不良贷款率达到 3.5%。通过政府注资和商业银行借贷目标的多元化，商业银行不良贷款率一度下降至不足 2.5%，但由于 2011—2014 年信贷规模扩张过快而质量不高，越南银行业的风险管理水平偏低，随时间推移信贷问题逐渐显现，2013 年和 2014 年不良贷款率又迅速上升至 3.4% 和 4.8%。2013 年，为处理越来越严重的不良贷款问题，越南政府成立了越南资产管理公司（VAMC）通过债券来"收购"银行的不良贷款。为应对不良贷款增加和流动性问题，越南政府在 2015 年又发行了规模为 388 亿越南盾的国债来补充国有商业银行的资本金，但政府不能总为商业银行买单，根本上还需要商业银行提高信用风险意识和管理水平。

2016 年上半年，由于不少企业生产经营活动仍比较艰难，各家商业银行采用了能够更加准确反映信贷质量的分类方式，并据此以更大力度处置不良贷款（林文赵，2017）。据越南国家银行的报告，2016 年 6 月底，越南银行体系的坏账率小幅下降至 2.58%，上半年越南全国处理的不良贷款总额达 59.71 万亿越南盾，其中向 VAMC 出售的 8.88 万亿越南盾，损失的贷款主要来源于房地产企业。

在各类银行中，越南的国有银行不良贷款率高于股份制银行。这主要是国家、国有企业和国有银行之间的紧密联系导致的。虽然国有商业银行早已从央行分离，但其主要任务还是执行具有行政性的命令，资本受政府担保，从而对信贷质量关注不足，甚至没有资本安全率的概念。近年来，国有银行已经认识到资本充足率等指标的重要性，但这些银行和政府机构的关系依然十分密切。而越南的国有企业大多享受着国家的优惠政策，却没有充分利用政策提高经营水平，反而产生了依赖性，"求给"思想的影响使这些企业经营状况每况愈下。根据越南国会财政预算委员会的报告，截至 2016 年 9 月，越南 70%的国企处于亏损状态；截至 2016 年 12 月，越南国企债务高达 GDP 的 51%，约 621 亿美元。负债前三十的大型国企的债务总额超过其自有资金的 3 倍，资不抵债。这些缺乏经营实力和盈利能力的国有企业却是国有商业银行的主要贷款对象，国企亏损额占据银行坏账总额的 70%。

但随着越南央行执行审慎的金融调控政策，严格控制信贷增长速率，改善经营环境，并持续处理不良贷款，越南的银行业在 2018 年后经营状况持续改善，利润率持续提升，资本充足率保持较高水平，国有银行和其他商业银行的资本充足率分别在 9%和 11%以上。

（3）越南银行业的监管问题

内部监管方面，越南银行业的监管部门工作不够到位，甚至有时会隐瞒银行信用问题，银行经营和监管的透明度偏低。同时，越南商业银行的风险管理部门不够独立。越南银行业贷款申报材料的评审主要根据客户提供的数据，银行风险管理部门进行信息的收集、处理和分析，评估信用的能力不足。外部监管方面，由于缺少客户贷款申报材料和及时审计的财务报告，银行间恶性竞争还导致信息分享机制缺失，以及税务、审计、公安等部门难以取得相关企业信息,外部监管措施没能真正落实。政府相关部门的专业能力不足、法律框架不完善也导致外部监管和银行实际经营情况不符,使政策执行力和效率大打折扣。

具体而言,银行业的监管要取得成功,要有坚实的法律基础,监管行为要有法律授权,金融机构的行为也必须有明确的法律规范。而越南银行业监管的相关法律体系还不健全。首先越南近年来金融业发展迅速,银行立法没有及时跟进,存在不少空白。正常来说,银行监管必须严格遵照法律法规的内容和程序实施。目前越南的《国家银行法》和《金融机构法》只有一般性规定,缺乏实施细则(阮瑞草,2016),操作难以落地。只有包括审慎监管条例、监管指南、现场排查和非现场分析、监管报告和公开披露信息等准则,才能更好地保障监管行为的实施。其次,越南的信托投资公司、资产管理公司等金融机构也没有明确的法律法规,存款保险和制度也相对空白。再次,越南对商业银行的监管仍以处罚为主,缺乏风险管理的概念。此外,越南银行业的监管法制与世界贸易组织的协议要求还存在差距,对越南推进金融开放和全球化,提升自身金融监管和服务水平有不利影响。

通常来说,银行业的监管主要有四种方式:政府对银行业的外部监管,银行机构的自我约束,行业的自律监管,以及社会中介机构如审计师事务所、工商事务所、会计师事务所等和社会舆论的监管。越南银行业的监管主要依赖政府的外部监管,其他监管方式几乎起不到作用。虽然越南银行业协会成立已久,但信息披露机制不健全,社会中介机构没能起到监管作用(蒋愉,2015)。央行在过去较长时间里将精力放在市场准入的监管而忽略了经营活动的监管。

目前,现代信息技术早已普及,但越南商业银行的监管工作仍停留在手工阶段。因此,金融信息获取不及时,监管水平低,难以制约商业银行的违规经营问题。监管人员的业务素质大多也跟不上现代金融业的发展,政府在监管中多数情况下只能采用现场监管,由于人员和技术的差距,非现场监管手段缺乏。

3. 越南货币的脆弱性分析

(1) 越南的通货膨胀情况

虽然伴随着经济波动,越南的通货膨胀率跌宕起伏,但与 GDP 增长率相比，越南的通货膨胀明显处于较高水平，2008 年和 2011 年，CPI 达到峰值（见图 4-5）。近年来，越南政府努力控制通货膨胀，收到一定效果，经济也在快速发展，但通胀压力依然很大。越南的通货膨胀问题一直很严重，而且难以抑制，主要原因有投资效率低、货币政策的刺激、市场结构问题和对外开放的影响等方面（范文南，2015）。

越南的许多投资项目存在程序和资金问题，资本配置的计划性差，投入生产使用的浪费极大，成本过高，因此越南的债务问题相当严重，虽然越南的债务主要是长期外债，但依然会对汇率产生较大压力，进而增加通胀压力。

2004 年，越南央行取消利率上限，切换到基准利率下工作，从而使资金供求的市场机制和银行业务更加活跃，同时银行存款利率连续降低，这有助于刺激经济，但积累了通胀因素。2005 年开始，越南政府推出一系列刺激经济的计划，包括免征低收入阶层的个人所得税，加强基础设施建设，降低商业行为中的税务和贷款等。这些举措刺激了经济，提高了银行流动性，但扩大了货币供应量，低利率也促进了通胀。

在越南市场，一些具有被垄断性质的商品，有时会因为宏观调控不利，出现企业投机性地抬高市场价格，如在制造业和服务业的某些领域，一些国企利用自己的垄断地位，破坏公平竞争，操控市场价格，造成一些商品的恶性涨价，也对通胀有推动作用。

（2）越南的汇率风险情况分析

越南的经济外向性很强，近年来已成为重要的外商投资目的地，尤其在加入世界贸易组织后，越南的国际贸易和境外投资增加很快。为了保持出口竞争力，越南政府有选择性地对市场进行干预，央行发行了大量货币用来购买外币增加外汇储备。这导致越南的货币供应量以 20%~30% 的速度增长，同时造成了物价上涨。越南近年来主要依靠外商直接投资来填补财政赤字，但迅速增长的外商投资也容易造成经济过热并增加通胀压力。

越南虽然近年来经济发展势头不错，但由于其仍采用实际上钉住美元的汇率制度，同时经济具有极强的外向性，外汇储备也不高，2018 年国际储备仅为 554 亿美元（见图 4-4），所以外商在对越南投资时难免会拿 1997 年之前的泰国与其做对比，对越南是否会爆发货币危机有一定的担忧。但总体而言，相比当时的东南亚诸国，越南目前的金融稳定性更强。

首先，越南对货币稳定性的宏观审慎性更强。2008 年，越南就经历过一次不大不小的货币危机，给予了越南深刻的教训，从此越南的货币政策更加谨慎和稳定，以抑制信贷的过快和过度增长。审慎的宏观政策使越南的非金融杠杆率在 2010 年达到 114.7 的顶峰后回落，2013 年以后才重新上升。2016 年，越南的非金融杠杆率为 124%，明显低于 1997 年泰国的 166.5%。

越南近年来不断推进私有化，政府的负担在逐渐减小，但由于土地私有，政府在基础设施建设方面存在一定程度的乏力。而积极的方面就是政府债务相对可控。在 1997 年亚洲金融危机中，泰铢崩溃的重要原因之一就是外债过高。越南的债务虽然比泰国金融危机前要低，但仍高于 20% 这一国际公认安全线，接近 50%。不过越南短期债务所占比例较低，2016 年短期债务占外汇储备的 38.35%，明显低于国际公认安全线的 100%。

2008 年国际金融危机蔓延后，越南的经济过热得到一定缓解，经济增长的质量有所提高，自 2010 年开始，越南的全要素生产率 TFP 保持正值，这对经济的长期稳定发展有积极意义。另外，越南虽然外商直接投资数额很高，但一直对资本流入持审慎态度，并在 2008 年后加强了资本项目管制。受益于外国直接投资和贸易顺差，越南从 2011 年起保持双顺差状态，这也有利于越南汇率保持稳定。

而越南盾的风险主要来自信贷，在钉住美元的汇率制下，贸易顺差的增加会导致本币的被动投放（阮氏黄丹，2015）。另外，如果越南政府对 GDP 过度追求，就可能因滥用反周期货币政策而使信贷扩张成为对抗经济下行的主要手段。这两方面的问题都有可能威胁宏观经济结构，影响国际收支平衡并带来不可测的贬值风险。不过目前越南的经济基本面总体较好，经济发展质量也较高，因此发生货币危机的可能性较低。

二、马来西亚

（一）马来西亚的基本情况

1. 马来西亚地理文化简述

马来西亚位于太平洋和印度洋之间，全境被南中国海分成东马来西亚和西马来西亚两部分。马来西亚国土面积约 33.1 万平方公里。根据马来西亚统计局发布的数据，2018 年马来西亚人口达 3152 万。以族群来看，土著（马来人及原住民）占 61.54%、华裔占 21.00%、印裔占 6.29%，其他人口占 0.89%，非国民占 10.28%。根据宪法定义，马来人是实行马来风俗（习惯法）和文化的穆斯林。他们在政治上具有主导权。土著地位也授予某些非马来的土著，包括泰人、高棉人、占族、沙巴和砂拉越的土著。马来人信奉伊斯兰教，其他种族享有宗教信仰的自由。

马来西亚首都为吉隆坡（商业为主），行政首都则位于布城。马来西亚分为 13 个州，包括在马来西亚半岛的柔佛、吉打、吉兰丹、马六甲、森美兰、彭亨、槟城、霹雳、玻璃市、雪兰莪、登嘉楼，以及马来西亚沙砂的沙巴、砂拉越，另有三个联邦直辖区：首都吉隆坡、纳闽和布城（布特拉再也）。

首都吉隆坡人口约 167.4 万人（2011 年 7 月，马来西亚统计局），面积达 243 平方公里。吉隆坡是这个多民族、多宗教国家的缩影，市内清真寺以及佛教、印度教的寺庙随处可见，基督教的教堂也有 20 多座。联邦政府行政中心布城位于吉隆坡以南 25 公里处，面积达 49 平方公里。首相署及部分政府工作人员于 1999 年 6 月迁入，2005 年前搬迁完毕。

1957 年 8 月 31 日，联盟主席东姑阿都拉曼宣布马来亚联合邦独立；1963 年，马来亚联合邦联同新加坡、沙巴及砂拉越组成了马来西亚。1965 年 8 月，新加坡退出马来西亚。马来西亚政府系统仿照威斯敏斯特的议会制度。国家对外的最高代表被称为元首，而政府由国会下议院最大党或联盟所组成，领袖称首相。马来西亚根据宪法实行多党制的政党制度，但实际实行的却并非典型的多党制，而是一种由几个政党联合组成政党联盟执政的制度。目前注册政党有 40 多个，由 13 个政党组成国民阵线（Barisan Nasional）联合执政。

此外，马来西亚是东南亚国家联盟的创始国之一，环印度洋区域合作联盟、亚洲太平洋经济合作组织、英联邦、不结盟运动和伊斯兰会议组织的成员国。主要参与的军事行动有五国联合防卫和联合国维和行动。

马来西亚位于赤道附近，属于热带雨林气候和热带季风气候，无明显的四季之分，一年之中的温差变化极小，平均温度在 26℃～30℃、全年雨量充沛，3 至 6 月及 10 月至次年 2 月是雨季。内地山区年均气温 22℃～28℃，沿海平原为 25℃～30℃。

马来西亚境内自然资源丰富，盛产热带硬木。橡胶、棕油和胡椒的产量和出口量居世界前列。曾是世界产锡大国，因过度开采，产量逐年减少。石油储量丰富，此外还有铁、金、钨、煤、铝土、锰等矿产。

2. 马来西亚的经济概况

马来西亚是一个农业与自然资源出口国，制造业对经济影响很大，同时也是一个相对开放的新兴多元化中等发达国家，在东南亚国家中，人均 GDP 仅次于新加坡。马来西亚已连续多年成为中国在东盟的最大贸易伙伴。中国从马来西亚进口的主要商品有集成电路、计算机及其零部件、棕油和塑料制品等。

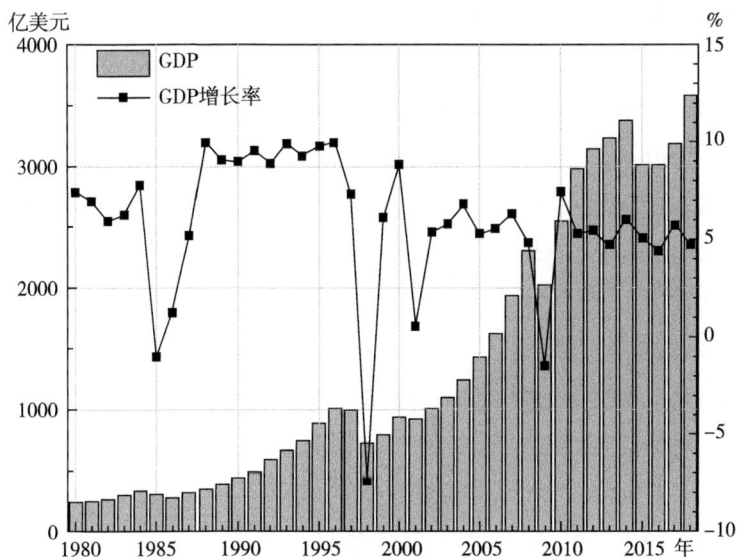

图 4-8 马来西亚历年 GDP 及其增长率

(资料来源：Wind 数据库)

20 世纪 70 年代前，马来西亚以农业为主，依赖初级产品出口。后来不断调整产业结构，大力推行出口导向型经济，电子业、制造业、建筑业和服务业发展迅速。同时，实施马来民族和原住民优先的"马来西亚新经济政策"。马来西亚自 1987 年起连续 10 年保持 8% 以上的高速增长（见图 4-8）并于 1991 年提出"2020 宏愿"发展战略，旨在 2020 年建成发达国家；并以"国家发展政策"取代"新经济政策"。1995 年，马来西亚又提出"多媒体超级走廊"计划和"生物谷"计划，大力发展信息产业和生物科技。20 世纪 90 年代，马来西亚经济突飞猛进，被称为"亚洲四小虎"之一，成为亚洲地区引人注目的多元化新兴工业国家和世界新兴市场经济体。旅游业是马来西亚的第三大外汇收入来源，此外知识经济服务业也在扩张。马来西亚目前是伊斯兰银行的一处中心，且该国在伊斯兰银行拥有最多的女性劳工。

然而马来西亚在 1998 年受亚洲金融危机严重冲击，经济出现负增长。随后通过稳定汇率、重组银行企业债务、扩大内需和出口等政策从经济危机中恢复并保持中速增长。21 世纪初，马来西亚实行稳定汇率、重组银行债务、扩大内需和出口等政策，保持较快速度增长。2007 年后，推出马来西亚依斯干达、北部经济走廊、东海岸经济区、沙巴发展走廊及砂拉越再生能源走廊等大型发展计划，以刺激经济发展和实现未来经济转型。

2008 年，马来西亚再次遭受国际金融危机影响，增长放缓，出口下降，因此马来西亚政府为应对危机拨款 50 亿林吉特扶持股市，推出总额 670 亿林吉特的两套经济刺激计划。2009 年 4 月，纳吉政府继续实行经济刺激方案，进一步开放服务业和金融业（佘晓叶，2009）。先后撤销 27 个服务业领域的外资股权限制，放宽外资准入，改善投资环境。2010 年下半年，又提出经济转型计划，推出 12 个国家关键经济领域（NKEAs）的发展目标。2015 年 4 月开征 6% 的消费税（GST）。

马来西亚根据自身具体经济状况每五年出台一项经济发展计划，即马来西亚计划，俗称五年计划。第一个大马计划始于 1956 年。最新的大马计划于 2015 年公布，是迈入 "2020 年宏愿" 前的最后一个五年计划。该计划总体预期国内生产总值在 2016—2020 年每年增长介于 5% ~ 6%，使人均收入年增 7.9%，在 2020 年达到 15690 美元，成为先进经济体。

3. 马来西亚的主要产业

马来西亚是一个多元化的新兴经济体，其产业发展较为均衡。

（1）农林渔业

马来西亚的农业以经济作物为主，主要有油棕、橡胶、热带水果等。马来西亚自然资源丰富，是全球第二大棕油及相关制品生产国，全球第三大天然橡胶生产国和出口国。马来西亚的粮食自给率约为 70%，2010 年农业总产值为 1046 亿林吉特，占国民生产总值的 7.3%，就业人口 147.5 万。渔业以近海捕捞为主，2011 年鱼类捕捞量为 52.6 万吨。

（2）矿业

马来西亚的矿产资源相当丰沛，其矿业主要以锡、石油和天然气开采为主。据其能源、供水及通信部统计，马原油储量为52.5亿桶，天然气储量为24889.85亿立方米。2015年马来西亚石油产量为2.5亿桶，天然气产量为68.2亿立方米，是全球第三大液化天然气出口国。

（3）制造业

制造业是马来西亚经济中占比最大的领域，近30年来，马来西亚制造业发展迅速，2010年制造业总产值约为2641.7亿美元，增加值为539.1亿美元，占GDP的比重达22.5%。马来西亚制造业以食品制造、电子电器业、木制品业、炼油业、橡胶产品业和非金属矿产品业为主。在制造业各行业中，精炼石油产品、化工产品、电子元件和电路板制造和动植物油脂制造（主要指棕油制品）是2010年马来西亚GDP的主要贡献行业。这四个行业的工业增加值为238.7亿美元，占制造业的比重达到44.2%。

马来西亚的电子制造业发展尤其迅速，已经成长为国民经济的重要支柱产业。电子制造业主要涵盖电子元件和电路板制造、消费电子产品制造、计算机和周边设备、通信设备制造等领域。2010年，马来西亚电子制造业总产值539.7亿美元，增加值为96.4亿美元，占制造业的比重为17.9%，从业人员31.4万人。其中，电子元件和电路板制造产业总产值为284.1亿美元；消费电子产品制造产业总产值为125.8亿美元；计算机和周边设备制造产业总产值为94.1亿美元；通信设备制造产业总产值为35.7亿美元。世界上有三分之一的半导体是在马来西亚槟城装配的，众多的电子供应商、采购商和制造商聚集在槟城，使其具有"东方硅谷"的美誉。

（二）马来西亚金融市场概况

1. 马来西亚银行业概况

马来西亚的银行业主要包括中央银行、纳闽金融服务局、全能型商业银行、伊斯兰银行、投资银行、开发金融机构、国家政策性银行和在纳闽国际商业与金融中心注册的离岸银行。截至2014年末，共有各类银行机构127家，其中全能型商业银行共43家、伊斯兰银行4家、投资银行12家、开发金融机构11家、国家政策性银行2家、在纳闽国际商业和金融中心的离岸银行55家。银行体系通过分布在全国的超过2000家分行运营。

值得一提的是纳闽岛的金融业。纳闽岛是一个92平方公里的岛屿，首府为维多利亚，位于东马来西亚海岸、沙巴州西南，距曼谷、中国香港、雅加达、吉隆坡、马尼拉及新加坡的距离大致相同，地理位置优越。纳闽岛在1984年4月16日由马来西亚联邦政府正式确定为联邦直辖区，并于1990年10月1日立法成为国际离岸金融中心。马来西亚目前沿用两套相互平行、互为独立的监管体系，即传统监管体系（中央银行）和纳闽国际商业金融中心（纳闽金融服务局）监管体系。近年来，纳闽国际商业与金融中心以平均每年10%的增长率，发展为目前亚太区领先的国际离岸金融中心，其招商引资表现强劲，2014年新注册公司增长率为12.3%。1996年只有937家注册公司。截至2015年9月，注册公司增加至12281家，涵盖银行、保险、租赁、信托与基金各领域，其中70%的公司来自亚洲。纳闽金融服务机构2010年重新定位，从以银行与保险为主的金融体系，转型扩大至涵盖更广大的金融产品体系。未来要对准亚太区域，衔接东盟经济。

（1）政策银行：马来西亚国家银行

马来西亚国家银行（Bank Negara Malaysia）是马来西亚的中央银行。成立于1959年1月24日，总部设在马来西亚首都吉隆坡，并在吉隆坡、槟城、新山、古晋、亚庇和瓜拉登嘉楼设有分行。它是由马来西亚政府设立及拥有，其主要目的不在营利，而是管制与监督全国的银行与金融活动（刘辉，2017）。依据《马来西亚中央银行法》，马来西亚中央银行的职责包括：①发行货币、维护货币价值并促进货币稳定；②充当政府的银行和金融顾问；③促进建立良好的金融结构；④推进可信、高效和便利的全国支付结算体系，保证支付结算政策符合马来西亚的利益；⑤影响信贷使之有利于国家利益等。

马来西亚中央银行政策制定和业务管理由银行理事会负责，理事会共有9位成员，包括中央银行行长、3位副行长和5位非执行董事。马来西亚中央银行设有货币评估与战略部、经济研究部、国际部、投资操作与金融市场部、外汇管理部、货币管理与操作部、金融集团监管部、银行监管部、金融产业发展部、金融监测部、伊斯兰银行和保险部、支付体系政策部、法律部、信息技术服务部、财务部、人力资源部、战略管理部、风险管理部等部门。

（2）马来西亚主要本土商业银行

①马来西亚银行。马来西亚银行有限公司（Malayan Banking Berhad）是马来西亚最大的银行，也是目前马来西亚市值最大的上市公司，资产总额达3370亿林吉特（约合1050亿美元）。其总部位于吉隆坡。该行于1960年由华

人邱德拔创立，后来因发生挤提事件被政府接管，最后由马来西亚土著拥有。目前马来西亚银行拥有国内分行 344 家、海外分行 34 家。

②马来西亚大众银行。马来西亚大众银行是马来西亚第三大银行集团，在其国内拥有 252 家分支机构。该行还在马来西亚十大华商企业中排名第三，并曾与英国汇丰银行（HSBC）、印度信息系统公司（Infosys）一起被里昂证券亚洲分部（CLSA）和亚洲公司治理协会（Asian Corporate Governance Association）进行的亚洲新兴市场年度公司治理调查中评为公司治理优秀前三名。

③联昌国际银行。联昌银行（CIMB Bank）集团是马来西亚第二大银行，拥有员工 3.2 万人，遍布东南亚各国，在中东设有联昌伊斯兰银行，在上海、纽约、伦敦设有代表处。土著联昌控股的盈利主要来自投资银行业务和司库部（Treasury Division），其中投资银行主要从事证券相关及企业融资业务，而银行的司库部则是以货币交易为主。联昌证券原是土著联昌银行（Bumiputra Commerce Bank）的子公司，专门处理企业融资以及证券投资的事务，在上市三年后除牌，与母公司土著联昌银行合一，土著联昌银行也改名为联昌银行（CIMB Bank）。联昌证券是东南亚本土最大的投资银行，在 2012 年 4 月成功收购苏格兰皇家银行的亚洲投行业务后，一跃成为亚洲最大的投资银行。

（3）马来西亚的外资银行

①马来西亚汇丰银行。汇丰银行早在 1884 年就在马来西亚开展业务，在槟城成立了马来西亚的首家分行，其后分行遍布马六甲、新山、吉隆坡（并且成为马来西亚地区的总部）、亚庇、山打根及纳闽等地。1959 年，汇丰银行收购有利银行后，有利银行马来西亚分行也并入了汇丰银行。1994 年，汇丰银行重整马来西亚地区的业务，根据马来西亚银行及金融机构法例（1989）的规定，汇丰银行在马来西亚的分行于该年 1 月 1 日转移至在当地注册成立的马来西亚汇丰银行，同时汇丰银行仍然在纳闽设立离岸银行部。

②马来西亚中国银行。中国银行于 1939 年在槟城设立了马来西亚第一家分行，随后又分别在吉隆坡、芙蓉、怡保、峇都巴辖等地设立了分行，后由于历史原因在 1959 年停业。随着马中两国经济贸易交流的不断发展，在两国政府的共同支持下，2001 年 2 月 23 日马来西亚中国银行在吉隆坡正式复业，经营全面的商业银行业务。自复业以来，马来西亚中国银行立足于作为中马两国经贸往来的桥梁，各项业务增长迅速。目前，马来西亚中国银行在马来

西亚各主要城市设有网点，其提供的主要产品和服务包括各类公司金融业务、个人金融业务及外汇资金业务。

③马来西亚中国工商银行。中国工商银行马来西亚有限公司于 2010 年 1 月 28 日经监管当局批准成立，为 1999 年以来马来西亚首家获批新成立的商业银行。2010 年 4 月 28 日，工商银行马来西亚有限公司由马来西亚首相纳吉布揭牌并正式对外营业，其拥有全商业银行业务牌照。

④中国建设银行（马来西亚）有限公司。2017 年 1 月 27 日中国建设银行（马来西亚）有限公司获准试运营，6 月 2 日在首相拿督斯里纳吉的见证下正式开业，成为马来西亚第三家中资银行。

（4）马来西亚银行业的监管框架

马来西亚具有两套相互平行、互为独立的监管体系，分别为传统监管体系（中央银行）和纳闽国际商业和金融中心（纳闽金融服务局）监管体系。

马来西亚中央银行对商业银行为集中单一式的监管模式，即央行统一监管马来西亚除离岸银行外的所有商业银行。监管主要依据《2013 年金融服务法令》以及央行货币政策委员会出台的各项法令。央行每年进行一次现场检查和多次专项非现场检查，以保证商业银行运行稳健。

纳闽金融服务管理局（FSA）是根据《1996 年纳闽金融服务管理局法》成立的，负责开发和管理纳闽国际商业和金融中心。其主要职责是向企业颁发在纳闽国际商业和金融中心经营的许可，并对获得许可的实体进行监管，以及制定相关金融服务政策。

2. 马来西亚的货币制度和货币政策

1967 年，马来西亚国家银行作为中央银行获得了独家发行货币的资格，开始正式发行流通货币，主币单位为林吉特（Ringgit，国际标准代码 MYR，马来西亚官方简写 RM）。

（1）马来西亚货币政策的决定和实施

马来西亚货币政策的目标是保持价格稳定，促进经济持续增长（刘兴华，付瑞华，胡芳，2018）。马来西亚中央银行货币政策委员会每年召开 8 次会议，根据国际国内经济形势和物价情况，作出是否调整隔夜政策利率的决定。每次会议后，马来西亚中央货币政策委员会发布《货币政策公告》，公布对隔夜政策利率的决定。

为使市场间隔夜利率稳定在隔夜政策利率附近，并保证银行间市场有足够的流动性，马来西亚中央银行采用了多种货币政策工具。目前主要通过高于隔夜政策利率 25 个基点的抵押贷款和低于隔夜政策利率 25 个基点的存款常备便利使马来西亚银行将市场隔夜利率稳定在隔夜政策利率上下 25 个基点的区间。无抵押直接借款和伊斯兰票据是近年来马来西亚中央银行主要的公开市场操作工具。马来西亚中央银行还通过发行中央银行票据对冲市场流动性，并于 2007 年 6 月引入浮动利率的中央票据。

（2）马来西亚的汇率政策

马来西亚实行宽松的货币自由兑换政策，没有外汇管制，对外资公司的资本和收益汇回本土国家没有限制，对当地和海外借贷、红利、利润、利息、管理费、偿还贷款以及贸易欠款的汇出在换汇方面也没有限制（王海全，2009）。

3. 马来西亚的证券市场

（1）马来西亚证券市场概况

马来西亚是亚洲传统的金融中心。早在 19 世纪末，由于英国公司大肆开展锡矿和橡胶等业务，马来西亚的证券业已初具雏形。1930 年新加坡股票经纪商协会的出现标志着马来西亚第一家正式证券机构的成立。20 世纪 80 年代，马来西亚工业转向重工业及面向出口的初级产品加工业，政府鼓励大型工业发展，资金需求迅速扩大，股票市场也随之获得快速增长。20 世纪 80 年代中期，马来西亚经济一度陷入衰退，为重振吉隆坡股票交易所，政府促使股票经纪业公司化以强化其财务能力，并引进先进管理经验来吸引国际资金。

20 世纪 90 年代，马来西亚设立了第二交易板，打破了新股发行的独家垄断局面。股票经纪行实现了企业化经营，交易方式进步为电脑化，个人投资者和机构投资者剧增。1997 年亚洲金融危机后，马来西亚政府全面整顿国内资本市场，并公布了"资本市场大蓝图"计划，目的是促进有效的投资管理，为投资者创造更有利的环境，将资本市场发展为马来西亚公司和企业首选的筹资渠道，并将马来西亚建成国际伊斯兰资本市场中心。

（2）马来西亚证券一级市场

马来西亚证券一级发行市场主要由主板和二板市场组成。截至 2010 年 12 月 31 日，马来西亚上市的公司数量为 957 家，其中主板 844 家、二板 113 家，总市值约 4200 亿美元。

为吸引需要融资的外企到马来西亚股票交易所上市，马来西亚政府逐步放宽了外企上市的规定。其中，二板市场可为所有商业领域公司提供融资平台。自 2009 年 8 月 3 日起，任何一家符合马来西亚交易所上市条件的外企都可以在当地申请上市。

（3）二级市场

吉隆坡股票交易所成立于 1973 年，是亚洲最大的证券交易所之一，提供了近 1000 家上市公司的各种投资选择。其第二板市场于 1988 年建立，设立目的是为那些具有成长潜力的中小企业进入资本市场提供条件，自 1991 年起，第二板市场开始公布自己的指数。

4. 马来西亚的伊斯兰金融体系

马来西亚是全球发展伊斯兰金融最成功的国家之一，也是全球的伊斯兰债券发行中心。近年来，马来西亚伊斯兰银行业迅速崛起，即使在 2008 年次贷危机期间依然保持了较高的增长速度。马来西亚广义的伊斯兰金融体系包括伊斯兰银行市场、伊斯兰保险市场和伊斯兰资本市场（王守贞，邹晓峰，2008）。

（1）伊斯兰银行业

20 世纪 60、70 年代，受到全球伊斯兰复兴运动的影响，马来西亚的穆斯林人口增长迅速，伊斯兰银行业务的需求逐步高涨。1983 年，马来西亚通过了《伊斯兰银行法案》，为伊斯兰银行的设立奠定了基础。同年 7 月，马来西亚第一家伊斯兰银行（Bank Islam Malaysia Berhad，BIMB）成立，标志着马来西亚开始进入伊斯兰银行和传统银行并存的时代。20 世纪 90 年代初，马来西亚的传统银行被允许使用包括工作人员和分支机构在内的已有设施开设伊斯兰金融窗口，提供伊斯兰金融产品和服务，因而伊斯兰银行分支机构数量迅速增长。1993 年，马来西亚成为全球首个宣布建立伊斯兰银行与传统银行并行的"双轨银行体系"的国家。马来西亚伊斯兰银行业建立和成熟的基础在于其国内市场，但市场狭小也限制了伊斯兰银行业的壮大。直到 1999 年，马来西亚才在 16 年后建立了第二家伊斯兰银行。

进入 21 世纪，美国在"9·11"事件后试图建立全球反恐联盟，迫使伊斯兰世界资金从美国、欧洲等传统投资目的地大量回流至中东及亚太。而当时马来西亚伊斯兰金融由于国内市场有限，也需要走国际化道路以谋求进一步发展。在此背景下，马来西亚政府对内允许传统银行伊斯兰金融窗口升级为独立的伊斯兰银行子行，增加国内伊斯兰银行数量；对外吸引国际伊斯兰资本流入，推动本国成为吸纳伊斯兰资本的国际平台。2006 年 8 月，马来西亚政府宣布实施"国际伊斯兰金融中心"（International Islamic Financial Center）计划，采取进一步提高伊斯兰金融对外开放程度，吸引外资金融机构参与马来西亚伊斯兰金融等举措，把发展伊斯兰金融提到了"金融国策"的高度。经过数十年的发展，马来西亚伊斯兰银行业发展水平已居于世界领先地位，主要体现在以下几方面：第一，从事伊斯兰金融服务的银行机构数量众多。马来西亚推行伊斯兰银行自由化和国际化，及不断壮大的伊斯兰金融市场，吸引了众多本土和跨国金融机构参与到马来西亚伊斯兰银行业中来。2005—2009 年，马来西亚伊斯兰银行数量由 6 家迅速增长至 17 家。除此之外，马来西亚还有 4 家国际伊斯兰银行，以及提供伊斯兰金融产品的 16 家传统银行。提供伊斯兰金融产品的银行网点数量也有大幅增加，从 2005 年的 766 个增加到 2009 年的 2087 个。第二，伊斯兰银行资产增长迅速。2005—2009 年，马来西亚伊斯兰银行业资产年均增长率达到 20.2%，2009 年其伊斯兰银行资产达到 786 亿美元，占银行系统总资产的 19.6%。2008 年，由于国际金融危机影响，传统商业银行增长遭遇困境，但马来西亚伊斯兰银行依然有较大增长，马来西亚最大的 4 家伊斯兰银行在 2009 财年均实现逆势增长。第三，伊斯兰银行产品丰富。为遵循伊斯兰教义，伊斯兰银行新产品必须经过伊斯兰教义委员会的批准方能上市，产品也往往比传统银行产品更复杂，且一国伊斯兰教义委员会可能否认他国伊斯兰银行提供的创新产品，因此伊斯兰银行的金融产品相对较少。然而，马来西亚伊斯兰银行业由于有长期经营经验，拥有比其他国家伊斯兰银行更多样的产品，能覆盖传统银行金融产品的 90%。第四，伊斯兰银行业国际化程度高。体现在两方面：一是沙特阿拉伯、科威特、卡塔尔及巴林等伊斯兰国家的伊斯兰银行均在马来西亚设立分支机构；二是全球重量级传统大银行也多有参与马来西亚伊斯兰银行业，如汇丰、渣打等银行在马来西亚专门设立了伊斯兰子银行，花旗、苏格兰皇家等银行开设伊斯兰业务窗口。在鼓励外资入驻的同时，马来西亚政府大力支持本国伊斯兰银行参与国际金融市场，马来西亚多家伊斯兰银行机构已通过股权并购、合资等方式打入巴林、沙特阿拉伯、印度尼西亚、巴基斯坦和中国等海外市场。第五，伊斯兰银行国际排名靠前。2009 年 11 月，《银行家》（The Banker）公布了伊斯兰金融机构 500 强，马来西亚的伊斯兰金融资产拥有量为全球第 3，仅次于伊朗和沙特阿拉伯，达到 864.9 亿美元，约占全球伊斯兰金融总资产的 10.54%。《亚洲银行家》（The Asian Banker）2010 年 10 月的新报告显示，马来西亚伊斯兰金融资产达到 1090 亿美元，在其公布的 2009 年全球最大伊斯兰银行排行榜中，作为全球两大伊斯兰金融中心，巴林和马来西亚两国入选该榜单的银行数量全球前两位。马来西亚入榜银行数量虽少于巴林，但在银行资产、贷款、存款等指标上均超过后者，单个银行的规模和竞争实力远胜巴林。

（2）伊斯兰债券市场

一般来说，伊斯兰债券是资产支持的、稳定收益的、可交易的且符合伊斯兰教法精神的信托权证。伊斯兰债券的发行始于 1990 年的马来西亚，当时的发行量很小，仅有 1.2 亿林吉特。而到 2006 年底，马来西亚证券委员会批准发行的 116 家债券中，已有 64 家是伊斯兰债券，规模为 420.2 亿林吉特，占债券发行总规模的 55.4%。目前，马来西亚伊斯兰债券的发行量约占全球三分之二以上（李文君，2018）。2006 年，Khazanah Nasional Bhd 发行的 27.5 亿林吉特可转换伊斯兰债券，是世界上首例可转换的伊斯兰债券，被认为是最具有创新意义的产品。

（3）伊斯兰单位信托基金

2006 年，马来西亚伊斯兰单位信托基金的总数达到 100 家，占该国基金总数的 24%，1997—2006 年，伊斯兰单位信托基金的复合增长率为 33.8%。2006 年 8 月 10 日，全球第一只伊斯兰房地产投资信托基金在马来西亚股票交易所主板挂牌交易，显示了马来西亚在伊斯兰金融产品创新方面所作出的巨大努力。随后，陆续有 11 家房地产投资信托基金被批准发行，发行规模超过了 30 亿林吉特。

（4）伊斯兰股票市场

截至 2006 年底，共有 886 只伊斯兰股票在马来西亚股票交易所挂牌交易，占交易股票总量的 86.1%，伊斯兰股票的总市值达到 5916.2 亿林吉特，占马来西亚股票市场总市值的 64.26%。为了持续支持资本市场的总体规划，马来西亚股票交易所选择了国际领先的 FTSE 集团对其吉隆坡伊斯兰指数（KLSI）系统进行修补。2006 年 6 月为指数系列修补的第一阶段，2007 年 1 月 22 日，马来西亚股票交易所通过构建一个新的伊斯兰基准指数来拓宽其指数系列，即 FTSE Bursa Malaysia（FBM）EMAS Shariah Index。机构投资者可应用此指数更有效率地追踪伊斯兰投资产品；另外，该指数也为创造信贷伊斯兰产品打下了基础，这有利于增加马来西亚伊斯兰资本市场的多样性（李文君，2018）。

（三）马来西亚的金融脆弱性分析

马来西亚自 1980 年人均 GDP 达到 1812 美元后的三十多年中，收入水平虽然持续提高，却始终难以缩小与高收入国家的差距（辛向媛，2013）。截至 2011 年，马来西亚人均 GDP 为 9656 美元，仍处于中等偏上收入国家行列。

1. 马来西亚金融脆弱性的演进

（1）1997 年东南亚金融危机时期

1997 年金融危机自泰国蔓延开之后，马来西亚是除印度尼西亚以外损失最严重的国家，这一时期也是马来西亚金融脆弱性最严重的时期。由于国际金融市场游资的冲击和国家外汇政策的不当，马来西亚政府不惜动用外汇储备弥补逆差以维持汇率，外债大幅度增加，严重打击了经济增长。金融危机期间，林吉特大幅贬值，兑美元屡创新低，造成严重的通货膨胀，马来西亚经济遭受重创。

（2）东南亚金融危机后的恢复期

1998 年后，马来西亚进入了金融脆弱性的缓和阶段，经济也随之进入复苏期，1998 年后，马来西亚政府采取了一系列措施逐步稳定金融市场，这些措施包括减少林吉特对美元的过度依赖，使林吉特成为不可兑换货币；将外汇准备金提高至足以应付 5 个月进口需要的数量；在避免资金继续外流的前提下，降低利率至合理水平；向银行系统注资，建立存款保险制度；加强对证券市场的监督，规范大股东行为等。并通过一系列措施引进外商投资，加强经济基础建设，马来西亚的金融脆弱性程度也有所改善。

进入 1999 年以后，马来西亚在危机中采取的资本管制、刺激经济和金融业改革等措施在控制资本外逃和恢复经济等方面逐步取得了成效。马来西亚政府认识到继续保持严格资本管制的成本会越来越高，而考虑到资本管制对投资者信心等潜在负面影响，政府因此考虑逐步放松资本管制。随着资本管制的不断放松，国际资本流动无论规模和波动性都再次增加。但马来西亚的临时资本管制并非同时取消，而是有选择、有先后的逐步放松。随着经济的恢复和金融市场进一步改善，资本外逃的压力逐步减小，政府于 2002 年底基本取消了所有的资本管制措施。实际上，马来西亚从 1999 年开始就出现经常账户盈余和外国直接投资逐步增加，同时外汇储备也不断增加。尽管如此，马来西亚还需要对国际资本流动进行谨慎和积极的监控和干预，避免信贷过度增长和过剩的国内流动性，防止再次出现汇率失调、通货膨胀或是经济过热。

（3）21 世纪初马来西亚的金融脆弱性

2001—2010 年，马来西亚的金融脆弱性又经历了一次升降的过程。金融危机使马来西亚政府看到了金融市场的重要性，并于 2001 年公布了"资本市场大蓝图"和"金融大蓝图"计划，为金融系统各个环节今后十年的发展确定了大方向和市场发展策略。蓝图分别针对银行业、保险业、证券业和金融机构改革重组四个方面，提出了一系列改革内容。

在银行业改革方面，采取了清理银行系统不良债权，推动银行业合并重组以提升竞争力，促进银行电子化业务发展等措施；保险业改革方面，推行合并政策，增强保险公司实力，提供各项有力措施促进保险业发展；证券业改革方面，采取了放宽公司上市条件，改革证券市场监管制度，规范上市公司行为等一系列政策。马来西亚的金融脆弱性自 2003 年以后开始回落，并在接下来的几年中维持了较低的水平，说明马来西亚的金融改革是卓有成效的。

1999—2005 年，马来西亚采取钉住美元的汇率制度（刘兴华，付瑞华，胡芳，2018），汇率一直稳定在 3.8 林吉特对 1 美元。在蒙代尔的"不可能三角"中，马来西亚选择在固定汇率制下逐步重新进行资本账户开放，同时维持货币政策的独立性并在必要时进行干预。在这 6 年中，马来西亚经历了连续的经常项目盈余；同时，与危机前不同的是，马来西亚的国际储备自 2000年起持续增长，这有助于增强对政府维持经济稳定的信心。直到 2005 年，林吉特对美元小幅升值，此时汇率制度的改革使投资者对政策不确定性表示担忧，使证券投资出现了负增长。说明随着资本管制的不断放松，马来西亚资本账户再次出现较大幅度的波动。

马来西亚资本账户再开放后的国际资本流动增加，造成如下影响：一是资本账户再开放使马来西亚国内流动性和信贷迅速增长，并迫使政府采取冲销干预措施，但收效不大，资产泡沫风险再次加大；二是实际汇率波动随国际资本流动波动增强而有所增大，但是并未出现超过经济基本面波动的过度失调现象；三是在资本管制放松但维持固定汇率时期，国际储备与货币供应量的大幅增加使通货膨胀形势严峻，实行有管理的浮动汇率制后，林吉特的缓慢升值缓解了部分通胀压力，但升值预期从另一方面再度催生了一定程度的资产价格泡沫（胡李裔，2018）。

可以看到，马来西亚在亚洲金融危机发生后的资本管制效果具有短期性和临时性。资本管制的最主要效果是为国内经济恢复和必要的金融改革争取时间，从而提高金融系统乃至整体经济抗击风险的能力，但并不能消除风险。

2. 马来西亚银行的脆弱性分析

马来西亚央行前行长洁蒂·阿齐兹曾在接受采访时表示："若要成为国际金融中心，你必须有一个对所有人开放的银行系统。但我们不想成为那样的金融中心，而是想成为伊斯兰金融中心，因为伊斯兰金融是与实体经济相挂钩的，其主旨就是为实体经济服务，这也是为何我们认为成为伊斯兰金融中心很有吸引力。我们不想要一个不断扩张但与实体经济脱节的金融部门。伊斯兰金融是与贸易投资紧密关联的。"

近年来，马来西亚银行业发展较快。截至 2014 年末，银行业总资产约 6060 亿美元，普通股一级资本充足率 12.6%。2014 年行业平均净资产收益率为 8.7%。总体来说，目前马来西亚银行业的整体质量较好，行业经营比较稳健。

马来西亚 2014 年 6 月曾出台未来 10 年金融市场发展大蓝图，其主要发展远景之一就是将目前的九家商业银行合并为四至五家，再将它们打造成马来西亚的支柱银行，具有较大的资本规模和对外竞争力，在东南亚的银行业中占有一席之地。马来西亚在 1997 年亚洲金融危机之后将当时的 50 多家银行和金融公司合并为 10 家银行，之后又有两家银行并购，截至 2014 年共有 9 家银行，另有 14 家外资商业银行。马来西亚银行对外并购也十分踊跃，涉足的银行并购国为印度尼西亚、越南、中国和中东国家。2014 年，综合马来西亚各大媒体报道，继马来西亚第五大银行丰隆银行并购第七大银行国贸资本已成定局后，经马来西亚央行批准，马来西亚第八大银行兴业资本成为下一个被并购的对象，马来西亚第一银行马来西亚银行和第二大银行联昌国际银行已展开竞购。根据 2014 年 7 月首次公布的计划，马来西亚资产规模排名第二和第四的银行大马银行和兴业资本将通过股份互换进行合并，以组建一家资产规模约 1831 亿美元的实体。然而到 2015 年，受马来西亚持续恶化的经济形势，以及相关银行股价下跌和合并交易无法带来足够的成本削减等因素影响，上述银行并购计划流产。

2016 年，由于一马发展有限公司（1MDB）丑闻、林吉特进一步贬值和油价下滑等因素，银行业面临充满挑战的营运环境。但 5 月 29 日，穆迪副总裁兼高级分析员陈西蒙表示，马来西亚银行系统拥有强劲的资本、稳定的融资水平，且获得政府高度支持，因此可维持"稳定"展望。2016 年底，马来西亚银行协会表示，银行将更加关注风险管理、欺诈监控、监管报告、防洗钱、网络安全和资讯科技等方面。银行领域拥有较高生产力，是马来西亚知识型经济领域之一，高技能员工占金融领域的 72%。其会员银行将根据各自业务目标，自行制定措施进行人力资源管理。

到 2017 年 8 月，银行合并方面，大马银行和兴业银行发出联合文告表示，在经过深入考量和洽谈之后，双方对于合并条款无法达成一致协议，因此同意结束洽谈和不再进行合并，研究认为这显示出银行业整合日趋艰难，这已是继 2014 年联昌集团、兴业银行和马屋业的"世纪大整合"失败后，马来西亚银行业第二宗合并失败个案。从长期来看，在两家或多家银行并购以后，新银行将拥有比以前单家银行更多的资本，与此同时，还可以合并以前多家银行重复的部分和机构，降低成本，增加利润，从而增加资本；可以对所有资产进行重组，化解已存在的不良资产，降低风险加权总资产；可以利用合并后的新形象发行新股票，增加银行的核心资本，提高资本充足率，因而合并后可以降低银行的脆弱性。

为了识别银行业承受的压力以及面临的风险，我们为马来西亚构建并计算了银行压力指数（见图 4-9）。这一指数通过三个指标来反映银行业的系统性压力：风险利差、不良贷款率和总贷存比。银行业的风险利差指的是风险利率和无风险利率之间的差值，反映银行间的流动性约束和对违约风险的预期，计算方法是银行业同业拆借利率和政府债券利率的差值。不良贷款率反

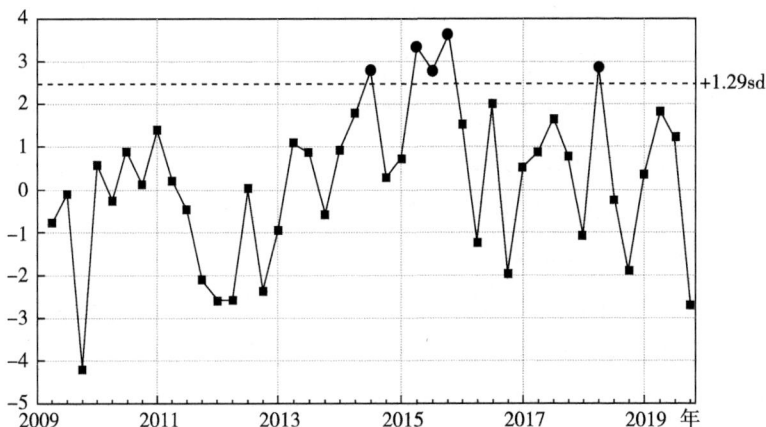

图4-9 马来西亚银行压力指数

(资料来源：Wind数据库，经作者计算)

映了整个国家银行面临的系统压力。而银行贷存比反映的是一个国家银行业面临的信贷约束和违约风险（谢正发，饶勋乾，2016）。当指标偏离正常水平时，意味着危机即将到来。在本章的压力指数计算中，危机被定义为当压力指数超出均值至少1.29个标准差（位于历史数据的前10%）的情况。利用上述指标和方差权重法构建出的银行压力指数，能够较好地反映马来西亚银行业承受的压力大小，从而一定程度显示其脆弱性或是否面临危机的威胁。

通过计算得到的压力指数，我们发现马来西亚银行业在2015年面临很大的压力，这与前文所叙述的马来西亚2015年宏观经济恶化、银行并购计划流产等一系列不利因素相吻合，表现出当时银行业一定程度上存在危机。而2018年，马来西亚的银行业也在一定时期内承受了很大压力，这主要受两方面因素影响，一是2018年3月美国宣布对中国启动301调查，中美贸易摩擦拉开帷幕，作为典型的具有外向型经济特征的国家，马来西亚自然反应明显；二是2018年5月，马哈蒂尔重新上台执政，由于政权更替带来的动荡和马哈蒂尔上台后对华政策与前任明显不同，对马来西亚的政治经济稳定造成了一定影响，因此在此期间马来西亚的银行业也承受了更大的压力。

2018年6月，穆迪仍对马来西亚银行业展望稳定，认为马来西亚的宏观环境强劲。但受马来西亚政权更替动荡的影响，截至2018年6月，银行领域股价对账面值的估值为1.3倍（-0.4标准差），市盈率为12（处于中值），而在 2009 年谷底时，银行领域股价对账面值为 1.13 倍，市盈率为 8.9。总体而言，虽然并购方面近年来遭遇不顺，但是受马来西亚银行业自身定位及伊斯兰金融的影响，加之宏观经济形势稳定，马来西亚银行保持了较高的稳定性，从压力指数也可以看出，虽然经历了较大波动，但随后马来西亚银行业压力指数总体保持在超出均值 1.29 个标准差范围以内。

3. 马来西亚货币的脆弱性分析

马来西亚汇率制度从钉住美元的联系汇率制转变为钉住一篮子货币、有管理的浮动汇率制度。虽然不能完全避免国际投机资本对林吉特的冲击，汇率依然可能发生一定程度的波动，但这也构成了汇率制度的帕累托改进：相比 2005 年 7 月前钉住美元的联系汇率制，实行钉住一篮子货币、有管理的浮动汇率制度有利于抑制国际资本投机，减少汇率的过度波动，保持贸易部门竞争力的平稳。

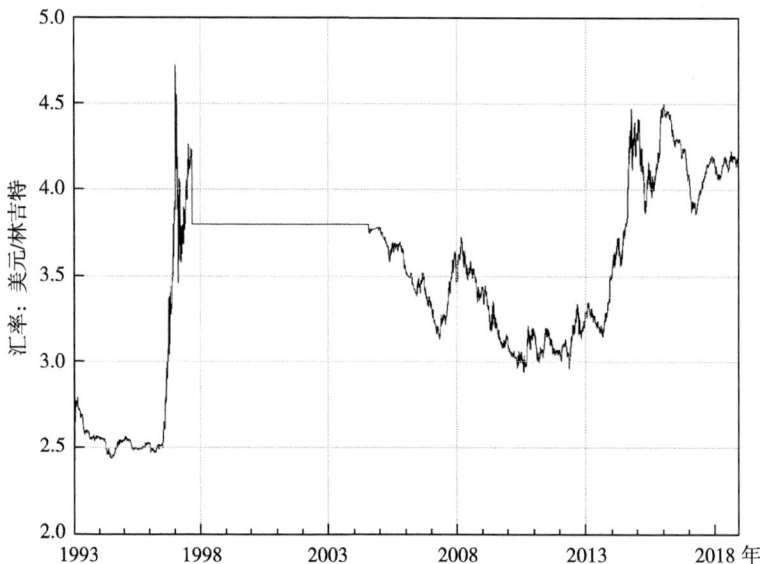

图 4-10 马来西亚的汇率变化

1998 年亚洲金融风暴时期，林吉特兑美元贬值了 30%（见图 4-10），尽管资本管制和定汇措施饱受抨击，但最终确保马来西亚平安度过了严峻的经济危机考验。17 年后的 2015 年，马来西亚汇率又迎来了新的一轮剧烈震荡，林吉特大跌。这主要是因为美国联邦储备委员会采取量化宽松的政策，以及市场憧憬美元升息导致资金潮开始撤离。在投资者信心疲弱、美国升息和产品价格下跌,以及政治不明朗和一马发展有限公司(1MDB)债务风暴等国内因素包围下,林吉特汇率不断下跌。此外,外资持债比例居高不下也是林吉特的风险来源。

同时,影响马来西亚汇率的因素还有一些重要特征。截至 2015 年 7 月 15 日,马来西亚的外汇储备为 967 亿美元,比 1998 年的 262 亿美元高出很多,且在吸取 1998 年的经验后,马来西亚央行将不会用尽外汇储备来捍卫林吉特,但此时的外汇储备相比汇率大跌前已大幅减少,并跌破了 1000 亿美元关口。债务指标也是评估外汇的重要一环。近年来,马来西亚外汇储备可覆盖的短期债务比例不断下跌,从 2009 年的 2 倍减至 2015 年 7 月的 1.1 倍,明显低于印度、印度尼西亚和泰国的 3 倍、2 倍和 2.7 倍。同时,截至 2015 年 3 月,马来西亚外汇储备对总外债的覆盖率仅为 0.5 倍,显著低于 2008—2009 年全球金融海啸时期的 0.9 倍(见图 4-11)。虽然马来西亚央行积极解决家庭债务问题,但家庭债务高企问题仍是马来西亚一大隐忧。截至 2015 年 7 月,外资持有大马政府债券比重达到 1654 亿林吉特,这也是马来西亚外汇储备以及货币的一大风险。

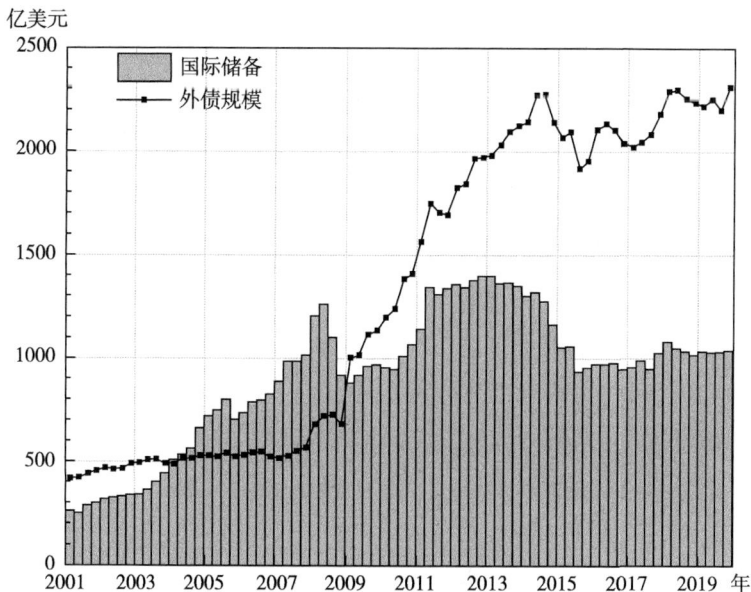

图 4-11　马来西亚的储备情况

(资料来源:Wind 数据库)

马来西亚是外向型经济，石油出口是马来西亚的经济支柱之一，国际资本的流动对马来西亚的经济和汇率会产生巨大影响，而马来西亚相对薄弱的外汇储备也增大了汇率波动的风险（黄光锋，2016）。持有充足的外汇储备可以降低发生国际收支危机的风险，有助于保持经济和金融稳定，抵御外汇压力和市场无序的情况，并为政策自主创造空间。尽管经历过 1998 年亚洲金融危机的影响，马来西亚的外汇储备已经取得了很大的增长，但由于国际资本市场在 2005 年之后持续出现危机，马来西亚的外汇储备也一直未达到理想水平，2018 年受中美贸易摩擦以来美元走强的影响，马来西亚的外汇储备自 4 月起逐渐走低，此后外汇储备长期不到外债规模的 50%，低于 IMF 推荐水平，在缓冲金融市场波动的能力方面存在一定隐患。

从宏观经济情况来看，马来西亚 2015 年上半年经济增长 5.3%，经常账户盈余占 GDP 的 3.1%，情况比东南亚其他国家要好，林吉特的贬势主要受市场负面情绪的影响，或受市场流动性转差推动，并非基本面因素导致；其中原产品价格显著下跌、潜在主权债务评级下调、国内政治隐忧、中国经济增长放缓和马来西亚外汇储备走低为主要原因。马来西亚方面普遍认为，自身银行业基础强劲，资本水平良好，而企业领域资产负债表也远比亚洲金融风暴来得好，总体负债比也更低，且未高度暴露于短期贷款之中，与当时私人领域短期美元债务高企，以及资产负债表失衡的情况大不相同。尽管如此，在当时，走强的美元导致资金流波动，其溢出效益导致对马来西亚的潜在冲击依然严峻。综合几项因素，自我实现的预期、投资者信心转变和薄弱的政策，包括治理不善等问题的相互作用最终都将有可能导致基本面的恶化。

美联储在 20 世纪 80 年代以来有过多次加息，引爆了 4 次重大危机：20 世纪 80 年代初加息带来了拉美危机，20 世纪 80 年代末加息引发日本危机，20 世纪 90 年代直接造成东南亚金融危机，而 2000 年之后加息则引火烧身引发了美国次贷危机。由于太过强势的美元将伤害美国经济，美国升息并不十分积极，所以尽管林吉特几度大跌，但未跌至 1998 年时 1∶4.885 的历史最低水平。

尽管马来西亚宏观经济整体情况稳定，但由于其外向型经济及相对薄弱的外汇储备，其货币仍然较容易受到国际市场及投机者的影响（全德健，2017）。2015 年大跌后，2016 年上半年，林吉特汇率迅速回升至接近 1∶3.8

的水平,但 2016 年下半年受特朗普执政的影响,林吉特再次遭遇投机者的攻击导致大跌。2016 年 11 月,马来西亚央行声明要求外资银行禁止离岸货币投机操作后,林吉特加剧了下跌且马来西亚政府债券也遭到了抛售。虽然马来西亚国内政治及经济因素的冲击导致外资撤离马来西亚的资本市场和外汇市场,甚至是让投资者对林吉特失去信心。但林吉特不可在岸外进行交易,也使其避开了岸外投资者的狙击。这与亚洲金融风暴时岸外投资者提供更高的利率来吸引林吉特存款,并导致其出现重大下行压力的情况大不相同。

特朗普上任后立即宣布退出 TPP,同时国际市场大宗商品价格疲软。屋漏偏逢连夜雨,当时马来西亚政治风险也在上升。2016 年 11 月 19 日大量抗议者聚集在吉隆坡,要求时任总理纳吉布辞职。随着美联储宣布加息,2016 年 12 月马来西亚林吉特兑美元持续贬值,12 月 8 日 4.4222 林吉特兑 1 美元,而 12 月 16 日贬值至 4.478 林吉特兑 1 美元,贬幅达 5.8%。12 月 19 日,马来西亚林吉特兑美元贬值至 4.4785 林吉特兑 1 美元。渣打亚洲外汇策略师张敬勤表示,基于马来西亚本土有较大的债券市场,许多外国投资者会购买马来西亚债券,这影响到马来西亚货币的走势。此外,美国加息及马来西亚的经济问题等因素也对马来西亚林吉特的走势产生影响。

直到 2017 年 4 月,林吉特才又重新进入升值阶段,并在接下来的一年中表现良好,2018 年 5 月,马来西亚 60 多年来首次迎来政权轮替,前总理马哈蒂尔领导的反对党阵营赢得大选。14 日,大选后第一个工作日,马来西亚汇市和股市开盘后双双大幅震荡,马来西亚林吉特兑美元汇率触及 4 个月来低位。由于同时期中美贸易冲突的影响,美元相对走强,而林吉特也在连续数个月内兑美元呈持续贬值的态势。总体而言,虽然马来西亚吸取了亚洲金融风暴的经验,外汇储备大幅提高,但由于其外向型的经济特征及仍然较薄弱的外汇储备,林吉特仍然非常容易受到外界冲击和投机者的攻击。

类似于银行压力指数,为了评估汇率风险,我们构建并计算了外汇压力指数(见图 4-12)。这一指数由实际有效汇率、加权平均利率和国际储备这三个指标构成。同样,当指数超出均值至少 1.29 个标准差时,外汇市场面临较大的风险。

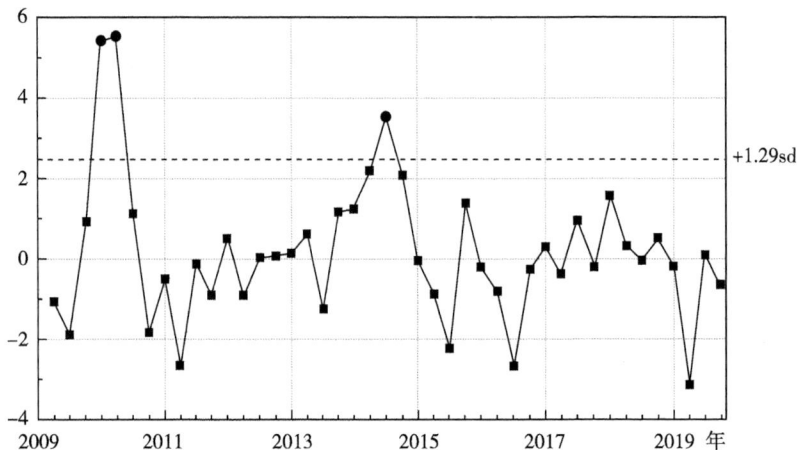

图 4-12 马来西亚林吉特的外汇压力指数

(资料来源: Wind 数据库, BIS 数据库, 经作者计算)

根据林吉特外汇压力指数,可以看到有两次比较明显的外汇压力较大的情况,第一次是次贷危机和欧债危机的影响发酵后,由于各国纷纷进入量化宽松,造成林吉特被迫升值,最高时美元兑林吉特汇率达到 3 以内,这对马来西亚的出口十分不利,其外债迅速攀升;第二次也是由于外债规模迅速扩大,其外汇压力指数增高。虽然从外汇压力指数看,马来西亚出现外汇和货币警戒的次数不多,但这是因为其外汇压力指数本身浮动很大,标准差较高,因此特别突出的变化次数不多,这并不意味着马来西亚的外汇压力小,对于马来西亚而言,外汇压力波动较大已经成为一种常态,这与其较薄弱的外汇储备和外向型的经济结构相吻合。

三、泰国

(一) 泰国的基本情况

1. 泰国地理文化简述

泰国位于亚洲中南半岛中部,与柬埔寨、老挝、缅甸、马来西亚接壤,东南临泰国湾(太平洋),西南濒安达曼海(印度洋),西和西北与缅甸接壤,东北与老挝交界,东南与柬埔寨为邻,疆域沿克拉地峡向南延伸至马来半岛,与马来西亚相接,其狭窄部分居印度洋与太平洋之间。泰国国土面积约为 51.3 万平方公里,人口约 6942 万人(2018 年)。泰国共有 30 多个民族,泰族为主要民族，占人口总数的 40%，其余为佬族、华族、马来族、高棉族，以及苗、瑶、桂、汶、克伦、掸、塞芒、沙盖等山地民族。泰国全国分中部、南部、东部、北部和东北部 5 个地区，现有 77 个府。府下设县、区、村，曼谷是唯一的府级直辖市。曼谷是泰国的政治、经济、文化中心，人口多达约 1370 万（2018 年）。泰国的官方语言为泰语，泰国的宗教信仰以佛教为主，90% 以上的民众信奉作为国教的上座部佛教（小乘佛教）；马来族信奉伊斯兰教，还有少数民众信仰基督教、天主教、印度教和锡克教。

泰国旧名暹罗，1949 年 5 月 11 日，泰国人用自己民族的名称，把"暹罗"改为"泰"，主要是取其"自由"之意。泰国是东南亚国家联盟成员国和创始国之一，同时也是亚太经济合作组织、亚欧会议和世界贸易组织成员。

泰国现任国王玛哈·哇集拉隆功是在 2016 年 12 月 1 日正式登基成为泰国新国王拉玛十世。泰国现任总理为巴育·詹欧差。2014 年 5 月，泰国发生军事政变，时任陆军司令的巴育担任代理总理。2014 年 8 月 25 日，时任泰国国王普密蓬·阿杜德（已故）签署御令，正式任命"全国维持和平秩序委员会"主席、陆军司令巴育为泰国第 29 任总理。

2. 泰国的经济概况

泰国自古农业发达，贸易繁荣。暹罗在大城王朝时期，便依托中国的海上商业活动，成为亚洲的贸易中心之一。在曼谷王朝建立后，以对华为主的对外贸易成为泰国政府重要的财政来源。19 世纪中叶，西方国家对大米、橡胶、锡等工农业原料的需求很大，显著刺激了泰国的经济发展，但这种以原料出口为主的经济形式格局单一，无法改变泰国工业基础落后的国情。直到"二战"前，泰国除技术含量低且规模小的碾米、锯木和采矿业外，几乎没有工业。

"二战"后，泰国工业在美国的军事和经济援助下得以快速发展。20 世纪 50 年代，泰国政府大力发展工业，成立多家国有企业，以工业为核心驱动国家经济发展，并取得了显著成效。1959 年，泰国设立了国家经济发展委员会，并在 1972 年将其更名为国家经济和社会发展委员会（NESDB），开始以五年为周期制定全国经济发展规划。此发展规划由政府以社会各领域和政府各部门意见的汇总为基础制定，主要内容是提出设想、思路、方向和战略等，基本不设置硬性指标或具体数字目标，也不作为部门或官员施政成绩的考核标准。由于该规划不是经议会批准的法案，因而并不具有法律约束力，其本质是政府的施政参考的纲要。各政府部门可在此规划基础上依据自身实际情况制订本地区的规划。

泰国前国王普密蓬在 1974 年提出了"适度经济"的治国理念，其核心是经济发展不应片面追求高速度、高收入，而要适当、合理，力求使经济、社会、环境实现长期稳定和可持续发展。这一理念为指导泰国经济发展起到重要作用。20 世纪 80 年代，泰国为寻求适合的工业发展模式，积极调整工业结构，引进附加值高的技术密集型中轻型工业，实现了电子工业等制造业的迅速发展，经济持续增长，被誉为亚洲"四小虎"之一。而进入 20 世纪 90 年代，泰国政府又加强农业基础投入，并同时促进了制造业和服务业的发展。1995 年，泰国人均收入超过 2500 美元（见图 4-14），被世界银行列入中等收入国家。

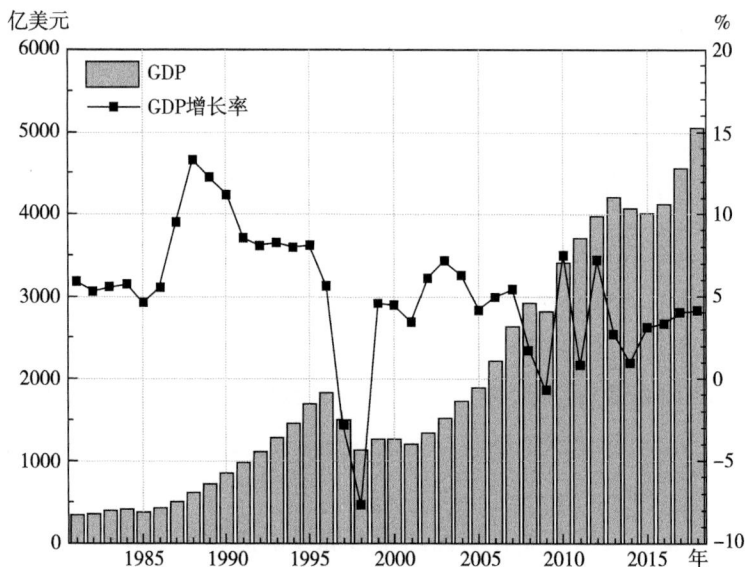

图 4-13　泰国历年 GDP 及增长率

（资料来源：IMF）

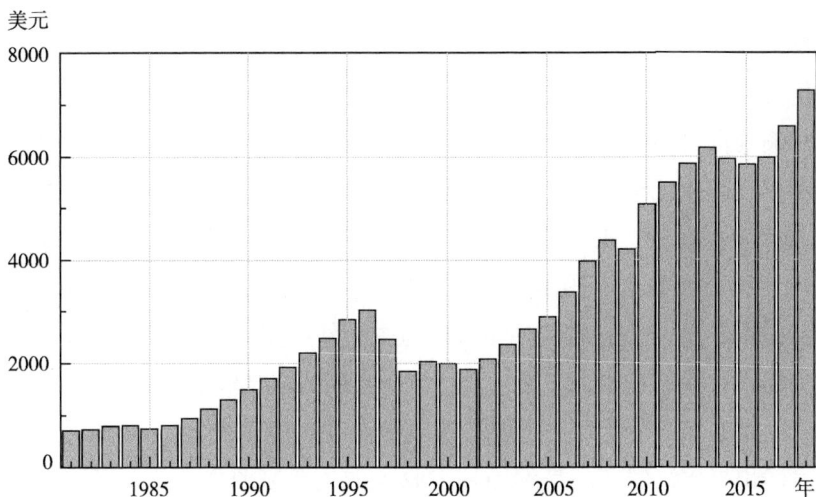

图 4-14　泰国历年人均 GDP

（资料来源：IMF）

　　然而 1997 年，亚洲金融危机从泰国开始爆发并迅速蔓延，在世界范围内造成严重危害。泰国经济受到沉重打击，1998 年 GDP 下降达 10.8%，1999 年开始逐渐恢复（见图 4-13）。进入 21 世纪，泰国政府继续致力于恢复和振兴经济，采取积极的财政政策和货币政策，扩大内需，刺激出口，并全面实施 "三年缓偿债务" "农村发展基金" "一乡一产品" 及 "30 铢治百病" 等扶助农民计划，经济持续好转，并终于在 2003 年 7 月提前两年向国际货币基金组织（IMP）还清了其在金融危机期间借贷的 172 亿美元债务。

　　但好景不长，由于泰国是外向型经济，较易受到国际金融市场影响，2008 年全球金融危机严重损害了泰国经济。雪上加霜的是，同期泰国国内政局动荡，内忧外患之下，2009 年泰国 GDP 下降 2.3%，创下了 21 世纪以来的最大跌幅。尽管经历了政治动荡和自然灾害等负面影响，泰国 2010 年仍创造了 7.8% 的高增长，经济全面复苏。然而 2011 年又因遭遇特大洪灾等不利因素，全年经济增速减至 0.1%。2012 年，英拉政府实施的一系列增加投资的政策效果显现，GDP 增速为 6.5%；但 2013 年受政治危机等因素影响，GDP 增速大幅下滑至 2.9%，2014 年下降到 0.98%。军政府执政后，泰国近年 GDP 增速不高，但总体稳定并逐渐上升，2015 年增速为 3.1%，2018 年升至 4.1%。

3. 泰国的主要产业

泰国地理位置优越，自然资源较为丰富，制造业领域具有良好的基础，区位优势显著，属于出口导向型的新兴工业国家，经济对出口依赖性较强，出口总额约占泰国国内生产总值的 2/3。泰国三大产业布局为合理，其中第二产业和第三产业近年来占国民生产总值的比重不断上升。2015 年，在泰国的 GDP 构成中，农业、工业和服务业三个产业的占比分别为 9.14%、35.72% 和 55.14%。对外贸易在泰国国民经济中占据重要地位，无论是种植业、渔业还是工业、旅游业，几乎都以对外出口为主，外向型经济是国民经济的主要特征。中国、日本、东盟、美国以及欧盟是泰国的主要贸易伙伴。

农业是泰国的传统经济产业，泰国作为"东南亚粮仓"，是亚洲为数不多的粮食净出口国，农产品是泰国外汇收入的主要来源之一。在泰国出口排名前十的商品中，六种是农产品，占出口总值的 40%。其中，大米和木薯出口位居全球首位，橡胶名列第三，玉米排名第四，鱼类出口在亚洲仅次于日本，并已成为亚洲第三大海洋捕鱼国。

泰国制造业在"二战"后形成了良好的基础，纺织服装业和汽车产业是其支柱产业。同时，泰国汽车产业发展十分迅速，目前已成为东南亚的汽车制造中心，同时也是东盟最大的汽车市场，汽车工业已成为泰国第一大支柱产业。泰国汽车零部件大部分依赖于进口，其进口量占泰国汽车行业进口的 80%。泰国生产的汽车国内需求主要是商用汽车，其汽车总产量约三成用于出口。第三产业方面，泰国则是以旅游业为核心，带动了整个服务业的发展。

从种类看，泰国主要的出口商品包括电子产品（14.3%）、汽车配件（13.8%）、农业加工产品（12.2%）；主要的进口商品有原油（15.5%）、机械设备（18.1%）、电子配件（10.6%）等。我国和泰国有着悠久的贸易历史，进入 21 世纪后，中泰经贸合作发展迅速，双边贸易额稳步上升。2013 年，中国首次超越日本，成为泰国最大的贸易伙伴国。

（二）泰国金融市场概况

泰国金融体系建立于 20 世纪 40 年代，其逐渐发展壮大的过程中经历了几个主要阶段，包括 20 世纪 60—70 年代政府严格保护的时期，20 世纪 80 年代末 90 年代初的金融自由化的时期，以及 1997 年亚洲金融危机后以处理银行不良资产、增强金融机构的实力为中心的金融体系重组时期。目前，泰国金融体系主要由商业银行、国营专业金融机构、非银行金融机构和资本市场四大部分组成（李孟菲，2014）。

其中，商业银行是泰国金融体系的支柱，提供包括现金管理、资金运营、投资、大中小企业业务、零售业务等金融服务，此外业务还涉及证券、保险、租赁、租购、保理、基金管理和私人财富管理金融产品等全能金融服务；商业银行的业务由泰国银行（BOT）负责监管。

在泰国，专业金融机构是指那些支持政府落实经济政策，并能够向特定群体提供金融支持的政策性金融机构。专业金融机构包括政府储蓄银行、农业合作银行、政府房屋银行、泰国进出口银行、泰国中小企业发展银行、次级抵押公司、泰国伊斯兰银行、泰国资产管理公司和小型企业信贷担保公司等，由泰国财政部负责监管。其金融服务业务范围包括住宅信贷、中小型企业信贷、进出口信贷以及小额信贷等。专业金融机构能够向更广的客户范围提供服务，尤其是那些难以从商业银行获得信贷的低收入群体。

泰国的非银行金融机构包括由泰国中央银行监管的财务公司、房地产信贷公司，由保险业监管委员会和财政部监管的人寿保险公司，由农业部监管的农村信用合作社，以及消费信贷公司和金融租赁公司等。非银行金融机构中，人寿保险占有绝大部分份额。

资本市场则包括股票市场、债券市场及其相关的证券公司和基金管理公司等金融机构。泰国资本市场的监管机构是泰国证券监督管理委员会（SEC），其主要职责是制定对证券市场进行监督、促进、发展及运营方面的法律法规，从而确保泰国资本市场公平，提高其运营效率并保持长期稳定发展，以达到增强泰国证券市场的国际竞争力的目的。1975年，泰国证券交易所（SET）开始正式运营，其职能是提供必要的证券交易系统并从事证券交易相关业务如票据交换所、证券保管中心、证券登记员及其他服务等；还可以从事证券委员会批准的其他业务。新兴股票投资市场（MAI）是从属于证券交易所的二板市场，其主要功能是为中小企业提供更多资金渠道，为债转股的债务重组提供便利，鼓励基金向中小企业投资，并提供更多的投资机会和分散投资风险。自1998年起，以前从属证券商协会的债券交易系统吸收银行等机构加入，形成了泰国债券交易中心（Thai BDC），这是债券市场投资者的交易平台。

1. 亚洲金融危机时期泰国的金融部门改革

金融危机爆发之前，泰国银行业普遍存在隐患，如银行所有权高度集中、借贷人之间存在不适当联系、政府对银行进行隐性担保，以及资本市场落后等，表明了泰国银行业公司治理的结构性缺陷（游丽萍，2016）。这种缺陷被证明不仅是 1997 年亚洲金融危机爆发的重要原因，还是危机在后期发展中的放大渠道。在 1997 年亚洲金融危机中，泰国金融部门受冲击极其严重，到 1998 年底，泰国金融部门的不良资产充分暴露，私人商业银行、国有商业银行和金融公司的不良资产率分别高达 41%、62% 和 70%，几乎处于崩溃状态。金融危机爆发后，泰国政府和央行在 1997—2001 年大规模重组了金融部门。在此期间，采取的措施主要有以下几项。

（1）维持国内金融市场信心。1997 年 8 月 5 日起，泰国政府通过金融机构发展基金（FDF）对能够维持营业的金融机构泰铢存款和债务提供全额担保。FDF 在此担保项下为曼谷商业银行、LPN 信用公司、海洋金融公司、资本融资公司和帕塔拉（Phatra）证券公司 5 家金融机构偿付了存款和债务。泰国政府还以把金融公司本票和存单置换成商业银行存单的方式，将当时已经关闭的 58 家金融公司纳入全额担保。1998 年 8 月 14 日，泰国政府宣布实施"8·14"金融重组计划，其核心内容是泰国财政部注资方案。这一重组计划自 1998 年 8 月 14 日开始实施，一直到 2000 年底结束，共为 13 家金融机构注资 737.34 亿泰铢。同时，泰国政府在 1997 年 6 月 27 日修订商业银行法 BE2505（1962）（第 2 号），将商业银行外资股权不超过 25% 的规定，放宽为允许 100% 外资持股，并允许外资在 10 年内持有多数股权。通过这种放松外资股权限制的方式，多家金融机构获得了外资银行的注资。

（2）关停大部分金融公司并重组商业银行。金融危机发生后，泰国政府分别于 1997 年 6 月 27 日和 8 月 5 日对濒临破产的 58 家金融公司进行停业清查，并在清理后于 12 月 8 日发布公告关停了其中 56 家。关停金融公司总资产为 8600 亿泰铢，占当时金融机构总资产 10.7%。1997 年 10 月，泰国政府成立金融重组局（FRA），负责监督 56 家被关闭金融公司的清算和不良资产拍卖；1997 年 11 月，成立资产管理公司（AMC），作为不良资产最后投标人。1998 年 2 月至 1999 年 11 月，资产拍卖共回收约账面总值的 25%~30%。1997—1999 年，泰国政府共干预 7 家银行，采取的措施包括：需金融机构发展基金注资的机构,先进行资本核销,损失由原股东承担;允许这7家银行继续经营,但需采取措施避免资产质量恶化;邀请战略投资者对这些银行进行投资,并帮助其恢复正常运行。同时泰国中央银行发布了金融机构建立资产管理公司的规则,泰国政府也制定了资产管理公司法令BE2541(1998),推动金融机构成立AMC,并对金融机构向AMC转移资产的税率给予优惠。2001年4月,国有资产管理公司TMAC成立,购买了1.1万亿泰铢来自国有银行的不良资产,购入不良资产总规模达到1.3万亿泰铢。

(3)推动企业债务重组以减轻银行负担。泰国央行在1998年6月25日成立企业债务重组委员会(CDRAC),泰国央行行长任主席。CDRAC通过激励债务重组、设定企业债务重组标准流程、设定债务人—债权人和债权人间协议等措施,推动企业债务重组相关工作。

(4)提高监管标准要求。金融危机爆发后,泰国央行首先对自身进行了改革,增加了副总裁与助理总裁职位,削减中层主管层次,使权力下放,以提升决策效率并提升监管透明度。同时,泰国央行对金融部门的监管标准也有所提高。泰国政府和央行对金融机构董事和高管资格、对关联公司借款投资、信息披露等方面的监管趋于严格,要求金融机构披露其不良贷款、关联方借款和其他违法违规信息。并禁止商业银行董事或高管在三家以上的企业中任董事。1998年底,泰国央行要求金融机构将逾期3个月以上的资产归类为不良,需根据贷款不良程度提取相应准备金,并于1999年初要求金融机构停止逾期3个月以上贷款的利息计提。在此之前,不良贷款的认定标准为6个月。

2. 2002年后泰国的金融部门改革

亚洲金融危机与泰国金融部门的大量缺陷脱不开关系,世界银行在1998—1999年对泰国金融部门的评估也得出其需要进行大改革的结论。自2002年起,在金融危机的冲击逐渐过去,金融部门初步稳定的情况下,泰国政府和央行参照国际金融监管标准,制定了一系列的法律法规,并通过一系列相关举措来完善金融部门,巩固金融稳定。到2008年底,基础监管架构改革基本完成,泰国金融部门的稳定性得以增强。这一系列的举措包括:

(1)对金融系统进行整体规划。为强化泰国金融系统基础,泰国央行于2002年2月建立了金融部门整体规划(FSMP)委员会,该委员会在2003年

5 月完成了 2002—2012 年的 FSMP，2004 年 1 月，经泰国内阁批准，规划进入实施阶段。2004—2007 年为实施的第一阶段。在这一阶段，主要通过减少泰国境内金融机构数量来提高金融部门的稳定性和抗风险能力。具体而言，第一，通过消除商业银行和金融公司之间的监管边界，要求金融公司归还执照或合并为银行，将金融公司由 91 家减少到 4 家；第二，整合曼谷离岸银行机构，到 2006 年 3 月，改制完了全部 46 家机构；第三，要求各金融集团内部整合，存款业务全部归于集团内的一个实体办理。2008 年，规划实施进入第二阶段，意在提高金融部门效率，增强竞争力。

（2）实施新的金融机构法。2008 年 8 月 3 日，泰国正式实施新金融机构法。新法案目标与国际先进监管标准看齐，以高效的监管来保护金融稳定和民众利益。该法案确定了监管金融机构的统一标准，明确由泰国央行单独行使监管金融机构的职能，并厘清了陷入困境的金融机构的清理和关闭程序。

（3）实施国际会计准则。通过与专业会计机构密切合作，泰国央行为金融部门规定了严格的会计标准。从 2006 年底开始，泰国央行规定金融机构需按照 IAS39 的规定列提准备金。2008 年初，泰国央行征询了 39 家金融机构对执行不同国际会计标准的意见，在 2008 年金融危机的印证下，泰国央行明确要求本国金融机构自 2020 年初全部执行 IAS39 这一国际会计标准。

（4）实施新巴塞尔资本协定（Basel Ⅱ）。尽管泰国自 1993 年起即实施巴塞尔协议，但该机制并没有在阻止亚洲金融危机中发挥出预期的作用，面对层出不穷的金融创新，2004 年，新巴塞尔协议正式实施。泰国央行为强化风险意识，有效管理资本，积极推动新巴塞尔协定的实施，并于 2007 年 12 月开始并行试运行巴塞尔协议和新巴塞尔协议。2008 年 12 月，泰国正式实施 Basel Ⅱ 第一支柱和第二支柱，即最低资本要求和监察审理程序；2009 年 6 月，实施第三支柱，即市场制约机能。

（5）实施存款保险制度。泰国政府在金融危机后批准对金融部门存款人和债权人的全额担保，被认为导致了存款人、债权人和金融机构的道德风险。因此，泰国政府在 2008 年 8 月 11 日正式实施了存款保护法，并设置过渡期。泰国央行成立管理委员会代为管理陷入困境的金融机构，如果该金融机构被管理委员会认为丧失经营能力，将被吊销执照，由存款保护机构履行清偿账务责任。

（6）实施信用局制度。泰国于 2003 年 1 月通过了信用局法，并于 3 月生效。2005 年，泰国原中央信用数据有限公司和原信用数据有限公司合并为国家信用局（NCB），以收集成员金融机构债务人债务及偿还记录为职责。

3. 泰国银行业概况

泰国的央行是泰国银行（Bank of Thailand，BOT），依照商业银行法（Commercial Banking Act）对泰国的金融机构进行监管。泰国银行的总部设在曼谷，最初成立时是泰国国家银监局。1942 年 4 月 28 日，泰国政府发布《1942 年泰国银行法案》，规定将所有中央银行职能全部划归新设的泰国银行，同年，泰国银行正式开始运作（刘辉，2017）。泰国央行的主要职能包括印制和发行货币，制定货币政策，维持金融体系稳定，管理泰国银行的资产，为政府发放贷款、发行国债，建立支付系统并维系其运作，为金融机构提供贷款，监督金融机构的运作，管控货币汇率系统以及管理国家外汇储备。

泰国的商业银行系统包括全能银行、零售银行和外资银行等。全能银行占泰国金融体系资产总额的六成以上，和中国的四大商业银行类似，泰国也有四家规模较大的银行，也被当地人称作四大行，分别是盘谷银行（Bangkok Bank）、泰京银行（Krung Thai Bank）、泰国汇商银行（The Siam Commercial Bank）、开泰银行（原泰华农民银行，Kasikorn Bank）。泰国的四大行分行网点众多，囊括了泰国金融市场过半的存贷款业务，拥有着庞大的用户数量，占全部全能银行资产份额的三分之二以上。同时，四大银行的资金成本远低于中小型银行，可以给予更低的利率释放贷款，在泰国银行业的龙头地位非常稳固。

零售银行与全能银行相比，仅能向中小企业及零售客户提供有限的金融服务，但不允许经营如衍生金融产品和风险管理产品等业务。而外资银行分行则在分行数量（最多可设立三家分行）、泰国国内融资等方面有较多的限制。外资银行子银行仅能够在泰国设立四家分行，其中一家可设在曼谷或邻近地区，其余须设在外府。中国银行曼谷分行于 1994 年正式设立，2012 年 1 月，中国银行设立拉差达分行，2 月设立罗勇分行。

2008 年 8 月 11 日，泰国商业银行存款担保机构法生效。该法实施前，客户在商业银行存款得到金融机构发展基金（FIDF）的全额担保。根据该法，2011 年 8 月 11 日前，客户存款仍受到全额担保。2011 年 8 月 11 日至 2012 年

8 月 10 日，个人客户每户在每家银行存款担保额减至 5000 万泰铢。自 2012 年 8 月 11 日起，个人客户每户在每家银行存款担保额减至 100 万泰铢。

1997 年亚洲金融危机，泰国作为爆发地，金融业遭受严重的打击，自此泰国政商各界吸取教训，完善了对银行的监管机制，并愈加重视风险防控和合规，因此泰国的银行业近年来的经营状况比较稳健（陈悄悄，冯春风，2020）。截至 2014 年末，泰国商业银行涉及稳定性的主要指标如下：存贷比 92.4%，资本充足率 16.67%，核心资本充足率 13.05%。

泰国对外资银行的监管：

由于 1997 年金融危机的重要原因之一就是资本账户的过度开放，因此，泰国在金融危机后对外资银行的监管也必然有所增强，主要的相关措施如下：

限定外资银行设立条件。泰国银行法对外资银行分行在泰国境内的开设数量、融资等方面有较多限制。外资银行只允许在曼谷及其邻近地区开设一家分行，在泰国全境最多开设 4 家。外资银行必须为公众有限责任公司的形式，并拥有经泰国银行指定部长批准的营业执照，才能从事商业银行业务、金融业务或房地产信贷业务。外资商业银行在申请执照时，还需向批准执照的部长呈交有法律监督监察机关开具的书面同意书。另外，泰国银行法中对银行股价和股东的限制不适用于外资银行的子行或分行。

银行需遵守泰国央行关于资本充足率的限定。泰国本国的金融机构应保证资本金与资产、负债，或泰国银行规定的其他风险变量一致，且需按规定向相关监管部门披露与资本充足率和风险相关的信息。而外资商业银行在泰国的分支机构需同时满足在泰国的资本和在其他国家的有价证券均符合泰国银行的规定。

对金融机构投资有限制。泰国法律规定，任何金融机构都不能以投资、购买等形式直接或间接持有某家公司的股票超过一定比例。具体限制包括①持有各公司股份的资本占该金融机构总资本的 20%；②单独持有一家公司股份的资本占该金融机构总资本的 5%；③泰国银行有权降低投资上限，但须在特殊限制生效前 15 日公示。当外资金融机构由于债务重组或安全贷款需要必须持有某家公司股份时，泰国银行有权特批其不受上述限制，但会有其他额外的限制性条件。

对信息披露有要求。外资金融机构需按照泰国央行的规定，每半年和一年分别编制会计报表，通过泰国银行认定的审计师审核后，在泰国央行指定媒体上公布财务报告。外资银行的分支机构须在总行公布财务报表后一个月内公布其独立的财务报表，需符合泰国银行规定的会计年度。

4. 泰国的货币制度和货币政策

（1）泰国货币制度和货币政策的演变

第二次世界大战结束后，泰国加入了国际货币基金组织（IMF），作为成员国，泰铢的汇率制定必须严格遵守国际货币基金组织的规则。由于泰国财政体系和外汇储备稳定完善，1963 年 10 月 15 日，泰国央行正式实行"平价制度"（Par Value System），为了将泰铢与美元之间的汇率维持在稳定水平，将泰铢主要与美元的汇率挂钩。这一制度使泰国的外汇市场长期维持稳定，进出口商和投资商充满信心，对战后泰国的经济增长起到了重要作用。20 世纪 70 年代，布雷顿森林体系崩塌，泰国政府停止了部分"平价制度"后，于 1978 年 11 月 1 日将汇率制度改为由外汇平准基金会每天宣布泰铢对美元的买入及卖出价，并对外汇买卖价格作出限制。1981 年 7 月 15 日，泰国中央银行赋予泰国外汇平准基金所确定泰铢兑美元汇率的权利。

1984 年 6 月，泰国开始实行钉住"一篮子货币"的汇率制度，但并未公开篮子中的货币种类及各种货币的权重。有经济学家估计，篮子中的货币权重为美元 80%～82%，日元 11%～13%，西德马克 6%～8%，以及少量的新加坡元。泰国中央银行每天公布泰铢对美元的中心汇率，浮动区间为±0.2%。1985—1994 年，由于美元持续走低，泰国随之获得极大的本币贬值效应，出口持续增长，经济快速发展。1986—1994 年，泰国的国内生产总值增长了两倍，人均国内生产总值从 824 美元上升至 2465 美元，被称为"亚洲四小龙"之一。然而自 1993 年，在"互联网革命"的推动下，美国经济出现较长时间的繁荣，美元进入强势周期，由于泰国实行了钉住以美元为主的一篮子货币的汇率制度，泰铢不得不随美元汇率大幅走高，然而泰国的经济增长模式是出口导向型，泰铢升值对其出口增长和经济发展会产生严重的负面影响。1996 年，泰国的出口增长率由接近 20%暴跌至-0.2%，1995 年，泰国的经常账户逆差由 1994 年的 89 亿美元增长为 140 亿美元，1996 年则达到 163 亿美元，分别占这两年国内生产总值的 8.5%和 9.1%。超过了国际警戒线水平。

对于采用浮动汇率制的国家，其经常账户持续出现较大逆差时，外汇市场会通过本币贬值的调节，增加出口，减少进口，实现国际收支再平衡。但泰国当时采取钉住汇率的制度，外汇市场失去了自动调节功能。面对严峻的国际收支形势，泰国政府不得不加快放开资本市场，吸引大量国外资本流入，弥补国际收支逆差。主要措施有两项：一是开放离岸金融业务，推出曼谷国际金融计划（Bangkok International Banking Facilities，BIBF），泰国央行给 15 家泰国商业银行和 35 家外国商业银行的泰国分行发放了经营许可，允许其从国外吸收存款和借款及在泰国境内发放外币贷款。二是企业可以自由对外借款，允许非居民在国内和国外自由开立泰铢账户，进行存款、借款和自由汇兑。这些措施带来了明显的后果：一是国际资本流动规模迅速扩大，泰国的国际资本流动总量从 1989 年的 1000 亿泰铢迅速增加到 1994 年的 15000 亿泰铢。二是证券投资大幅增长，1993 年，泰国的国外证券投资流入突然加速，超过了 30 亿美元，1994—1995 年进一步上升至 60 亿美元，两年时间增长了一倍。三是短期资本的量流入，20 世纪 80 年代末，中长期资金在泰国私人部门对外借款净额中所占的比重较大，短期资金不足三分之一；然而到亚洲金融危机前，泰国短期贷款数额最高达 1200 亿美元，是当年泰国新增外汇储备的 3~4 倍。四是大举借入外债，1992 年时，泰国借入外债为 396 亿美元，到 1996 年已增加至 930 亿美元，超过当年国内生产总值的 50%，为了按时偿还这些外债，泰国必须保持每年 15% 以上的出口增长率，这显然是不现实的。

在泰铢不断跟随美元升值的情况下，泰国出口不振，与出口相关的产业投资利润率下降，大量国内外贷款和国外资本流入房地产市场和股票市场，大幅推升了房地产价格和股票价格，最终形成资产价格泡沫。1997 年，泰国房地产市场和股票市场泡沫破灭，商业银行不良资产大幅增加。1996 年 6 月，泰国商业银行不良贷款率达到 35.8%。1997 年 8 月，国际债券信用评价机构表示，泰国金融贷款中有 25% 无法付息。在此背景下，从 1997 年初开始，国际投机资本连续向泰铢发起攻击，尽管泰国政府采取了一系列措施，试图化解日益逼近的危机，但泰国的外汇储备无法维持泰铢汇率的稳定，泰铢贬值压力巨大。1997 年 7 月 2 日，泰国政府只能宣布，放弃泰铢钉住美元的汇率制度，实行有管理的浮动汇率制度，当天泰铢对美元的汇率贬值幅度最高达 30% 以上。到 1998 年 7 月，泰铢对美元累计贬值约 60%。泰铢的大幅度贬值迅速波及了菲律宾、马来西亚、新加坡、韩国和印度尼西亚等东亚和东南亚地区,形成了著名的亚洲金融危机。

（2）泰国目前的货币制度

1997年7月宣布实行有管理的浮动汇率制之后,泰国银行依据本国的货币供应量,进行流动性管理,确保利率和金融体系流动性不出现大的波动,从而保持物价稳定和经济持续增长。但由于随后货币供应量和经济增长之间的关系不再稳定,泰国银行决定放弃货币目标制而采取通胀目标制,自2000年5月至今,泰国银行货币政策以维持价格稳定为首要目标,将通货膨胀率维持在与经济增长相适应的较低水平,从而有利于公众和市场对未来的消费、生产、储蓄和投资作出正确判断。

在通胀目标制度下,泰国银行主要通过影响市场短期利率执行货币政策。泰国央行的货币政策手段包括准备金要求、公开市场操作和常备性工具等。通过上调或下调存款准备金率,泰国银行可以调控金融机构的流动性。公开市场操作方式则包括通过回购和逆回购调控银行准备金;通过买卖政府债券和发行央行票据调控银行流动性;通过外汇掉期为银行融资等。除此之外,泰国银行还通过"流动性调整窗口"为商业银行提供隔夜拆借,通过这一工具,流动性不足的金融机构可以在每日结束前以质押的方式从泰国银行获得资金支持;而拥有超额准备金的金融机构则可将资金借给泰国银行,并获得泰国银行的债务凭证。

尽管采取了有管理的浮动汇率制,美元本位和浮动恐惧是东亚各国汇率制度被广为所知的两大特点。Calvo等人的研究表明,害怕货币的大幅波动在发展中国家特别是新兴市场国家是非常普遍的（陈悄悄,冯春风,2020）。从每周数据分析来看,1999—2001年,即泰国宣布实行管理浮动汇率制的前三年,泰铢仍选择事实上的高频钉住美元汇率制度,美元在货币篮子的权重超过0.97。随后几年,泰国经济逐步复苏、金融秩序更加稳定,美元在货币篮子的权重逐渐下降。但到2007年,美国次贷危机开始显现,泰铢又迅速恢复高频钉住美元的状态。直到2010年下半年,美国及全球经济逐渐回暖,世界金融形势相对稳定,美元在泰铢汇率中的权重再次下降。2012年至2013年2月,美元在泰铢货币篮子的权重仅为历史最低的0.555（见图4-15）。

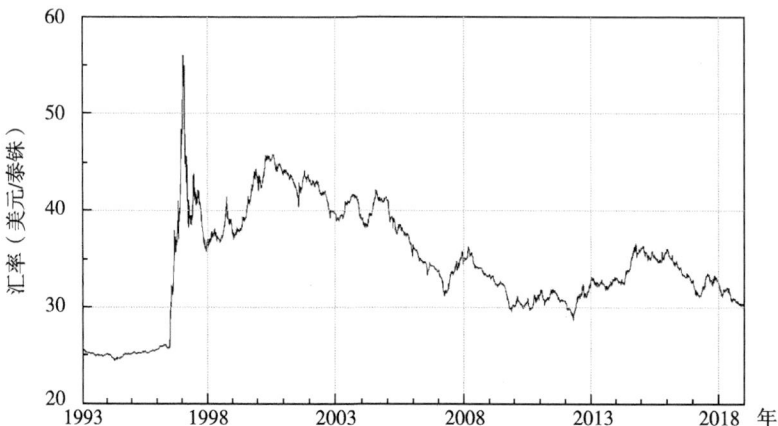

图 4-15 泰铢的汇率变化

(资料来源：IMF)

1997 年亚洲金融危机之后和 2008 年美国次贷危机爆发后几年内，泰铢比非危机期间更加钉住美元，可能有以下原因：一是美国的经济实力、经济体量以及贸易地位决定了在全球金融危机引起的对外贸易受冲击的情况下，保持本币与美元大体上的相对稳定可以有效减少国内经济和金融市场的动荡；二是美元目前仍然是国际流通的主要货币，地位十分稳固，美国也是泰国商品的主要出口国，在全球经济形势起伏不定、金融环境不甚明朗的情况下，钉住美元仍是泰国这样体量不够大的经济外向型国家货币汇率的最优选择。2008 年国际金融危机之后，美元在泰铢篮子中所占比重降低的同时，欧元权重大幅上升，2012 年初至 2013 年 2 月 15 日，欧元所占权重达到 0.41，这可能是泰铢的制度性浮动程度随时间退役逐渐加深，另外也可能是出于美国经济没有完全走出金融危机的影响，泰国也在寻求更多元化的发展，逐渐减少对美元的依赖。

（三）泰国的金融脆弱性分析

1. 泰国的银行脆弱性分析

1997 年亚洲金融危机后，泰国大力整顿银行业，取得了一定成效，从表 4-3 可以看出，泰国银行业在 1997 年后的十年间总体向好，不良贷款率明显下降，贷款规模也控制得比较稳定，银行业能够持续盈利（方芳，赵净，2012）。2008 年国际金融危机爆发后，泰国商业银行因直接持有次贷产品造成的损失不大，截至 2008 年 8 月，外币资产投资额仅占泰国商业银行总资产的约 1.2%，大部分为政府担保债券或较为稳健的票据投资，次贷产仅占到商业银行资产总额的约 0.04%，且已经全额计提减值准备。

表 4-3 泰国 1997 年和 2008 年两次金融危机期间的银行业主要指标

年份	1997	1998	1999	2000	2001	2002	2003	2004	2005	2006	2007	2008
贷款余额 （万亿泰铢）	62519	56946	51591	46931	43905	46772	49390	52826	56271	58470	62458	73933
贷款增长率	30.0%	-8.9%	-9.4%	-9%	-6.4%	6.5%	5.6%	7%	6.5%	3.9%	6.8%	18.4%
贷款/GDP	132%	123%	111%	95%	86%	86%	83%	81%	79%	75%	74%	81%
贷存比	149%	123%	112%	97%	87%	91%	92%	94%	92%	91%	89%	98%
不良贷款率	—	41.3%	38.8%	17.5%	10.4%	15.9%	12.5%	10.8%	8.4%	7.5%	7.3%	5.4%
利润 （万亿泰铢）	-710	-3556	-3348	2	841	202	504	961	1034	688	204	991
资本回报率	-15%	-86.4%	-85.5%	0.1%	24.3%	5.3%	11.1%	17.4%	15.2%	8.7%	2.4%	10.2%
资产回报率	-1.08%	-4.87%	-4.74%	0.0%	1.27%	0.30%	0.71%	1.29%	1.3%	0.81%	0.22%	1.00%

资料来源：IMF。

但因次贷危机陷入困境的外国金融机构及企业大量出售海外资产以回笼资金，世界金融市场的动荡也使投资者重新评估新兴市场的风险，泰国金融市场投资气氛十分萧条，并有数次外国投资者大量抛售股票的情况。仅 2008 年 8 月就因外资抛售股票使泰国外汇储备单月下降 36 亿美元。因此，尽管经过一系列改革，泰国商业银行已具有较高财务稳健性，但仍在全球市场的影响下面临流动性风险。为阻止资金外流，提振市场信心，泰国政府和商业银行采取了积极的应对措施，成功使泰国商业银行的资金流动性水平在 2009 年 1 月处于良好水平，总计 2.04 万亿泰铢。避免了类似 1997 年亚洲金融危机的资金紧缺情况。

尽管银行应对得当，但由于泰国是外向型经济，因此全球经济形势恶化严重打击了泰国的实体经济，风险不可避免地向银行部门传导，潜在信用风险和利率风险迅速提升。2009 年 1 月，泰国制造业产出指数创纪录的大幅萎缩 21.3%，大量企业和个人无力偿还贷款，而制造业和个人消费贷款约占泰国商业银行贷款总额的 45%，因此处理不当可能会导致银行资产质量恶化严重。面对危机，为刺激国内经济，泰国政府自 2008 年 12 月至 2009 年初大幅降息 225 个基点，泰国商业银行也相应降低贷款利率。但次贷危机与亚洲金融危机不同，并非由于泰国自身的结构性问题。同时，与 1997 年相比，由于严格遵守新巴塞尔协定，银行资本充足率较高，整体资产质量较优良，抗金融市场风险能力已大大提高。因此，尽管泰国 2009 年 GDP 出现了负增长，但在 2010 年迅速走出金融危机的阴影，银行业在此次危机中也未受到严重冲击。说明经过 21 世纪的一系列改革，泰国的银行业稳定性已大大增强。

2010 年后，受自然灾害和国内政治形势动荡的影响，泰国的经济起伏不定，尽管有种种不利因素的影响，2013 年泰国银行体系的总体表现仍较为稳健，业绩良好。受政治经济基本面影响，信贷增长放缓，贷款质量良好但稍有恶化。贷款损失准备金和资本金保持较高水平。2013 年，泰国银行系统的贷款扩大了 11.0%，由于经济总体处于衰退阶段，因此贷款规模与上年相比有所下降。消费贷款是贷款规模下降的主要动因，由于家庭消费比以前更谨慎，同时银行在贷款批准方面更加严格，因此个人贷款方面开始衰退。企业贷款扩大了 10.2%，其扩张主要由于中小企业（SME）贷款以及用于大企业国外投资的贷款。贷款质量尽管稍有恶化但仍然维持在良好水平。不良贷款为 2656 亿泰铢，与 2012 年相比增加 114 亿泰铢。总不良贷款率和净不良贷款率分别下降了 2.2% 和 1.0%。鉴于之后经济形势的不确定性，泰国的商业银行出于保守增加了贷款损失准备金，实际贷款损失准备金与监管贷款损失准备金的比率达到 168.3%。2013 年，泰国银行系统报道的净利润是 2149 亿泰铢，相比 2012 年增长了 411 亿泰铢。净息差和资产回报率达到 2.55% 和 1.33%，均有所上升，银行资本地位保持强健。

经历了 2013 年的政坛动荡、2014 年的军人政变和 2016 年的泰国老国王逝世等一系列不利因素，2016 年泰国银行业净利润达到 1970 亿泰铢，同比增长 3.2%，相比 2015 年负增长 7.0% 明显好转。这主要归功于商业银行对利息支出及其他运营支出进行了积极的成本管理，其目的是减轻收入放慢增长、商业银行坏账和可疑账准备居高不下等问题的负面影响。整体而言，泰国的银行体系经过金融危机后的改革，经受了次贷危机以及一系列国内不利因素的影响，总体依然保持稳定，表现出较好的稳定性。在后续的发展中，随着技术进步和全球经济形势的变化，泰国商业银行的发展及经营环境可能会面临如下挑战：第一，法规、监管规则和政府计划的转换可能会使银行手续费收入在短期内放慢增长。据开泰研究中心预计，2017 年泰国商业银行手续费收入将因"即时支付"（Prompt Pay）计划而减少约 31 亿~36 亿泰铢。第二，2017 年，美联储发出紧缩货币政策的明确信号后，市场利率将逐渐进入上升通道，泰国通过债券市场进行融资极大可能面临更大的成本压力，从而导致商业银行的吸储成本上升。利率的上升趋势也迫使商业银行必须进一步密切监控债务质量。第三，开泰研究中心认为，近年来泰国金融业的破坏式创新（Disruptive Innovation）迅速发展，大量创新型金融科技企业以及电子商务、电信和零售业等行业经营商将更大力度地进军金融服务市场，与商业银行展开竞争。

这些挑战要求泰国的商业银行必须持续注重成本管理并提高盈利能力，不过 2010 年后几年内，由于经济放缓，商业银行为管理成本而采取了持续减少利息支出和运营成本等应对措施，这些措施有利于确保商业银行作为有效金融中介机构的地位和创造长期稳定收入的能力（曹素娟，2014）。

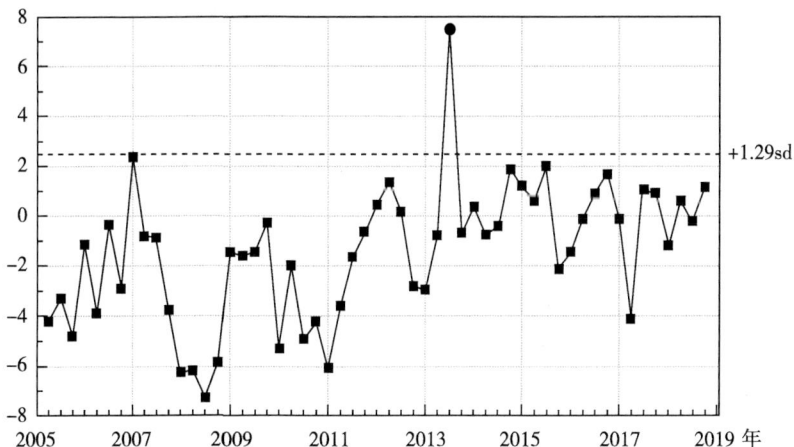

图 4-16 泰国的银行业系统压力指数

（资料来源：Wind 数据库，经作者计算）

通过风险利差、总贷存比和不良贷款率得到的泰国银行业系统压力指数（见图 4-16）可以看到，泰国银行业在近十几年来总体保持稳定，仅在 2013 年政局动荡期间短暂遭遇较大压力，在 2014 年军政府掌权后，银行业系统压力更加稳定。2019 年，著名评级机构穆迪投资者服务公司将泰国银行体系的前景从稳定变为正面，这也反映出泰国银行业整体的稳定。当然，泰国银行业仍面临一些挑战：出口增长疲软和游客人数无明显增长不利于泰国的经济增长，泰国银行的经营环境在未来会有所恶化；借款人，尤其是与出口相关的借款人的财务状况很可能随着经济发展难度增大而减弱，源自中小企业的不良贷款形成将加速。但资产恶化会因泰国银行业强大的亏损吸收缓冲而得到缓解，泰国银行业资本，融资和流动性都将保持强劲。尽管资产风险有所增加，但银行已经为抵销贷款损失建立了大量准备金，泰国银行信贷成本的增加不太可能明显影响其获利能力。

2. 泰国的货币脆弱性分析

1997 年后，泰国将固定汇率制改为浮动汇率制，但也经历了一定变化，2011 年之前国际货币基金组织（IMF）将泰国的汇率制度归为 "没有预先公布干预方式的有管理的浮动"，在这一阶段，泰铢的外汇汇率由外汇市场决定，泰国央行根据前一天市场的交易平均价格公布第二天泰铢兑美元的汇率，在必要的情形下，泰国央行也会干预其外汇市场。随着泰国外汇市场的不断成熟和外汇交易机构的不断增加，IMF 于 2011 年将泰国的汇率制度调整为 "浮动"，在此之后，泰国官方宣称其泰铢的汇率是浮动的，泰铢的价值是由外汇市场的供求关系来决定的。当然泰国央行仍会抑制损害泰国竞争力超过一定范围的浮动，但泰国央行并未公布具体的干预措施（游丽萍，2016）。

根据 IMF 的研究数据，自 2007 年以来，泰国的外汇市场中，银行间市场占据主要地位，占外汇交易总额的 47%，且即期、掉期和远期等外汇工具交易非常活跃，其中掉期交易更是成为商业银行进行外汇资产管理的主要工具。2007 年之后的 6 年，IMF 对泰国外汇市场的持续跟踪报告显示，泰国外汇市场始终延续着这些良好势头，在宏观经济运行中很好地发挥着其应有的作用。IMF 对泰国的外汇市场的持续性的跟踪研究还表明，1998—2013 年，泰国的外汇市场在深度和效能方面都取得了长足的进步，主要表现有：

（1）交易场所种类更加丰富，数量增加。泰国外汇管理方面的法律规定，经过授权的机构都能够进行外汇的兑换和交易。这些机构包括商业银行、外汇交易商、货币支付中介和经过授权的公司等。截至 2010 年 12 月 31 日，泰国获得授权经营外汇的商业银行达到 35 家，获得授权的外汇交易商有 942 家，同时还有 1226 家获得授权的货币交换中介。在泰国，其居民和非居民都允许在合法的范围内进行外汇即期交易,并在交易日以后第二个工作日 (T+2) 进行交割外汇交易。泰国还建立了发达的外汇远期市场,非居民可以自由地在外汇远期市场进行交易,通过政府授权的银行对其在泰国的贸易和投资进行套期保值。对于那些没有在泰国进行贸易和投资的企业,泰国也允许其在远期市场进行不超过 3 亿泰铢的远期交易。此外,泰国国内的居民和进出口贸易商也允许自由参与外汇远期市场交易。

(2) 外汇市场交易量显著上升。2007 年 4 月,泰国外汇市场的日均交易量已超过了 60 亿美元,达到 1998 年的两倍,并在之后不断增加。总体保持良好的宏观经济发展、金融市场较高的深度和一体化程度、泰铢良好的弹性,共同支持了泰国外汇市场的活跃。据 IMF 测算,泰国外汇市场日均交易量高于其 2007 年总的商品和服务贸易量、跨境资金流动的总量和总的资本流动,在新兴市场国家中处于中上水平。

(3) 泰国在外汇市场的报价活跃程度较高。据 IMF 调查,泰国外汇市场的报价虽然比新加坡、中国香港等地外汇市场的报价要稀疏,但比起韩国、印度尼西亚、菲律宾和马来西亚的外汇市场的报价要更为密集。证明泰国外汇市场的报价活跃程度在亚洲国家里是靠前的。虽然外汇市场和相关制度已取得长足进步,但到 2019 年,泰国汇率却意外走强,乍看起来,泰铢的急剧升值似乎不符合经济规律,因为泰国属于小型的开放经济体,泰铢的波动正常情况下应随全球经济面上下浮动,而全球经济和贸易形势不佳,泰国出口受影响,汇率本不该如此上升。究其原因,2019 年 3 月,泰国举行了自 2014 年军队政变后 5 年以来的首次大选。泰国目前虽由军政府掌权,但政府还是在下议院民选产生的,可以将其称为 "可控性的民主"。国际投资者通过泰国的宪法草案,看到了更有利于其投资稳定性的一面。此外,泰国央行对于利率政策持鹰派的立场。因此,市场分析师认为,2019 年上半年,泰铢急剧升值主要由于国际热钱看中泰国经常账户有大额盈余,因而纷纷涌入泰国。在这种背景下,泰国央行在 2019 年 8 月 7 日宣布将基准利率下调 25 个基点,至 1.5%,为 4 年多以来首次降息。泰国汇率如此受人瞩目可能要追溯到 1997 年亚洲金融危机时期,泰国可能再次发生危机吗?1997 年亚洲金融危机发生的重要原因之一就是泰国金融市场过度开放但外汇储备不足,无法维持汇率的稳定。金融危机后,泰国的外汇储备明显上升,整体呈稳定上涨趋势,受次贷危机余波和泰国政局动乱影响，2010 年之后的几年，泰国外汇储备有一定下降，但近年来随着政局和经济基本面的稳定，外汇储备继续稳步增加。截至 2019 年末，泰国外汇储备超过 2099.11 亿美元，位居世界第 12 位，达到历史新高（见图 4-17）。其中，近年来，泰国通过不断完善本国的经济环境和投资制度，吸引了更多的外商直接投资。2018 年，海外的直接投资申请额增至 2017 年的 2 倍，达到约 5825 亿泰铢。近年来，外商直接投资很大程度上促进了泰国外汇储备进一步增长。

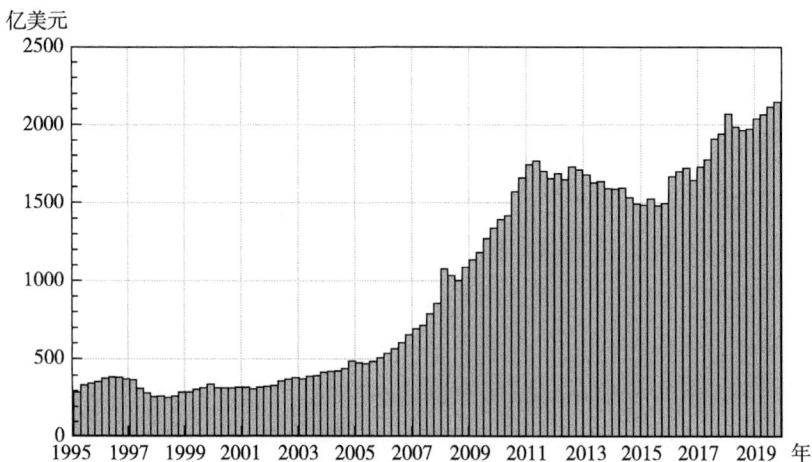

图 4-17　泰国的国际储备

（资料来源：Wind 数据库）

从泰国的外汇压力指数上看，近十几年来整体状况良好，少有外汇压力较大的情况发生，主要是在 2011—2012 年，由于经济形势较差，外汇储备减少造成外汇压力指数增大（见图 4-18）。与银行业系统压力指数类似，在军政府上台后，泰国的外汇压力指数波动幅度也有明显减小，这也说明在军政府治理下，泰国的政治经济形势总体更稳定。

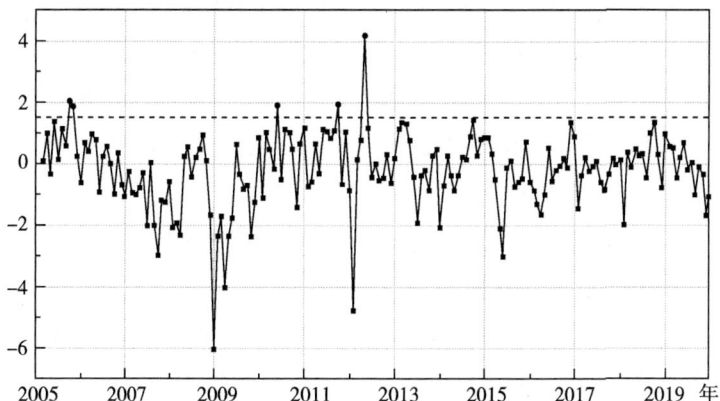

图4-18　泰国的外汇压力指数情况

（资料来源：Wind 数据库，BIS 数据库，经作者计算）

　　泰国货币的汇率相比一些国家如缅甸、老挝等，确实浮动性更大，但通过 VaR 值的计算，无论在 90%、95% 还是 99% 的置信水平下泰铢对应的损失水平都远远比这些国家的货币要低（方芳，赵净，2012）。总体而言，泰国的经济基础较好，经济制度也比较完善，相比二十多年前，泰国的汇率制度完全不同，已采取了浮动汇率制，同时泰国还有巨量的外汇储备，因此泰铢的汇率风险相对较小，同时也说明货币汇率的浮动范围并不能直接与货币脆弱性挂钩。尽管泰国经济受全球经济形势影响，仍显艰难，但总体稳中有进，较为稳定。

四、菲律宾

（一）菲律宾的基本情况

1. 菲律宾地理文化简述

　　菲律宾全称菲律宾共和国，面积为 29.97 万平方公里。菲律宾位于亚洲东南部，北隔巴士海峡与中国台湾遥遥相对，南和西南隔苏拉威西海、巴拉巴克海峡与印度尼西亚、马来西亚相望，西濒南海，东临太平洋。菲律宾自16世纪起曾先后沦为多个国家的殖民地，直至日本"二战"战败后于1946年独立。菲律宾主要由吕宋、米沙鄢和棉兰老岛三大岛群组成，共有大小岛屿7000多个，其中吕宋岛、棉兰老岛、萨马岛等11个主要岛屿占菲律宾总面积的96%。海岸线长约18533公里。

菲律宾共划分为吕宋、维萨亚和棉兰老三大部分。共设有首都地区、科迪勒拉行政区和棉兰老穆斯林自治区，以及伊罗戈区、卡加延谷区、中吕宋区、南塔加罗格区、比克尔区、西维萨亚区、中维萨亚区、东维萨亚区、西棉兰老区、北棉兰老区、南棉兰老区、中棉兰老区和卡拉加区 13 个地区。下设 73 个省，2 个分省和 60 个市。

2018 年，菲律宾人口达 1.06 亿。其中马来族占全国人口的 85% 以上，包括他加禄人、伊洛戈人、邦班牙人、维萨亚人和比科尔人等；少数民族及外来后裔有华人、阿拉伯人、印度人、西班牙人和美国人；还有为数不多的原住民。有 70 多种语言。国语是以他加禄语为基础的菲律宾语，英语为官方语言。国民约 85% 信奉天主教，4.9% 信奉伊斯兰教，少数人信奉独立教和基督教新教，华人多信奉佛教，原住民多信奉原始宗教。菲律宾民族众多，文化复杂，还融合了东西方的风俗习惯，民族的迁徙陆续带来了马来文化、随着宗教与贸易发展也带来了印度文化、华夏文化和伊斯兰文化。

菲律宾是东盟的重要成员国，也是亚太经合组织（APEC）的 24 个成员国之一。菲律宾作为发展中国家、新兴工业国及世界的新兴市场之一，贫富差距很大。菲律宾独立后，经历了数次经济快速增长；但其政局时常动荡，多届政府深陷腐败泥潭，社会安定严重欠缺，这已成为阻碍其发展的一大因素。

菲律宾境内野生植物有近万种，其中高等植物有 2500 余种。菲律宾境内矿产资源主要有铜、金、银、铁、铬、镍等 20 余种。铜蕴藏量约 48 亿吨、镍 10.9 亿吨、金 1.36 亿吨。地热资源预计有 20.9 亿桶原油标准能源。巴拉望岛西北部海域有石油储量约 3.5 亿桶。

2. 菲律宾的基本政治情况

菲律宾的现行宪法于 1987 年 2 月由全民投票通过，规定了国家实行行政、立法、司法三权分立政体。菲律宾实行总统制，其总统是国家元首、政府首脑兼武装部队总司令。总统拥有行政权，由选民直接选举产生，任期 6 年，不得连选连任，总统无权实施《戒严法》，无权解散国会，不得任意拘捕反对派，禁止军人干预政治。

菲律宾有大小政党 100 余个，大多数为地方性小党，主要政党有菲律宾人民主奋斗党、自由党、基督教穆斯林民主力量党、民族主义人民联盟等。

菲律宾奉行独立的外交政策，已同 126 个国家建交。对外政策目标：确保国家安全、主权和领土完整；推动社会发展，保持菲律宾在全球的竞争力；保障菲律宾海外公民权益；提升菲律宾国际形象；与各国发展互利关系。

3. 菲律宾的经济概况

菲律宾在"二战"后的 20 世纪 50—70 年代，与日本、缅甸同属亚洲最富国之一；是新兴工业国家及世界的新兴市场之一。20 世纪 60 年代后期，菲律宾采取开放政策，积极吸引外资，经济发展成效显著，1982 年被世界银行列为"中等收入国家"。后受西方经济衰退等因素影响，经济发展放缓。20 世纪 90 年代初，菲律宾采取一系列振兴经济措施，经济开始全面复苏，并保持较高增长速度（见图 4-19）。1997 年，亚洲金融危机对菲冲击不大，但经济增速放缓。

进入 21 世纪，菲律宾将发展经济、消除贫困作为施政核心，加大对农业和基础设施建设的投入，扩大内需和出口，国际收支得到改善，经济保持平稳增长。菲律宾实行出口导向型经济模式，第三产业在国民经济中地位突出，农业和制造业也占相当比重。2004 年，菲律宾被世界银行依购买力平价列为第 37 大经济体。2008 年菲律宾国内生产总值为 1587.8 亿美元，其中工业产值占国内生产总值 31%，农林渔业产值占国内生产总值的 14.1%。另外，旅游业是菲律宾外汇收入重要来源之一。

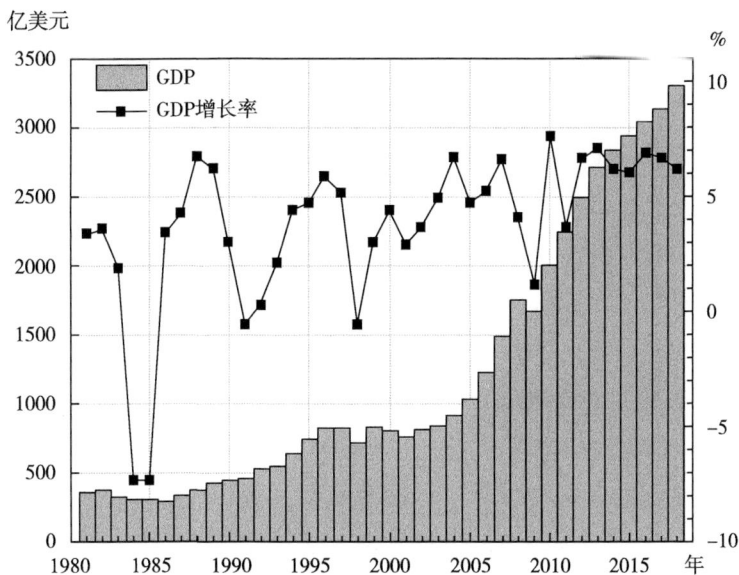

图 4-19　菲律宾历年的 GDP 和 GDP 增长率

（资料来源：IMF）

　　菲律宾与 150 多个国家有贸易关系，其主要出口产品为电子产品、服装及相关产品、电解铜等；主要进口产品为电子产品、矿产、交通及工业设备。近年来，菲政府积极发展对外贸易，促进出口商品多样化和外贸市场多元化，进出口商品结构发生显著变化。非传统出口商品如成衣、电子产品、工艺品、家具、化肥等的出口额，已赶超矿产、原材料等传统商品出口额。菲律宾的主要贸易伙伴有美国、日本和中国等。

　　菲律宾的主要产业包括工业、农业、服务业及旅游业等。菲律宾工业增长迅速，2015 年工业产值为 902 亿美元。其中制造业、建筑业、能源和矿业产值占比分别为 65%、22.3%、10.2% 和 2.5%。菲律宾制造业的制成品主要是电子、食品等轻工产品，占制造业产出的比重接近 60%。2015 年农业产值为 158.27 亿美元，占 GDP 的 10.02%。主要出口产品为椰子油、香蕉、鱼和虾、糖及糖制品、椰丝、菠萝和菠萝汁、未加工烟草、天然橡胶、椰子粉粕和海藻。旅游业则是菲律宾外汇收入的重要来源之一，主要旅游点有长滩岛、保和岛、百胜滩、蓝色港湾、碧瑶市、马荣火山、伊富高省原始梯田等；2015 年到访游客数量约为 536 万人次，同比增长 10.9%；旅游收入 50 亿美元，同比增长约占 GDP 的 8%。菲律宾的服务业十分发达，2010 年服务业产值约为 4.96 万亿比索，占国内生产总值的 54.8%，从业人口占总劳力的 54.8%。菲律宾尤以其海外劳工著称，超过了 800 万人，2012 年汇回国内达 300 亿美元。

　　总体而言，菲律宾近年来经济状况基本保持稳定，宏观经济增长有望持续，国际收支状况良好，有较好的债务偿还能力。但是，制造业发展仍然滞后，国内创造就业机会不足，经济依赖海外侨汇，且政局往往难以保持长期稳定，杜特尔特任期满后，菲律宾的对华政策是否会发生变化，菲律宾还能否持续目前的发展势头都难以预料，这是菲律宾经济中长期面临的主要风险。

　　4. 菲律宾的基础设施概况及投资环境

　　中国与菲律宾两国隔海相望，一衣带水。中菲经济互补性强，都有发展经济、削减贫困的共同目标，双方在农业、能源、制造业、基础设施建设、旅游等领域有很大的合作空间。近年来，菲律宾政局稳定，经济快速发展，近 5 年平均增长率超过 6%。世界三大投资评级机构陆续将菲律宾主权信用等级提升为投资等级，外资纷纷看好菲律宾经济和市场前景。

菲律宾地理位置优越，处于亚洲的中心位置，是唯一能在 4 小时之内抵达亚洲主要首都的国家。历史上，菲律宾一直是地区与全球贸易的重要中心，甚至在早期西班牙殖民时代，与亚洲邻邦的易货贸易就已十分活跃。

菲律宾的基础设施与其他老东盟成员相比相对落后，但近年来在基础设施建设方面的投入不断加大。近年来，菲律宾根据《建设、经营和转让法》（BOT 法），大力提倡通过公私伙伴关系（PPP）项目，吸引私人投资，改善基础设施。政府利用日本、美国、欧盟、世界银行、亚洲开发银行及国际货币基金组织的融贷，吸引许多国内外企业参与公共工程投资、兴建及运营，基础设施正处在建设和完善的过程中。

菲律宾的通信基础设施发展较好，近年来一直在扩建。国内网络质量较高，共有 6 个可用平台：固定线路、移动电话、有线电视、无线电视与广播以及 VSAT 系统。但菲律宾电力成本高昂，缺电现象严重，居民用电和工业用电价格居世界前列。2015 年，菲律宾全国总装机容量为 1758.5 万千瓦。目前，菲律宾政府正在通过对菲律宾国家电力公司进行私有化改革、发展可再生能源等措施，努力提高发电量。

菲律宾作为世界贸易组织（WTO）成员，实行多边的、自由的、外向型的贸易政策，但也会注重对国内幼稚产业进行适当保护。菲律宾政府对其贸易政策不断进行调整，并出台了一系列出口鼓励措施。菲律宾管理进出口贸易的相关法律主要包括《海关法》《出口发展法》《反倾销法》《反补贴法》和《保障措施法》等。

获取外来投资方面，菲律宾最大的优势是拥有数量众多、廉价、受过教育、懂英语的劳动力。菲律宾居民识字率达到 94.6%，在亚洲地区名列前茅。加之菲律宾劳动成本大大低于发达国家的水平，因而吸引了大量西方公司把业务转移到菲律宾。世界经济论坛《2015—2016 年全球竞争力报告》显示，菲律宾在全球最具竞争力的 140 个国家和地区中，排第 47 位。

5. 陷入"中等收入陷阱"的菲律宾

菲律宾作为美国在亚太地区的主要盟友之一，早在 1950 年前后便被纳入世界资本主义市场经济体系，并且受到美国政府的积极扶持。此后经过十余年的发展，菲律宾的人均 GDP 在 1960 年就达到 254 美元，这一水平远高于同期的韩国（156 美元），与马来西亚（235 美元）不相上下，是亚洲最富裕的国家之一（弗·阿尔希波夫，付志华，1985）。世界银行当时曾预测，菲律宾具备了经济快速增长必需的基本条件，不需太久就能加入先进工业化国家的行列（沈红芳，冯驰，2014）。1982 年菲律宾人均 GDP 达到 741.79 美元，被世界银行列为"中等收入国家"，但很快深陷瓶颈，2006 年人均 GDP 仅为1395.21 美元，2015 年达到 2899.38 美元（见图 4-20）。从世界银行的数据可知，1965—1982 年菲律宾的人均 GDP 在中等收入国家平均水平之上，自 1983年起，菲律宾人均 GDP 愈发落后于中等收入国家平均水平（熊琦，2017）。

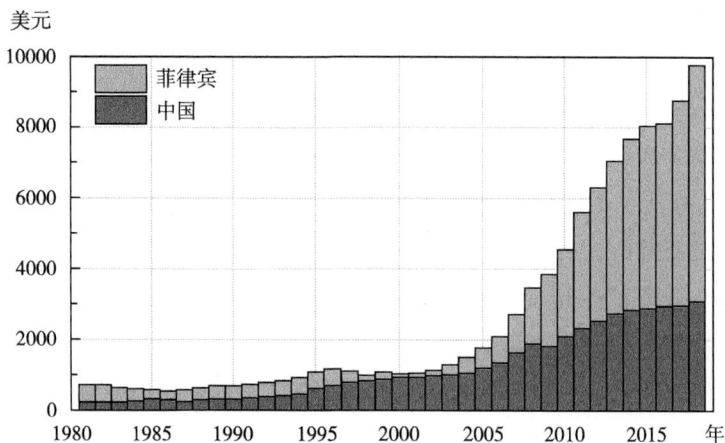

图 4-20　中国和菲律宾人均 GDP 对比

（资料来源：IMF）

中国经济学家樊纲认为，生产率低下是导致国家掉入"中等收入陷阱"的根本原因。具体到菲律宾，阻碍该国生产率提高的原因可以总体上分为结构性和非结构性因素，结构性因素短期内难以改变，包括菲律宾的政治体制和制度等；非结构性因素主要指具体到中微观的企业和产业问题。具体包括以下几点。

（1）貌似民主实则动荡、腐败的政治体制

对美国政治体制进行模仿的民主选举并未给予菲律宾优良的政体，几十年来，菲律宾中央政府不稳，分裂势力林立。20 世纪 80 年代和 21 世纪伊始两次"人民力量运动"分别导致马科斯独裁政权和埃斯特拉达政府倒台。军方的倒戈是两人下台的直接推手，这种介入让两次运动取得成功，但也使菲律宾政府长期笼罩在兵变的威胁下。阿罗约政府时期被粉碎的大大小小的兵变图谋超过 200 次。派别众多的地方分裂势力严重威胁社会稳定,菲律宾境内活跃着多股叛军,其中最大的当属"摩洛伊斯兰解放阵线"。

腐败滋生是菲律宾的一大政治毒瘤。中国社会科学院政治发展比较研究课题组 2013 年对菲律宾有经典总结:菲律宾是美国的"小儿子"、政治是生意而生意是政治、每一位菲律宾官员都有一把可以打开它的钥匙、菲律宾民主在救赎它自己。这 4 句话映射了菲律宾在"民主"的外衣下真实的家族统治以及腐败的实质。世界经济论坛 2016—2017 年全球竞争力报告数据显示,菲律宾的道德腐败指标在 138 个经济体中排名 102 位,2.8 分的得分已接近末位水平,也是东盟国家中最低的。腐败现象一定程度阻碍了工业化进程,因而增大了其深陷中低等收入国家群体的可能。菲律宾政府债台高筑、税收不足,导致其无力施行财政预算计划。2016 年菲律宾的财政赤字恶化至 GDP 的 2.4%,同比高出 166.67%。

菲律宾自然灾害频发。菲律宾地处环太平洋火山地震带和台风带的中心位置,使菲律宾常年遭受着台风、地震和火山喷发的威胁。联合国每两年发布的"减少灾害风险评估报告"显示,灾害对于低收入和中等收入国家来说影响尤其严重。菲律宾财政部长 Cesar Purisima 曾表示,"自然灾害导致的金融冲击阻碍着菲律宾实现经济发展和减少贫穷的目标"。自然灾害对菲律宾的公共基础设施、固定资产和企业生产等都带来严重破坏,这些均是经济增长和发展的重要支柱。

(2)商业环境和基建恶劣阻碍投资

菲律宾的营商环境全球排名落后,根据世界银行的营商环境报告,2017 年菲律宾在所考察的 190 个经济体中排名 99。自美国次贷危机过后的 2010 年至今,菲律宾的营商环境在东盟十国中也处于较低水平。

菲律宾基础设施落后、企业竞争力弱,无法吸引足够的外商来本国投资。菲律宾海陆空基础设施都较为薄弱,成为经济进一步发展的一大阻碍。世界经济论坛 2016—2017 年全球竞争力报告数据显示,菲律宾的基础设施建设在 138 个经济体中排名 95 位,其中交通基础设施排名 90 位、电力和通信基础设施排名 95 位。与相邻的其他东盟国家的基础设施相比,新加坡的世界排名为第 2 位、马来西亚第 24 位、泰国第 49 位、印度尼西亚第 60 位、文莱第 78 位、越南第 79 位。

从收入分配的角度来看，菲律宾的贫富两极分化十分严重。从世界银行的数据可知，2011年菲律宾的基尼系数为0.411，且自此以后其值都在0.4左右波动。巨大的贫富悬殊给菲律宾政局动荡埋下了经济隐患，也导致了腐败的恶性循环，它与使菲律宾陷入"中等收入陷阱"的因素互为因果，并形成恶性循环，进一步放大其所产生的负面效应。

（3）服务业带动、工业为辅、农业疲软的薄弱产业基础

菲律宾过早的去工业化导致其制造业缺乏主导产业，工业在国民经济中的占比长期偏低，无法成为经济发展的主引擎。工业的就业、收入和产量的乘数效应比农业和服务业更大。积极发展工业对第一、第三产业也有推动作用，工业不仅能促进农业部门的升级和多元化发展，还能刺激对高附加值服务的需求，完整的工业化是一国跨越"中等收入陷阱"的关键。然而，菲律宾的工业发展自20世纪80年代就开始呈现疲软态势：1983年的政治经济危机使菲律宾制造业产量和劳动参与率都出现下降；发展到20世纪90年代，菲律宾工业部门普遍效率低下并具有寡头垄断的特征。菲律宾制造业停滞的原因有两点：一是缺少外商直接投资，二是缺乏从农业到制造业的结构转型。

2015年，菲律宾的服务业、工业和农业附加值占GDP的比重分别为57%、33%和10%；与2000年相比，农业显著下降了28.57%、工业下降2.94%，而服务业占比则提高了9.62%；就业人数方面，自20世纪80年代起，服务业就业比重一直稳步攀升；工业从1981年开始下降，1988年出现小幅反弹，并在此后长期徘徊于15%上下；而农业就业人数则从占总就业人口的一半以上，下降至2015年的不到30%，并且总体仍保持明显下降趋势。2015年，菲律宾服务业、工业和农业就业人数占就业总人数的比例分别为54.65%、16.20%和29.15%。

服务业过早超过工业成为驱动经济发展的主引擎，但菲律宾的服务业主要以服务外包和劳务输出为主，现代服务业和生产性服务业的比重较小。菲律宾早已成为全球呼叫中心之都和外包首选地，2015年菲律宾国内有上千家BPO（商务流程外包）公司，产值达220亿美元，同比增长16.4%，共吸收就业120万人。在Tholons 2014年公布的全球服务外包目的城市百名榜单中，马尼拉取代印度孟买成为全球第二重要的业务流程外包地。另外，菲律宾的海外劳工（OFWs）在经济发展中占据重要地位，根据菲律宾统计局数据，

2015 年 4 月至 9 月菲律宾海外劳工总计 240 万,其中海外合同工(OCWs)占比 97.1%,他们在此期间汇回本国内的数额约为 1803 亿比索(36.4 亿美元),是菲律宾经济的重要支撑,预计到 2022 年将达到 667 亿美元。菲佣被称为"世界上最专业的保姆",早已为世人熟知,这部分就业人口能够拉动菲律宾国内消费增长,但对提升国内整体就业作用甚微,长期来看对菲律宾经济发展难以起到积极作用。此外,旅游业作为菲律宾的支柱产业之一,虽然近年增长势头迅猛,但与 2015 年印度尼西亚接待外国游客近 1000 万人次、泰国 2600 万人次、马来西亚 2700 万人次相比,菲律宾相差甚远。

农业方面,虽然菲律宾粮食生产取得较大成就,但每年仍需要大量进口大米以满足国内需求。菲律宾作为群岛国家,自然灾害频繁,农业受到很大影响。菲律宾大米的自足供给率在 2013 年达到 96.81% 后,连续两年大幅下降,2015 年仅为 88.93%。2015 年,菲律宾农产品出口收入锐减 21.57%,主要出口农产品为椰子油和新鲜香蕉,同年农产品进口开支则大幅增长 13.86%,主要进口农产品为大麦,农产品出口持续赤字。2015 年菲律宾农业部门支出达到 1144.6 亿比索(约 23.11 亿美元),同比增长 31.86%,占据国家支出总额的 4.39%;农业贷款增长至 8325.9 亿比索(约 168.10 亿美元),其中 32% 用于农作物生产,农业发展疲软已成为菲律宾政府的一大负担,薄弱的工农业基础导致菲律宾难以提升经济发展质量,因此长期陷于"中等收入陷阱"而无法摆脱。

(二)菲律宾的金融市场概况

菲律宾金融系统由银行和非银行金融机构组成,银行分为全能银行(也被称为扩大的商业银行)、商业银行、存款银行(包括储蓄与抵押银行、股票储蓄与贷款协会以及私有发展银行)、农村银行、合作银行和伊斯兰银行。非银行金融机构包括保险公司、投资公司、金融公司、证券交易商与经纪商、基金经理、债权投资者、养老基金、典当行以及非股票储蓄与贷款协会等(刘国民,2017)。

菲律宾金融体系主要由银行尤其是商业银行主导,但非银行金融机构的重要性近年来有所提高。2006 年菲律宾的银行体系在金融体系总资产中所占比例为 81%,其中商业银行所占的资产比例达到 72%,同时农村银行的资产比重为 2%,存款银行的资产比重为 7%。非银行金融机构资产占 GDP 的比重则从 1997 年的不到 8% 上升至 2006 年的约 28%，其在金融体系中的资产比重为 19%。非银行金融机构中，保险部门占据了主导地位，自 20 世纪 80 年代起，其在非银行金融机构资产中的比重显著上升，2005 年达到近 80%。值得一提的是，约 60% 的保险部门资产由两家政府保险公司，即政府服务保险体系和社会保险体系所持有。

菲律宾金融体系的总资产在 1996 年约为 5800 亿比索，之后持续增长，2006 年达到 23000 亿比索；即使在历经 1997 年东南亚金融危机肆虐的 1998 年仍保持 0.35% 的增长，但其增速遭遇严重打击，由金融危机之前平均 30% 左右的增长率降至平均 6% 左右。金融资产占 GDP 的比重也自 1997 年一直处于下降趋势，1997 年菲律宾的金融总资产达到 GDP 的 140%，随后持续下降，到 2006 年这一比重已经下降至 102%。

1. 菲律宾银行业概况

从菲律宾商业银行的所有权资产分布来看，菲律宾商业银行大部分为私人部门所有，国内私人银行在过去 20 年里一直持有整个商业银行体系总资产的 70% 以上。外资银行分行和子公司所占资产从 1994 年的 9% 提高到 2001 年的 19%，之后由于几家外资银行子公司被国内私有银行收购而下降到 2006 年的 15%。

菲律宾银行体系的特征之一是由少数大型全能银行和大量小型银行所主导，其赫芬达尔—赫希曼指数（Herfindahl-Hirschman Index）曾在 20 世纪 90 年代上半叶持续下降，这主要是因为当时新增银行尤其是外资银行的进入使集中度下降。在 1997 年亚洲金融危机后，该指数持续上升，2001 年后又缓慢下降。菲律宾前五大商业银行所占资产比重与该指数具有同样的变化趋势：1997 年为 37%，金融危机之后其资产比例持续增加，在 2001 年高达 49%，随后又缓慢下降至 2006 年的 46%。

菲律宾在亚洲金融危机后，不断出台银行改革的举措，包括暂缓发放银行牌照、提高最低资本要求等，这促进了银行的合并，导致其银行数量由 1997 年的 1003 家降至 2005 年的 879 家，到 2006 年 12 月只有 826 家。但在此期间银行的代理分支机构有一定增长，2001 年为 6656 家，2006 年 12 月已增长至 6848 家，这主要归功于农村银行分支机构从 2001 年的 1133 家增加到 2006 年的 1336 家（米罗，梅拉利·S，蔡鸿志，2007）。

（1）存贷款规模

受益于银行体系分支机构的增加和自动银行设备的大量采用，菲律宾的存款规模自 20 世纪 90 年代中期起持续迅速增长，1996 年为 12710 亿比索，到 2007 年 6 月增长了 159.63%，约 33000 亿比索。但与其相对的，贷款规模则增长较慢，从 1996 年的约 12217 亿比索增长至 2008 年 3 月的约 21218 亿比索，增长幅度为 73.67%。

（2）资产质量

菲律宾贷款规模主要受限于 1997 年亚洲金融危机后银行过高的不良贷款比率。1996 年，菲律宾商业银行的不良贷款率为 2.8%，1997 年上升到 4.7%；此后由于金融危机影响，不良贷款率迅速攀升至 2001 年的 17.3%，随后逐渐下降到 2005 年的 8.2%，2008 年 3 月，下降到 4.5%。

菲律宾政府为解决银行不良资产的问题，实施了建立资产管理公司的 SPV 计划和安全化计划，不良贷款率的持续下降反映出这些计划起到了积极作用（范香梅，彭建刚，2005）。菲律宾商业银行的资本充足率在 2005 年 3 月达到 18.1% 的高点，这一水平远远高于菲律宾央行要求的 10%，也高于巴塞尔协议 I 和巴塞尔协议 II 的 8%。值得注意的是，菲律宾商业银行的资本充足率从 2000 年以来一直高于泰国、马来西亚和韩国等国家。

（3）盈利性

菲律宾银行体系的盈利能力自 1997 年亚洲金融危机以来持续下降，1996 年菲律宾银行的净资产收益率约为 17%，资产收益率约为 2.2%，1997 年为 13% 和 1.6%，之后受金融危机影响，银行盈利水平持续下降，2001 年仅为 3% 和 0.5%；随后由于银行大量不良资产的转让，净资产收益率和资产收益率又出现上升，2003 年回升至 9% 和 1.4%。2004 年，菲律宾提高了银行贷款损失准备要求，这在短期内影响了银行的盈利能力，因此 2004 年菲律宾银行的净资产收益率和资产收益率下降至 8% 和 1.1%；但此举从长期来看具有积极作用，因此 2005 年净资产收益率和资产收益率又开始上升，2006 年达到约 11.5% 和 1.5%。

2. 菲律宾央行的金融政策

2002 年，作为金融政策的框架之一，菲律宾央行正式提出通胀目标。其金融政策的具体实施手段包括两种类型：一是存款准备金率和各种贷款规则等能够对金融机构的资产负债表产生直接影响的措施；二是改变短期政策利率及公开市场操作等能够对金融机构的投资活动产生影响的措施。自 2011 年第三季度起，由于欧洲债务危机持续发酵，菲律宾的外需大幅减少，经济增长减速，菲律宾央行于 2012 年 1 月实施了降低政策利率的措施，目的为刺激国内经济；截至 2012 年 10 月，共实施了 4 次合计 1% 的降低利率措施。

菲律宾央行还利用 1997 年 11 月建立的短期特别存款账户（SDA），将其作为干预外汇市场所产生的国内流动性的主要吸收手段。2007 年菲律宾比索急速升值，菲律宾央行大规模买入美元抛售比索，并通过 SDA 进行比索资金冲销干预（何军明，2008）。同年 4 月，为提高这一效果，菲律宾还允许通过金融机构的信托账户开设 SDA。2013 年之前，菲律宾央行把 SDA 利率固定在比逆回购利率略高的水平，并随着政策利率改变；2013 年 3 月之后，根据菲律宾央行的公开声明，为了灵活实施金融调节手段，此后将充分利用 SDA 这一手段，2013 年 1 月至 3 月一系列的 SDA 利率下降便是基于上述原因。从菲律宾央行 SDA 的余额变动来看，2007 年急速增加，该年比索对美元汇率迅速增长；2009 年以后，SDA 余额随比索对美元汇率逐步增加，2013 年后占央行负债账户的 40% 以上。

3. 菲律宾的货币政策

菲律宾的货币政策是菲律宾当局为实现宏观经济目标而对货币供应量进行调节和控制所采取的政策，其主要目标有如下三点：一是维护菲律宾比索的货币价值对内对外的稳定；二是保持菲律宾比索对其他可兑换货币的自由兑换能力；三是发展有利于经济平衡和持续增长的货币、信贷和汇兑的条件。

殖民地时代，菲律宾实行自由兑换外汇的准备货币制；独立以后，菲律宾央行开始推行一种有管理的货币为基础的货币政策。自 2002 年起，菲律宾开始实行通货膨胀目标制的货币政策框架。考虑到货币政策的时间滞后特征，菲律宾政府会提前两年公布未来计划实现的通货膨胀目标。该目标由菲律宾央行和发展预算协调委员会共同设定，后者是一个跨机构的经济计划组织，制定通胀目标选取的指标为 CPI 的年平均同比变动值。

菲律宾货币政策的执行手段主要包括存款准备金、限制银行最高存款和贷款利率以及执行选择性的信贷管理。第二次世界大战后，菲律宾中央银行为了促进本国农业和工业的发展，经常强制性地实施贷款优先次序和信贷分配方法以及风险性资本比率方法，从而保证菲律宾在建国初期金融体制的稳定发展。菲律宾是亚洲较早开始利用外资的国家，1962 年菲律宾就取消了外汇管制，通过多次制定法律并采取一系列优惠政策措施来鼓励外国投资，对其经济发展起到积极的作用。发展到 20 世纪 70 年代初，为了有效地运用资金，菲律宾政府开始进行金融体系的大改组，具体的举措包括修改银行法、鼓励银行扩大规模以及改善金融当局对国内流动资金和信贷资金的经营管理等。1976 年，菲律宾正式开始允许外资银行在马尼拉开设分行，同时政府也允许有条件的本国商业银行开设外币存款机构。1980 年，菲律宾政府再次改变了金融体系以推动竞争、提高效率并扩大长期资金供给。但 1983 年，菲律宾遭遇了国际收支危机和高通货膨胀率；因此，1986 年菲律宾中央银行实施了强有力的金融改革，实行了紧缩的货币政策和财政政策，这些举措使菲律宾经济又回到稳定增长的轨道上。

20 世纪 90 年代，菲律宾经济增长有所增强。1992 年，菲律宾放开了资本项目。到 1994 年，尽管菲律宾货币管理局极力想要将通货膨胀率控制在 10% 以下的水平，但巨额的资本流入导致基础货币扩大，当年货币供应量暴增 24%。资本流入带来菲律宾的直接资本投资和证券大大增加，也导致比索大幅度升值以及菲律宾中央银行的净外汇资产和流动资金增大。这表明在浮动汇率制下，实际的资本收支变动会增加货币管理的困难，因此菲律宾不得不采取强硬措施管制利率和汇率（周颖，2006）。

目前，菲律宾的货币政策为自由浮动的汇率制度，但是如果汇率出现大幅震荡，菲律宾中央银行会进行适当干预。

（三）菲律宾的金融脆弱性分析

菲律宾的金融体系在经过 1997 年亚洲金融危机的冲击后有所恢复并取得进一步发展。然而 2007 年，美国次贷危机爆发，对菲律宾再次造成了显著的冲击，造成银行业存款增幅下降、贷款规模首次呈下跌态势，盈利状况剧烈波动，盈利能力趋于下降等问题；但是菲律宾银行业的经营风险却在危机后趋于下降。这归功于菲律宾政府、央行及银行业采取的一系列的积极应对措施。

菲律宾财政部数据显示，2009 年全年菲律宾财政赤字支出为 2985 亿比索，超出计划支出额 485 亿比索，相当于菲律宾当年 GDP 的 3.9%。为了应对经济危机，菲律宾政府 2010 年实施了 3300 亿比索的经济刺激计划并作出三项重要举措：第一，放宽对政府重点支持的项目建设所需贷款的限制。根据菲律宾政府 2008 年 5 月 12 日的 654 号公告，银行对能源等重大项目给予资金支持。第二，优化政府的养老金和退休计划。菲政府鼓励原有的养老金成员增加各自贡献，以填补养老基金资金缺口，同时增加监管机构并对养老金制度改革的可行性进行研究。第三，努力为中小企业增加资金来源，解决融资问题。

此外，在经历金融危机的情况下，菲律宾政府采取了降低利率、扩大货币供给等政策，帮助菲律宾银行系统逐渐从金融危机中恢复过来。

经济基本面是一个经济体运行的基本表现，良好的经济基础是经济体安全运行的保障。据《菲律宾星报》2019 年 6 月 21 日报道，根据菲律宾央行（BSP）行长迪科诺在华莱士商业论坛（WBF）的一次演讲的说法，菲律宾已进入"金发姑娘"（Goldilocks）经济阶段，即经济增长率高、通货膨胀率低的"恰到好处"的混合状态，"预计经济增长将保持稳定而不会出现过热的风险"。他表示，在金融稳定方面，希望通过不让市场增加新的风险和脆弱性来维持"金发姑娘"经济，即不仅关注增长和价格稳定，还考虑弹性，进一步加强系统灵活性和发展金融市场仍然是政策的当务之急。

根据彭博（Bloomberg）数据库的 Chinn-Ito 指数、美元加息前后三个月汇率的变异系数和来自 WDI 中的银行不良贷款比例，可一定程度上判断一个国家的金融稳定性（北畠重显，柳弘，2013）。具体而言，Chinn-Ito 指数数值越大，说明金融自由化程度越高，资本管制的程度越低，抵抗金融风险的能力越弱；1997 年亚洲金融危机期间，就是因为不少国家在固定汇率制度的安排下，同时开放资本账户导致金融危机的发生，所以资本账户开放度是非常重要的指标。由于 1997 年亚洲金融危机的教训，现在对资本账户都实行较严格的资本管制，同时银行体系的不良贷款比例也较低，比如菲律宾为 2.1%；由于这些良好的管理，加上外汇储备充足，在面临美联储加息导致资本从新兴市场国家撤离的压力下，菲律宾比索在一个月内贬值的幅度在 1% 以内；同时，菲律宾在美联储加息前后三个月内汇率的波动也较小，说明其稳定币值能力较强。美联储加息前后三个月汇率的变异系数可在一定程度上说明一国货币当局稳定币值的能力，其值越大，说明稳定币值的能力越弱。来自 WDI

中的银行不良贷款比例越大说明一国银行体系的不良贷款问题越严重，面临的金融风险越大。菲律宾经济基本面、偿债基础和金融稳定性均表现较好，如2015年第三季度菲律宾GDP增速为6%，短期外债/总外汇储备为20.4%，同时对资本账户保持较高的管制，在加息的背景下币值表现相对坚挺。据此判断，菲律宾的金融稳定性较强。

1. 菲律宾的银行脆弱性分析

（1）菲律宾银行业面对2008年国际金融危机的举措

2007年美国次贷危机爆发并迅速传遍全球，菲律宾中央银行随即发布了一系列措施，通过对信贷质量的控制和商业银行的监管等手段来化解系统风险。2008年11月，菲律宾发布了一系列关于债券回购协议监管意见，紧接着于12月又发布了关于各类金融机构的监管措施。根据2009年5月发布的653号公告，菲律宾中央银行新增加了关于信托金融审计的指导意见，该文件要求信托机构须严格依照PFRS或PAS标准提供审计报告，这有助于菲律宾国内会计标准统一并与国际接轨，还有助于风险控制指标统一（刘才涌，林建坤，2010）。

菲律宾中央银行为提高监管水平，还在此次危机中加快推进金融执行法律，目的是将金融部门从银行及其他金融机构的闲置资产中剥离以减少不良资产。菲律宾中央银行修改了包括诉讼在内的多个章程，改变了流动性援助战略；并通过提高透明度、加强问责制的手段来防范国际标准规定的系统性风险。同时，菲律宾政府还注重保护投资和债权的权益。为使菲律宾经济发展摆脱低迷状态，菲律宾央行在7个月内6次调整了其基准利率以刺激经济发展，共计降低了25%的隔夜拆借利率。2009年第四季度，菲律宾的GDP增长率达到了1.8%，相比上一季度创造的1997年以来最低的0.4%的GDP增速取得了显著成果。

面对金融危机，菲律宾银行通过加强经营管理水平提高了抗风险能力。相比发达国家，菲律宾银行业开放程度较低，外国资本未能撼动国内银行的垄断地位；菲律宾银行业与国际金融市场的联系也不甚紧密，其金融市场受国际金融危机的直接冲击较小，但国际金融危机依然对菲律宾银行业造成了间接冲击。于是自2009年起，菲律宾银行系统进行一系列的改革，保障了银行系统在此次金融危机中平稳前行，措施有：一是加大银行之间的并购。到

2009 年 3 月底，菲律宾的银行机构（包括总部）数量从上年同期的 845 个减少到 811 个，反映出其银行业持续整合、优胜劣汰的态势，包括 38 个商业银行，76 个储蓄银行（TBS）以及 697 个农村银行（RBS）。虽然机构数量减少，但经营网点相比上年同期的 6787 个增加至 7743 个。银行机构数量减少而经营网络扩大，反映出菲律宾银行通过合并收购提高了资本经营的规模竞争力。二是放松政府优先发展项目的贷款以支持建设。三是提高风险管理水平。包括提高对电子货币发行方的报告要求、加强银行系统客户管理和进行反洗钱行动等措施。

（2）菲律宾银行业在 2008 年国际金融危机后的稳定性情况

①银行业基本运行状况保持稳定

存款规模增长率下降，增长额下降。2008 年上半年，菲律宾经济延续 2007 年的快增长，外资、侨汇大量流入，银行存款快速增长（何军明，2008）。2008 年第三季度和第四季度分别环比增长 4.6% 和 7.4%；但 2009 年受国际金融危机影响，存款增幅大幅下挫，第一季度和第二季度仅分别增长 0.4% 和 1.9%，第二季度增幅虽有所回升，但远低于危机前的增长水平。贷款规模呈下降趋势。受国际金融危机影响，2009 年菲律宾各大银行机构缩紧银根，提高信贷门槛以防止不良贷款率迅速上升。同时，各产业部门也降低了银行贷款需求。菲律宾商业银行 2008 年 12 月贷款总额为 25023 亿比索，2009 年 1 月下降至 23795 亿比索；2010 年 1 月，随着金融危机影响淡化，贷款总额增长至 25826 亿比索。此后，菲律宾经济总体保持稳定，贷款总额也逐年攀升，并于 2019 年第二季度超过了 10 万亿比索，截至 2019 年底，菲律宾的贷款总额达到 107974 亿比索。

资产负债状况有一定改善。2008 年，菲律宾银行业的资产与负债同步增长，在第四季度资产达到历史最高的 5.03 万亿比索，负债为 4.5 万亿比索。2009 年第一季度银行资产回落到 4.99 万亿比索，负债降至 4.45 万亿比索。第二季度、第三季度银行资产负债分别为 5.09 万亿比索、5.06 万亿比索和 4.52 万亿比索、4.49 万亿比索。资产负债率方面，2008 年持续走高，第四季度达到 89.65%；2009 年第一至第三季度分别为 89.23%、88.91%、88.58%，根据《巴塞尔协议》，银行资产负债率在 92% 以下为合理水平。多年来菲律宾银行业的资产负债率基本稳定在 87%~89%，符合巴塞尔协议的要求。

②银行业风险程度有所下降

经营风险下降。银行业的经营风险主要体现在存贷比、负债/流动资产比和权益乘数。正常情况下银行的存款应大于贷款，即存差，因为银行需要保留足够的法定准备和超额准备，通常贷存比的合理上限为75%。受强烈避险情绪影响，2009年菲律宾制造业、个人及非居民贷款需求下降、存款稳步上升。商业银行的贷存比有所下降，从2008年3月的68.31%降至2009年8月的64.15%，下降了4.2%。2011—2012年，为刺激经济，贷存比迅速上升，最高时超过74%，几乎达到75%的合理上限，2013年后保持正常，2014—2016年，贷存比基本处于68%~70%。银行的流动资产包括现金、存放央行、存放同业、短期证券等，可用来迅速清偿债务，因此原则上负债/流动资产比越低，风险越小。菲律宾银行业此项指标在次贷危机前后变化不大，基本徘徊在2.2。在2009年8月底一度降至2.08，说明其风险有所下降，此后此指标持续保持在低位，一度下降到2以下，直到2015年底才重新上升至2.1左右。2008年国际金融危机爆发后，菲律宾商业银行股本乘数变小，从2008年6月的9.56下降至2009年8月的8.78，总体经营风险趋小，这得益于银行企业持有债务相对于资产增加的减少。

资本充足率下降。从2006年开始，虽然菲律宾银行业的资本充足率不断下降，但银行体系仍然保持足够的资金，其平均值单独计算依然强劲地保持在14.7%，而合并计算为15.5%，远高于菲律宾中央银行规定水平（10.0%）和国际清算银行标准（8.0%），高于马来西亚（14.2%）、韩国（10.9%），但比泰国（15.9%）、印度尼西亚（17.8%）低。2009年3月，菲律宾银行系统在经过金融危机的冲击后，资本充足率（合并计算）为15.5%，虽然比2008年同期略有下降，但仍然远远超过菲律宾中央银行与国际清算银行的标准。

不良贷款风险下降。不良资产比率越大，说明银行贷款不能收回的风险越大。国际金融危机爆发后，菲律宾商业银行的不良资产逐年下降的同时资产总额上升，因此不良资产率下降。2008年底，商业银行贷款总额达到2.5万亿比索，2009年9月减少为不到2.4万亿比索，不良贷款率相应由4.03%减少至3.5%。这一水平低于印度尼西亚的4.7%，高于泰国的3.1%、马来西亚2.2%和韩国的1.1%。近十年以来，菲律宾的不良贷款率逐年下降，特别是在 2016 年杜特尔特上台执政后，不良贷款率一直保持在 2.2% 以下。

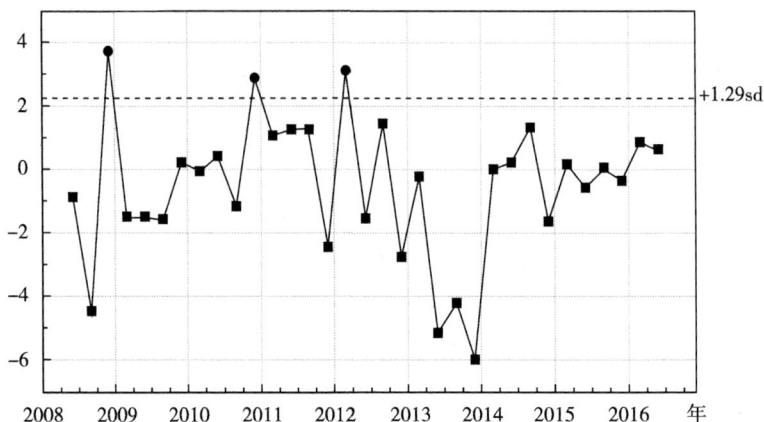

图 4-21　菲律宾的银行系统压力指数

(资料来源：菲律宾中央银行，IMF)

　　通过分析计算得到菲律宾的银行系统压力指数，不难发现菲律宾银行系统总体比较稳健，这和上述菲律宾银行业的经营和稳定性数据所反映的基本吻合，出现压力较大，存在危机风险的时间主要是在次贷危机的影响蔓延后和欧债危机的影响蔓延后，由于菲律宾海外劳工很多，发达国家经济衰退对菲律宾的劳务输出有很大影响。另外，除欧洲债务危机的持续影响，2011 年还存在国际油价上涨、日本福岛地震、泰国洪水等一系列不利因素，因此菲律宾的银行业在进入 2012 年后其压力指数波动较大（见图 4-21）。引起压力指数增大的主要原因是 2011 年后，为刺激经济，菲律宾银行业贷款规模增大，2012 年贷存比一度超过 74%，扩大贷款的同时，不良贷款率也在一定时间段内有所上升。

　　(3) 菲律宾银行业面临的问题与挑战

　　①资产管理水平亟待提高

　　在菲律宾银行系统中，业务支出长期占据收入的 80% 以上，反映出其银行业经营的低效率。另外，审计不严格、信用评级缺失、信息披露不够等问题也在困扰部分银行的发展。目前，有实力的外资银行暂时无法对菲律宾银行系统主营业务进行市场冲击，但如果其银行业未能实现资产管理水平的提升，开放金融市场时将面临更复杂的改革环境。菲律宾自 1994 年起允许外资银行进入其金融市场，但国内的法律始终未跟上，导致许多外资银行无法设立营业网点。因此，绝大部分居民存款业务只能由其本国银行处理，这虽然使其本国银行资产收益率走高，但也限制了外资银行获利的可能性，还使国内银行无法在竞争中提升其发展水平。而随着其银行业开放和竞争加剧，这种高资产收益率难以持续。

②监管机构管理水平相对滞后

总体而言，菲律宾银行业发展较缓慢且监管机构的管理水平相对滞后，菲律宾中央银行应对国际国内金融市场各种情况的经验相对欠缺，政府对银行业的监管立法及控制能力也相对落后。由于菲律宾中央银行根据巴塞尔协议，不断提高银行部门的资本金要求和呆账、坏账准备金要求，银行的营运资本增加，资金的流动性降低，提高了银行的资金成本，问题银行不断出现。

随着金融管制逐步解除、金融市场逐步开放、金融创新以及市场竞争的加剧，菲律宾银行业也必须在产品和服务上不断改进和创新。伴随着新的发展机会，信贷风险、市场风险和流动性风险也随之增大，因此必须加强管理。但菲律宾银行业风险管理水平相对较低，金融市场开放带来的不断增大的利率波动使银行管理风险增大。

③急需提高金融机构的财务信息透明度

菲律宾金融机构财务透明度不足，会计内容披露距离国际一般性标准具有较大差距，外部审计员制度经常受限于商业利益而未起到真正的监督作用。由于缺乏评估标准，菲律宾银行业资产评估可靠性较差，其财务报表往往出现问题和潜在风险。公开信息披露不足也容易导致谣言横行，对市场信心和市场效率造成负面影响。

2. 菲律宾的货币脆弱性分析

2009 年国际金融危机过后，菲律宾持续放松外汇管制：据菲律宾《星报》报道，菲律宾政府 2010 年 10 月 28 日批准对外汇管理框架进行第四阶段改革，内容包括允许居民从指定银行购买外汇用于向国外投资，投资菲律宾债券和其他债券的外汇限额由 3000 万美元提高到 6000 万美元等；菲律宾《商报》2011 年 11 月 21 日报道，菲律宾央行放宽外汇管制，允许企业和居民在没有得到央行事先批准的情况下进行外汇交易；菲律宾《马尼拉今日旗帜报》报道，菲律宾央行货币政策委员会 2012 年 3 月 16 日将不需申报的外汇交易额度从 5 万美元提高到 50 万美元，使进出口付款更加便捷；据菲律宾央行网站 2013 年 4 月 18 日公布的消息，菲律宾央行宣布已进一步放宽对外汇出入境的管制。菲律宾央行在 2013 年 10 月 18 日签署的第 185 号备忘录通知称，新外汇规则将在全国性报纸刊登后的 15 天后正式生效，新规则使外国投资者通过银行把比索转移出去变得更加容易。

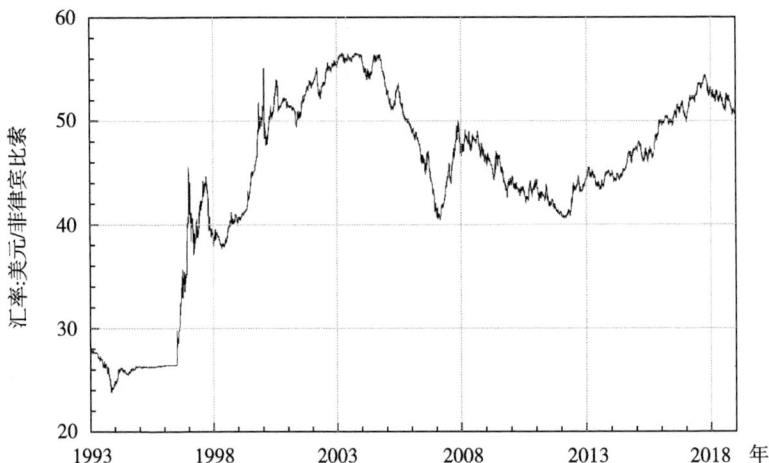

图 4-22　菲律宾比索的汇率变化

（资料来源：Wind 数据库）

2015 年底，美元加息，至 2016 年初，菲律宾比索是亚洲货币中表现最差的一个，杜特尔特执政后，此趋势有所好转。2016 年底，美元再次加息。在新兴经济体中，菲律宾偿债能力较强；综合考虑资本账户开放度、汇率贬值风险、汇率波动风险和银行的不良贷款比重，菲律宾金融稳健性表现较好，其对资本账户管制较严格，银行体系的不良贷款比例也较低，为 2.1%。加上外汇储备充足，在面临美联储加息导致资本从新兴市场国家撤离的压力下，菲律宾比索在一个月内贬值的幅度在 1% 以内，加息前后三个月内汇率的波动也较小，说明其稳定币值能力较强。

由于 2016—2018 年，美元进入相对强势的阶段，据菲律宾《每日问询者》报道，菲律宾比索 2018 年 9 月 5 日兑美元汇率达到 53.56∶1，跌破了 2006 年 7 月设定的 53.55 的保障线，金融机构纷纷抛售比索。美元的强势和新兴市场货币危机给比索带来极大的压力，比索疲软、国际原材料市场价格上涨和国内税改导致菲律宾通胀加速上涨，2018 年 8 月通胀率达到 9 年最高点6.4%。整个2018年，菲律宾比索的汇率可谓跌宕起伏但总体下行明显。2018年底，菲律宾比索反弹至6个月高点（见图4-22）。

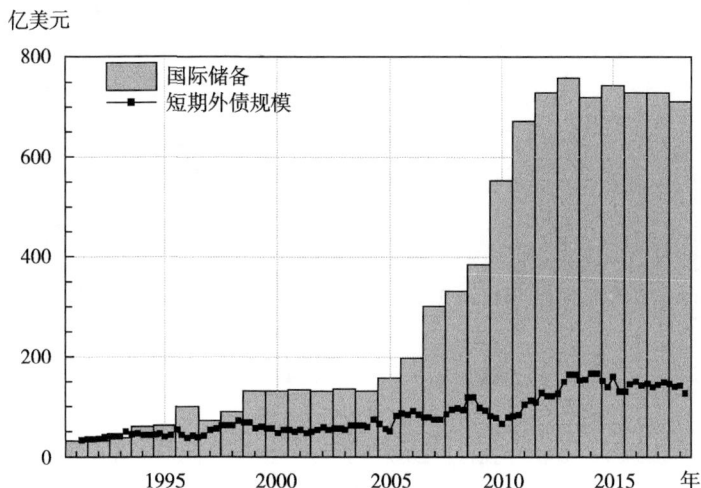

图4-23 菲律宾的国际储备和短期外债规模

（资料来源：IMF）

2019年初，亚洲货币基本保持坚挺，菲律宾比索也看涨。但年中美国上调对中国输美商品的关税税率，导致投资资金流向发生很大变化。随着中美贸易摩擦加剧，菲律宾比索的上涨势头迅速消退，经济衰退的担忧不断上升。由于海外投资者抛售本地股票以及菲律宾央行2019年第二次降息，比索兑美元汇率从8月的近18个月高位迅速回落。

尽管菲律宾汇率因为种种原因在近年起起伏伏，但如前文所说，由于1997年亚洲金融危机的教训，菲律宾对资本账户实行较严格的资本管制，由于这些良好的管理，加上外汇储备充足（见图4-23），在面临美联储加息导致资本从新兴市场国家撤离的压力下，菲律宾比索在一个月内贬值的幅度在1%以内；同时，菲律宾在美联储加息前后三个月内汇率的波动也较小，说明其货币稳定性较强（彭菲娅，刘兵权，2010）。

从图4-24所示的菲律宾的外汇压力指数上也可以看出，总体而言菲律宾外汇市场压力比较稳定，但2014年末到2015年初外汇市场压力陡增，这一阶段是菲律宾就南海问题向联合国仲裁法庭发起对中国的诉讼时期，其出口受到一定影响。同时，2013年末菲律宾还放宽了外汇管制，这数月间，比索快速贬值，银行的隔夜拆借利率迅速抬高，外汇市场流动性增强，利率的脆弱表现明显。随着南海诉讼的失败和阿基诺三世下台，中国和菲律宾的关系趋稳向好，菲律宾在政治、经济、外汇等方面也都进入稳定期。

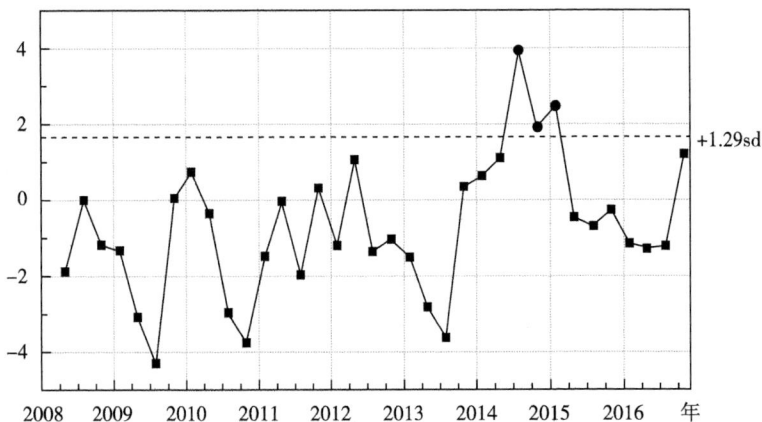

图 4-24 菲律宾的外汇压力指数

（资料来源：Wind 数据库，BIS 数据库，经作者计算）

据《日本经济新闻》评论分析，菲律宾经常项目收支赤字，经济结构相对脆弱。市场一旦出现规避风险的倾向，比索容易成为出售对象。2019 年第二季度后，中美贸易摩擦导致全球贸易紧张局势加剧，海外基金在 7 月减持了 2.26 亿美元的菲律宾股票，而此前它们已在今年前 7 个月投资了 4.88 亿美元。菲律宾政府在 8 月 8 日表示，第二季度其 GDP 增速意外放缓至 5.5% 的四年低点，当地经济的萧条也在拖累货币，迫使菲律宾央行将利率下调 25 个基点至 4.25%。与此同时，由于预算被推迟 4 个月批准，经济受到阻力，杜特尔特总统通过基础设施投资恢复增长的计划受挫。根据研究公司凯投宏观（Capital Economics）的数据，菲律宾业务流程外包（BPO）行业总收入的约四分之三是为美国公司提供服务，雇用了超过 100 万人，行业收入相当于菲律宾 GDP 的 8%，这意味着如果此行业遭受打击可能会减缓整体经济的增长。因此，如果美国政府在贸易和移民劳工方面采取更强硬立场，如对移民工人向海外汇款征税，那么 400 万左右菲律宾人汇回国内的资金，或将相应地减少，这一资金量约占菲律宾 GDP 的 3%，不容小觑。因此，内需不足也是制约菲律宾金融乃至经济稳定的重要因素。

五、印度尼西亚

(一)印度尼西亚的基本情况

1. 印度尼西亚的地理文化简述

印度尼西亚共和国简称印度尼西亚,由约 17508 个岛屿组成,是全世界最大的群岛国家,素有"千岛之国"的称号。印度尼西亚东临大洋洲,西接马六甲海峡,地缘地位十分重要,是太平洋、印度洋间的战略要冲。印度尼西亚疆域广大,人口众多,是东南亚地区最大的国家。陆地面积约 190.4 万平方千米,海洋面积约 316.6 万平方千米(不包括专属经济区),面积较大的岛屿有加里曼丹岛、苏门答腊岛、伊里安岛、苏拉威西岛和爪哇岛等。印度尼西亚人口约 2.6 亿,仅位居中国、印度和美国之后,排名世界第四位。印度尼西亚有超过 1000 万华人,占印度尼西亚总人口约 5%,是世界各国中规模最大的海外华人群体。印度尼西亚没有国教,但却规定必须信仰宗教,约 87% 的人口信奉伊斯兰教的印度尼西亚是世界上穆斯林人口最多的国家。

早在公元 3—7 世纪,如今的印度尼西亚地区就建立了一些分散的封建王国,随后数百年内先后有过不同的王国。从 15 世纪起,葡萄牙、西班牙和英国先后入侵印度尼西亚。1596 年荷兰侵入印度尼西亚,1799 年底在印度尼西亚改设殖民政府。1942 年,日本占领印度尼西业;1945 年日本投降后,印度尼西亚爆发"八月革命",于 8 月 17 日宣布独立。1949 年 11 月,经过与荷兰的多次战争和协商,两国签订《圆桌会议协定》,当年 12 月 27 日印度尼西亚成立联邦共和国,参加荷印联邦。1950 年 8 月印度尼西亚联邦议院通过临时宪法,印度尼西亚共和国正式宣布成立,并于当年成为联合国第 60 个成员国。1954 年 8 月,印度尼西亚脱离荷印联邦。1967 年,印度尼西亚与马来西亚、菲律宾、新加坡和泰国组建了"东南亚国家联盟"(东盟,ASEAN)。此外,印度尼西亚是亚太经合组织(APEC)成员国,还是 20 国集团(G20)中唯一的东南亚国家。作为东盟最大的经济体,印度尼西亚长期以来在东盟一体化进程中起到主导作用。

印度尼西亚是一个总统制共和国,总统既是国家元首,也是政府首脑,并掌管三军。印度尼西亚实行多党制,总统、副总统均由全民直选产生,任期 5 年,总统可连任一次。现行宪法为"1945 年宪法",后多次修订。印度尼西亚的国家权力机关由人民代表会议（国会）和地方代表理事会组成。

印度尼西亚在历史上是排华最为严重的国家之一，从 1740 年的"红溪惨案"起，两百多年内曾发生过许多起大规模的排斥、屠杀、迫害华侨华人的惨剧。最近的一次是 1998 年 5 月 13 日至 15 日，穆斯林发动的一系列针对华人的烧、杀、奸、掳、掠等暴力活动，超过 1500 名华人在此次事件中丧生，此次被称作"1998 年印度尼西亚排华事件"或"印度尼西亚五月骚乱"的暴行震动了全世界，并对中印关系产生了长远的消极影响。2006 年 7 月，印度尼西亚国会通过新的《国籍法》，取消了部分带有种族歧视和性别歧视的内容；2008 年 10 月，印度尼西亚国会通过《消除种族歧视法》；2014 年 3 月，时任印度尼西亚总统苏西洛正式废除苏哈托通过的具有严重排华倾向的 1967 年第 6 号通告，把"支那"改为"中华"，40 多年来对中国和华人的歧视称呼被去除。

2. 印度尼西亚的经济概况

印度尼西亚群岛自公元 7 世纪起，由于地理位置原因就一直是重要的贸易地区。印度尼西亚建国初期，经济发展缓慢，1950—1960 年，GDP 年平均增长率仅为 2%。20 世纪 60 年代后期，印度尼西亚开始进行经济结构调整，于 1967 年放开资本市场，经济发展开始进入快车道。1968 年以来，特别是在 20 世纪 80 年代调整经济结构和产品结构后，印度尼西亚的经济发展取得了不错的成绩，第一个 25 年长期建设计划中，印度尼西亚的 GDP 年平均增长率达到 6%，通货膨胀控制在 10% 以内，一举成为中等收入国家。尤其 20 世纪 90 年代前中期是东南亚国家经济发展的黄金时期，马来西亚、泰国、印度尼西亚和菲律宾因良好的发展局面被称为"亚洲四小虎"。1993 年，印度尼西亚的 GDP 为 1580 亿美元，规模相当于中国的 35%，人均 GDP 还高于中国。

1994 年 4 月，印度尼西亚进入第二个 25 年长期建设计划，即经济起飞阶段。从这时起，印度尼西亚政府进一步放宽限制，吸引外商投资，并大力扶持中小企业发展，同时还尽力发展旅游业。1997 年，受泰国爆发的亚洲金融危机的波及，印度尼西亚经济遭受重创，1998 年印度尼西亚的 GDP 跌幅高达 13.1%（见图 4-25），美元兑印度尼西亚盾（印度尼西亚卢比）汇率的升值幅度接近 600%。为摆脱经济困境，印度尼西亚政府不得不向国际货币基金组织寻求援助。1999 年底，印度尼西亚经济开始逐渐恢复，但整改阻力较大，私企外债、银行呆账等问题难以解决。进入2000年后，印度尼西亚的GDP年平均增长率为3%~4%。2003年，IMF按计划结束了对印度尼西亚的经济监管。2004年苏西洛就任总统后，积极引进外资，大力发展基础设施建设并对金融体系加以整治，经济状况大为好转，GDP增长速度保持在5%以上，并成功抵御了2008年的国际金融危机，在2009年依然保持了4.6%的良好增长。另外，这一阶段印度尼西亚制造业的增长速度都比经济增长速度快。

2014年佐科总统上任后，形象亲民的他在聚焦经济发展、重视基础设施建设、推动降低贫困率等方面作出了诸多努力，启动了高达3500亿美元的基础设施建设计划。2015年10月17日，中国铁路总公司在雅加达与印度尼西亚的四家国有企业签署协议成立合资企业，这标志着中国企业正式赢得雅加达—万隆（雅万）高铁项目。雅万高铁项目全长142公里，最高设计时速为350公里，建成通车后，印度尼西亚第一大城市和第三大城市的通勤时间将由3个多小时缩短至40分钟。雅万高铁项目是"一带一路"倡议和印度尼西亚海洋支点战略对接的重大项目，也是中国高铁整体走出去的第一单。作为东南亚的头号经济体，印度尼西亚计划在2020—2024年继续加大基础设施投资建设，包括新建25个机场、升级165个现有机场、新建发电厂、增加供水和卫生设施等，计划投资总额高达5957万亿卢比（合4120亿美元）。2018年，印度尼西亚的GDP为1.042万亿美元，是世界第16大经济体。但印度尼西亚各地区发展不平衡的问题也比较突出，如首都雅加达人均GDP达到17374美元，居全国首位，而旅游胜地巴厘岛的人均GDP仅为3791美元。

印度尼西亚的工业水平不高，处于产业链较低端的位置，因此虽然政府很重视外贸，但对外贸易的总体水平不高，主要以原油、矿产等为主。20世纪80、90年代，印度尼西亚政府通过简化出口手续，降低关税等手段推动非油气产品出口。1997年印度尼西亚的对外贸易总额达到951亿美元，受金融危机影响，1998年和1999年连续下滑，之后虽有波动，但总体稳步增长。2018年，印度尼西亚的出口总额为1800亿美元，落后于新加坡、泰国、马来西亚和越南，仅排在东南亚第五位，虽然印度尼西亚的经济总量已居东南亚首位，但进出口方面不具备优势。

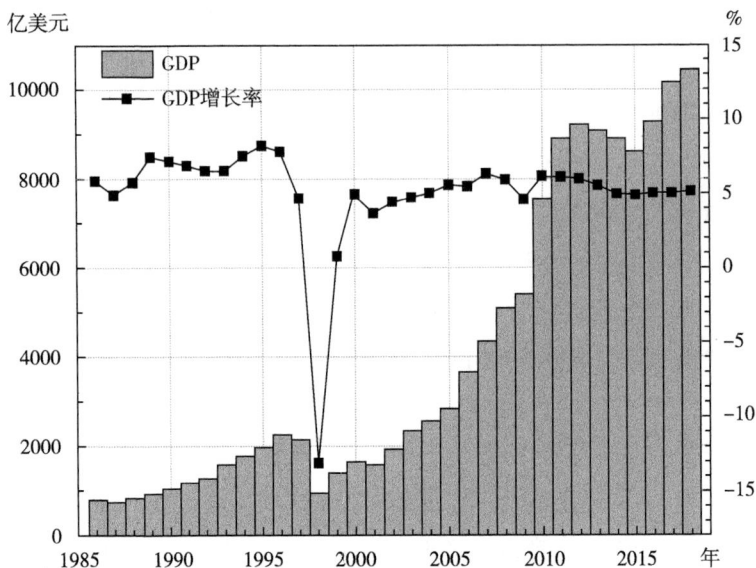

图 4-25　印度尼西亚历年 GDP 及其增长率

（资料来源：IMF）

近年来，中国和印度尼西亚的经贸合作顺利发展，双边贸易增速快速上升。中国已成为印度尼西亚最大的贸易伙伴，进出方面均占据首位，2018 年两国双边贸易总额为 724.8 亿美元，较上一年增长 23%。已有超过 1000 家中国企业在印度尼西亚进行投资经营。截至 2013 年，中国对印度尼西亚的非金融类直接投资累计超过 28 亿美元，而印度尼西亚在中国的投资也有 23 亿美元。2014 年，中国对印度尼西亚的非金融类直接投资同比增长高达 37.6%，为 10.5 亿美元。

3. 印度尼西亚的主要产业

印度尼西亚是东盟最大的经济体，其农业、工业和服务业均在国民经济中占据重要地位。印度尼西亚地处热带，属于典型的热带雨林气候，气候炎热，降水丰富，河流众多，水量丰沛。印度尼西亚自然资源丰富，是石油、天然气以及煤、锡、铝矾土、镍、铜、金、银等矿产资源的重要出口国，曾两次加入石油输出国组织（OPEC）。此外，由于极具特色的热带气候和风景，印度尼西亚的林业、渔业和旅游业资源也相当丰富。工业是印度尼西亚经济最重要的组成部分，占 GDP 将近一半，而服务业则是从业人口最多的产业，占劳动力总数约五成。

（1）农业

印度尼西亚是一个农业大国，全国耕地面积约8000万公顷，逾4200万人从事农业，2013年，农林牧渔业占GDP的比重为15.04%。印度尼西亚炎热潮湿，日照充足，作物生长迅速，出产咖啡、可可、橡胶、棕榈等多种经济作物。印度尼西亚森林覆盖率达54%，热带雨林面积居世界前三，林业相关产业发达。胶合板、纸张等物资在印度尼西亚的出口产品中占据较大份额。

印度尼西亚作为世界上最大的群岛国家，拥有超过8.1万公里的海岸线和580万平方公里的水域面积，其中领海渔业区达270万平方千米，渔业资源丰富，政府估计潜在捕捞量超过800万吨/年，而310万平方公里的专属经济区的渔业资源还未充分开发。

（2）工业

印度尼西亚的工业约占GDP比重的一半。

印度尼西亚油气资源丰富，但自身技术能力有限，石油勘探开发基本只能依靠外国石油公司。印度尼西亚于1962年加入OPEC，2008年初印度尼西亚宣布退出该组织，后又于2015年重回OPEC，但一年后因不愿减产，再次退出OPEC。石油和天然气曾是印度尼西亚的重要出口产品，印度尼西亚唯一一家世界500强企业就是印度尼西亚国家石油公司，然而随其石油资源逐渐枯竭，石油资源输出在印度尼西亚产业中的地位已逐渐降低。2003年之后，印度尼西亚成为石油净进口国。

印度尼西亚的矿产资源丰富，其主要产品有锡、铝、镍、铁、铜、锡、金、银、煤等。印度尼西亚的采矿业为其国民经济发展作出了很大贡献，是出口创汇和财政收入的重要来源，也在提供就业和发展地区经济方面起到了很大作用。

印度尼西亚国内最大的制造业是食品、烟草和饮料等行业，其次是交通运输和机械设备。印度尼西亚钢铁产量很高，但需求更大，超过25%的钢材需要进口。印度尼西亚汽车行业在政府调控以及跨国汽车公司的商业扩张策略的共同作用下，在21世纪发展较快。但印度尼西亚的汽车市场主要由日本厂商控制，没有自有品牌、没有研发投入，更没有专利。

印度尼西亚的工业产值在其经济中占据很大比重，但工业化水平不高，主要的工业出口来源还是初级产品,即印度尼西亚还停留在产业链的底端。在东南亚各国中,印度尼西亚不仅落后于"四小虎"其他成员,甚至已经被越南赶超。此外,印度尼西亚第一大出口市场是中国,出口产品同样以矿产品为主。

(3)旅游业

印度尼西亚的旅游业仅次于电子产品出口,是非油气领域中的第二大创汇行业。印度尼西亚政府一直以来重视旅游资源的开发和配套政策的实施。尽管由于1997年后较长时间内受金融危机、政局动荡、恐怖爆炸、自然灾害、禽流感等不利影响,旅游业发展缓慢,但经过印度尼西亚政府的不懈努力,其旅游业自2007年起增速加快,2012年印度尼西亚的外国游客总数达到804万人。

(二)印度尼西亚的金融市场概况

印度尼西亚的金融制度是在其中央银行的全面监督和指导下,由各类型的专门金融机构所组成的(李春江,赵怀智,1990)。印度尼西亚银行成立于1967年,是印度尼西亚的中央银行,负责调控和监管全国金融市场和机构。

2013年1月开始,印度尼西亚新成立的金融服务局(OJK)开始接管资本市场、保险和养老金以及其他非银行金融机构的监管职能,并从2014年1月开始代替印度尼西亚央行接管了对银行业的监管职能。金融服务局的设立和职能实施是为了更加有效且独立地进行金融监督、管理和服务工作。而在此之后,印度尼西亚央行则主要负责货币政策制定和实施、支付系统的运营与管理以及相关的内部管理等职能,更加专注于确保印度尼西亚卢比的币值稳定和支付系统的安全与流畅等。

1.印度尼西亚银行业概况

20世纪50年代印度尼西亚独立以后,政府将几百家荷兰及其联盟金融机构进行了国有化,成立了印度尼西亚自己的银行,印度尼西亚银行业就此诞生。当时印度尼西亚银行业共有4家商业银行、4家外资银行和100家小型私人银行。

1968年苏哈托上台执政,对金融业开展了大量改革,印度尼西亚银行业得以快速发展。1988年后,印度尼西亚政府陆续出台了一系列放松金融管制的政策,包括可自由成立银行、设立分行、允许成立外资和合资银行、国有企业可在私有银行存款等。这些措施使印度尼西亚的银行拥有了比以往更大的自主权,国内银行网络迅速发展,能够大量吸纳社会资金并用于投资。20世纪 90 年代前中期,印度尼西亚银行数目得到惊人的增长,银行业的贷款金额急速上升。

截至 1997 年亚洲金融危机爆发前,印度尼西亚共有 144 家国内商业银行、4150 家分支行,44 家外资、合资银行和 1527 家政府银行。由于这种爆发式过快的发展速度,银行监管和安全性指标无法及时跟上,印度尼西亚的银行业在金融危机中遭受沉重打击,各银行出现了大量的呆坏账,银行乃至央行的清算均出现了负值,大量银行倒闭。印度尼西亚政府只能对银行业进行重组与整合。

为重振银行业,恢复市场信心,印度尼西亚在 1997—2000 年付出了高达55% 的 GDP 的财政支出来处置银行坏账。1998 年,印度尼西亚银行重整机构(IBRA)成立,该机构的工作包括出售银行资产、私有化大型国有银行等,为印度尼西亚银行业逐步走出困境,稳定发展奠定了基础。1999 年,印度尼西亚政府颁布了新的银行法,成立了专门的银行监督机构,合并四家银行组成了曼迪利银行,这也是目前印度尼西亚资产规模最大的银行。印度尼西亚央行和金融服务管理局痛定思痛,对印度尼西亚的银行业展开了大范围的结构性改革,包括精简银行数目,提升银行的竞争力,并减小了其国有四大银行的市场份额,目的是使银行在普遍具备较之以往更强的抗风险能力的同时避免"大而不能倒"的情况出现。

经过 5 年的努力,印度尼西亚商业银行的盈利能力普遍增强,资产质量明显改善,银行业摆脱了金融危机的余波,走向了稳定发展的通道(谭春枝,金磊,2014)。2004 年,印度尼西亚政府提出了新的银行业架构蓝图(Indonesia Bank Architecture),将优化银行的资产负债结构和增强资本实力作为之后发展的重要任务。印度尼西亚政府引入银行业务资本分级体系,这一分级方式是将银行的核心资本金规模作为对银行划分层级的依据,不同层级所能够从事的业务范畴不同,不同层级所接受的规范也有差异。按这一划分方式,印度尼西亚存在商业银行、农业银行以及小微存贷机构这三级金融支持体系。

目前对印度尼西亚的金融业实施监管的主体是印度尼西亚金融服务管理局(Financial Service Authority of Indonesia,OJK),印度尼西亚央行负责制定和实施货币政策，并辅助印度尼西亚的银行业落实监管法规及政策。印度尼西亚的银行实行商业银行和农业银行的两级发牌制。其中，商业银行能够直接通过印度尼西亚央行的支付系统作清算，而农业银行仅能够借助商业银行做二级清算；另外，农业银行只允许在印度尼西亚境内限定的地域进行经营，业务范畴也只限于印度尼西亚国内最为传统和基本的商业银行业务。

小微存贷虽然不属于正式的银行，但也在银行体系和实体经济中扮演着不可或缺的角色。早在 1966 年，小微存贷机构就已经在印度尼西亚兴起，有着深厚的发展根基和客户基础。特别是在亚洲金融危机发生之前，印度尼西亚的社会制度建设进度缓慢，印度尼西亚政府对市场过分干涉，导致市场扭曲，贫富差距不断拉大，这种情况下，印度尼西亚银行业的服务对象主要面对国企和富裕阶层。在这一较长期的经济、社会背景下，由于中下阶层民众难以享受到来自银行的金融服务，小微存贷金融机构得到蓬勃发展。根据经济合作与发展组织（OECD）的估算，印度尼西亚的中小企业对其 GDP 的贡献率很有可能达到约 30%，这中间的金融服务大多由小微存贷金融机构提供。由于小微存贷金融机构在国民经济中起到举足轻重的作用，印度尼西亚金融服务管理局在 2013 年特别立法加强对小微存贷机构的监管，并设立小微金融协会（Microfinance Association）作为实施监管的主体。同时，印度尼西亚在 2015—2017 年开始全面对国内的小微存贷机构进行登记备案工作，筛选存在合规隐患的小机构并鼓励并购，支持其扩大经营规模和网点分布，推动小微存贷金融机构和相关业务走向正规化、规模化，进一步增强这类金融机构对实体经济的服务效果。

根据印度尼西亚央行的数据，2008 年国际金融危机，印度尼西亚虽然未受到严重影响，但为了进一步加强商业银行的公司治理，提升银行业的应变能力和处理危机的能力，更好地适应全球经济发展变化，印度尼西亚央行在 2012 年连续颁布众多监管规定，譬如《关于商业银行股份所有权的有关规定》《银行最低资本金要求》《银行业综合牌照监管规定》等。截至 2014 年末，印度尼西亚共有包括 4 家国有银行在内的共计 119 家商业银行和 1643 家农村银行业金融机构，资产总额达到 5615 万亿印度尼西亚卢比（约合 4513.67 亿美元）。总资产排名靠前的商业银行分别是曼迪利银行、印度尼西亚人民银行和中亚银行。

印度尼西亚银行业的对外开放在东盟各国中比较早。1988 年，印度尼西亚就开始实施金融自由化政策，内容包括私人银行可自由加入，外国银行可以通过合资形式自由加入，还放宽了全部银行开设地方分行的条件和对办理外汇银行的升级条件。亚洲金融危机后，印度尼西亚进一步放宽了对外资银行的限制来弥补国内银行资金不足的问题，将外国投资者对金融机构的持股比例上限从49%调到100%。2008 年 1 月，印度尼西亚更进一步允许外国资本收购99%的印度尼西亚银行股权，这使部分印度尼西亚国内银行的大部分股权被外国金融机构持有。外资银行大量涌入印度尼西亚增强了印度尼西亚银行之间的竞争。此外，中国工商银行和中国银行分别在印度尼西亚设有 1 家子行和 1 家分行。

2. 印度尼西亚的货币制度和货币政策

印度尼西亚货币政策的总目标是保持币值稳定，促进经济发展，扩大就业和提高人民生活水平，把稳定币值放在首位。

1997 年亚洲金融危机爆发前，印度尼西亚对外公开宣称的是实行管理浮动汇率制。但不少学者利用 Frankel 等人建立的检验东亚汇率制度的通用模型，发现印度尼西亚卢比实际上是高度钉住美元的。当然还存在一种解释，即与美元高度相关的这些货币虽然不钉住美元，但所属国家与美国经济联系紧密，或者这些国家在样本考察期间与美国遭受对称的经济冲击。

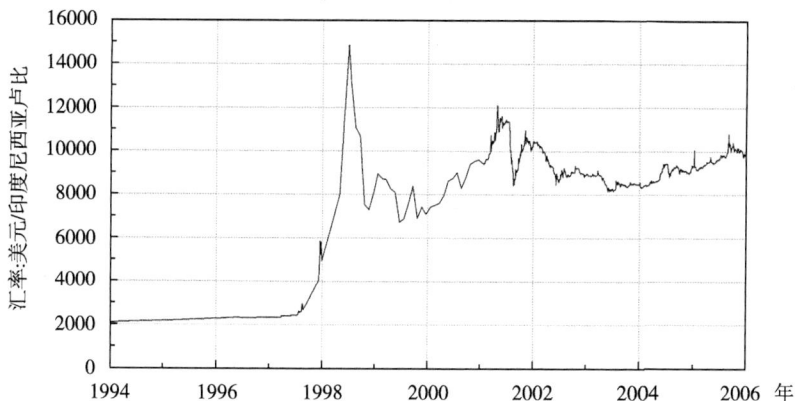

图 4-26 1994—2006 年印度尼西亚卢比的汇率变化情况

（资料来源：Wind 数据库）

1997 年亚洲金融危机爆发后，以泰铢为首的东南亚国家爆发了严重的货币危机，印度尼西亚央行于 8 月 14 日宣布实行独立浮动汇率制度并持续到 2001 年 8 月。当时印度尼西亚政府作出这样的决定主要出于以下两方面原因：一是强大的外部冲击使印度尼西亚难以维持钉住美元的汇率。受金融危机影响和国际投机资本的冲击，印度尼西亚卢比于 1997 年 7 月开始迅速下跌（见图 4-26），印度尼西亚央行开始通过出售外汇和提高利率等手段进行干预，但很快就导致其外汇储备接近枯竭，央行短期证券利率高达 28%。即便如此，印度尼西亚卢比的贬值趋势依然无法扭转，由于大量投机资本的抽逃引起投资资金的恐慌性撤离。二是印度尼西亚将避免货币冲击作为汇率制度选择的根本原则。货币冲击给印度尼西亚带来巨大的经济损失。印度尼西亚货币当局认为，浮动汇率制有利于使外汇市场保持均衡，有利于减轻利率变动的压力，有利于自动调节国际收支的功能、减少外汇储备需求，有利于实施独立的货币政策，还有利于减少通货膨胀和经济周期在国际范围内的传播。因此，印度尼西亚当局在保持资本账户开放不变的情况下，为了有效抗击货币冲击，于 1997 年 8 月 14 日宣布放弃干预汇率，实行更加自由的独立浮动汇率制。考虑到受 IMF 借款条约的种种制约，印度尼西亚政府在 1998 年 2 月中旬透露准备采取香港式联系汇率制的想法。但由于社会和经济发展水平不适合，政府在同年 3 月否定了实行联系汇率制的设想，从而在金融危机后一直实行独立浮动汇率制。

实行独立浮动汇率制后，印度尼西亚的经济形势并未明显好转，仍处在货币危机后的恢复阶段。这一阶段，印度尼西亚卢比剧烈贬值，在所有遭受金融危机的国家中印度尼西亚卢比下滑最严重，1998 年 1 月跌至 1 美元兑15000 越南盾（黄继炜，2010）。同时，由于大规模失业和严重的债务问题，印度尼西亚难以依靠自身走出危机。因此，1998 年 1 月印度尼西亚与 IMF 就金融援助政策达成协议，但由于推进迟缓、暴乱和政局不稳等因素影响，印度尼西亚在 1998—2000 年汇率波动十分剧烈。

实行独立浮动汇率制后，印度尼西亚卢比大幅贬值，经济形势也未明显好转。这是因为印度尼西亚进出口结构比较单一，出口供给弹性不足，进口需求的价格弹性也很低，该国只是国际价格的接受者，不能通过汇率变化来改变以外币表示的进口价格，所以难以通过汇率变动促进资源配置或改善国际收支。相反，汇率过大幅度的自由浮动会增加进出口贸易和外商投资的风险，不利于引进长期资本和经济持续稳定的增长。事实上，一般实行独立浮动汇率制的国家都具有健全的金融体制，但印度尼西亚融资体制不合理导致外资依赖过度、银行体制不健全导致不良资产的剧增、金融监管当局在金融自由化的进程中忽略了有效的监管和管理，距离金融体制健全相差甚远。另外，由于货币交易通常表现为金融资产的交易，自由浮动汇率制的正常运行一般要以外向型的国内金融市场为前提，但印度尼西亚有限的交易规模和范围制约了金融市场的深化，金融工具的缺乏导致其缺乏应对金融风险的手段，这使印度尼西亚在不断遭受国际汇率变动所施加的种种威胁的同时，却难以享受到独立浮动汇率的有利一面。

由于不具备实行完全浮动汇率制的条件，2001年9月，印度尼西亚政府宣布恢复有管理的浮动汇率制，中央银行通过干预外汇市场以使汇率维持在其不公开的目标水平（王海全，毕家新，谢进，2009）。2002年之后，印度尼西亚卢比兑美元的汇率长期处在8500~10500。2008年国际金融危机发生后，印度尼西亚卢比汇率在9月至11月出现暴跌，11月12日，印度尼西亚政府颁布了外汇交易新条例，对超过10万美元的外汇交易进行更严格的管理，并动用为数不多的外汇储备缓解下跌趋势，同时印度尼西亚总统亲自出面从爱国的高度力劝大公司及商界领袖不要抽逃外币资金。通过这些有力措施，印度尼西亚很快控制住了汇率暴跌，并在一年后基本恢复至危机发生前的水平（罗雨，2014）。

（三）印度尼西亚的金融脆弱性分析

1. 印度尼西亚的宏观经济情况

印度尼西亚在亚洲金融危机后，宏观经济形势一直呈稳定增长的态势，GDP增长率长期保持在4%~5%。但仍低于东盟地区的平均水平。2016年，在国内消费和汇率上升的拉动下，印度尼西亚达到5.02%的经济增速，这一经济增速高于全球平均增速，但低于亚洲新兴经济体6.4%的平均增速。

"21世纪海上丝绸之路"的倡议与印度尼西亚提出的"全球海洋支点"规划在战略上高度契合，能够互相支持。印度尼西亚作为"海上丝绸之路"的重要枢纽，能够为中国企业提供大量潜在机会。但与此同时，印度尼西亚也存在许多问题，譬如基础设施落后，对经济发展和外商投资不利；此外，在知识产权保护方面差距较大；还存在一定的贸易壁垒。佐科政府组建后，成立了新的经济领导团队。推行简政放权、金融外汇管理、建立经济特区和放宽私人投资限制等一系列措施，希望借此来拉动投资。2016 年，在印度尼西亚经济增长终于扭转了连续几年下滑势头的同时，印度尼西亚的家庭消费持续增长，经济发展形势较为乐观。

但印度尼西亚依然面临着不少的问题。首先其失业率高于地区平均标准。由于印度尼西亚法律规定企业解聘已雇用员工时需要支付高昂的费用，实际中一定程度阻碍了新雇佣关系的形成，所以存在劳动力市场僵化的状况，且短时难以改变。另外，印度尼西亚在近几年大幅上调了最低工资，虽然能够刺激国内消费，但也会在短期内影响就业机会的形成，尤其是低附加值的劳动密集型产业。2016 年，印度尼西亚登记失业率为 5.6%，已经稳定放缓。

印度尼西亚央行在 2008 年国际金融危机后，采取宏观审慎的政策，逐渐深化金融市场改革。2016 年以来更是逐步完善国内支付系统，提高支付体系的电子化。自佐科上任以来，印度尼西亚政府制定了 2015—2019 年中期改革日程和经济发展规划，内容包括促进国内生产、刺激经济增长和改善财政平衡等，并在加快基础设施建设、改善投资环境等方面取得了显著进展。2016 年，印度尼西亚的财政赤字占 GDP 的比重为 2.46%，规模可控。但印度尼西亚存在许多结构性财政问题，为改善财政状况，印度尼西亚政府不得不拖延预算资本支出，对近几年的基础设施建设产生了不利影响。

近年来，印度尼西亚央行实施渐进式的货币宽松政策，汇率虽然持续下跌，但总体比较平稳。同时提高储备资产，加强对跨境资本流动的监测，外汇储备在 2008 年后快速上升，并在近几年总体相对稳定。但印度尼西亚的外债负担依然较重，主要原因是私人借债（包括国有企业）的规模迅速增长的同时货币持续贬值幅度较大。

印度尼西亚的汇率在 2010 年后总体持续下滑，2013 年被摩根士丹利列入所谓的"脆弱五国"之中（其他四国是巴西、印度、土耳其和南非），认为这些国家在面临资本外流时的脆弱性更加突出。2016 年后，受美元加息的影响，印度尼西亚汇率继续走低，2018 年几乎与 1998 年遭受亚洲金融危机时的汇率持平。但印度尼西亚在这两年的经济基本面总体持续向好。与多数新兴经济体相比，印度尼西亚有着显著不同，该国尚未深度参与全球价值链，因此在全球贸易保护主义抬头、贸易增长放缓的背景下，印度尼西亚的经济反而更加富有韧性。作为一个内向型的经济体，印度尼西亚国内的家庭消费贡献了超过 50% 的 GDP 和约 90% 的经济增长，其充足的内需是支撑经济增长的基石。根据印度尼西亚中央统计局的数据，印度尼西亚 2019 年的通货膨胀率约为 2.7%，是 1999 年后的最低纪录，因此在全球经济不景气的情况下，低通胀压力给予印度尼西亚央行通过降息刺激经济的巨大空间。而稳中有升的外汇储备则给了投资者更充足的信心，并推动印度尼西亚盾不断升值。2019 年全年，印度尼西亚盾对美元汇率上涨 3.9%。同时，佐科连任，印度尼西亚政局平稳，因此标准普尔在 2019 年中发布的报告中将印度尼西亚的长期主权信用评级由 BBB-上调至 BBB，评级展望为稳定。

2. 印度尼西亚银行的脆弱性分析

亚洲金融危机对印度尼西亚金融业尤其是银行业带来严重的破坏，因此印度尼西亚商业银行聘请了国外知名专家对银行内部的风险管理系统进行评估并提出意见进行完善。而印度尼西亚政府此后也认识到国内银行公司法人治理机制的不健全，开始重视银行业的法人治理结构，并加强对银行内部控制的管理和监督。印度尼西亚的国家法人治理委员会深入研究了银行业的法人治理，根据印度尼西亚实际情况制定了《印度尼西亚银行业法人治理准则》，要求国内所有商业银行在从事各项业务活动时都必须按照该准则进行内部控制。这些举措起到强化商业银行发展基础、促使银行经营管理更加透明和内部控制意识进一步强化等积极作用，取得良好的成效，印度尼西亚银行业的盈利能力显著增强，资产质量大为改善。

为了提高对风险的识别和抵御能力，印度尼西亚央行在亚洲金融危机后采取了多项措施来加强银行的风险管理。首先，对银行施加了明确的资金要求，同时规定银行监事会和董事会要进行积极有效的监督，实行到位的风险管理政策、操作规范和权限管理，并具备识别、评估、监测和控制风险的流程和信息管理系统。其次，印度尼西亚央行接受了 IMF 的指导，成立了银行重组机构，完善银行法规，出台新的银行法，依托相关机构并依照相关法律法规对银行机构进行重组。再次，印度尼西亚政府还建立了银行存款保险制度，并于 2006 年 8 月经国会批准通过了新的银行存款保险法，通过制度来提高银行的信用水平，降低系统性风险，最终确保客户的利益和财产安全（赵婧，2016）。这些外部监管措施，也对印度尼西亚银行业的恢复和发展起到了积极的作用。

资产利润率和资本利润率是衡量商业银行盈利性的主要指标。2008—2012年，印度尼西亚商业银行的资产利润率和资本利润率都处于较高水平，资产利润率甚至达到中国商业银行的2倍以上。除了印度尼西亚商业银行资产的规模远小于中国这一原因之外，印度尼西亚商业银行的非利息收入占比较高也是其收益率较高的重要原因。德意志银行2012年的一项研究表明，印度尼西亚银行业的非利息收入占比居于亚洲国家首位，达到总收入的44%，高于马来西亚的42%、新加坡的41%和中国的20%。

银行是一类负债经营的特殊企业，其收入主要依靠发放贷款获取利息，对于银行来说，贷存比越高，说明发放贷款数量越多，带来的收益也越高。但贷存比作为衡量银行业流动性能力的重要指标，也不是越高越好，由于银行存在现金支取业务和日常开支的需求，贷存比过高，会增大致客户挤兑的风险。一旦银行出现不能满足客户取款或贷款需要的情况，会对银行信誉造成损害，导致支付危机的发生，更严重的情况甚至可能引发金融危机（申韬，梁海森，2017）。一般而言，贷存比不超过75%是较为合理的。印度尼西亚的商业银行贷存比较高，2010—2012年，其贷存比已超过了75%的警戒线，并且随着印度尼西亚近年来不断加大基础设施投资力度，贷存比不断走高，甚至达到85%以上，这是印度尼西亚银行业经营中必须重视的问题。

流动性比率是商业银行风险监管的另一项核心指标，流动性比率越高说明银行产生流动性风险的概率越低，大于25%是比较合理的，但过高的流动性比率则说明银行资金运用效率不高。印度尼西亚银行业的流动性比率达到80%左右，与合理值存在很大的偏差，说明其流动性严重不足。

印度尼西亚银行业的资本充足率水平较高，长期保持在17%以上，2014年末为19.6%。而不良贷款方面，尽管在2013年初，世界三大评级机构曾发出警告称印度尼西亚银行业的信贷风险上升，但印度尼西亚银行业对此应对得当，银行业资产质量保持稳定，不良贷款率2014年维持在2.2%左右。近几年，印度尼西亚的不良贷款率保持稳定，2019年底为2.43%。这两项数据都表明印度尼西亚银行业具备较强的抗风险能力。

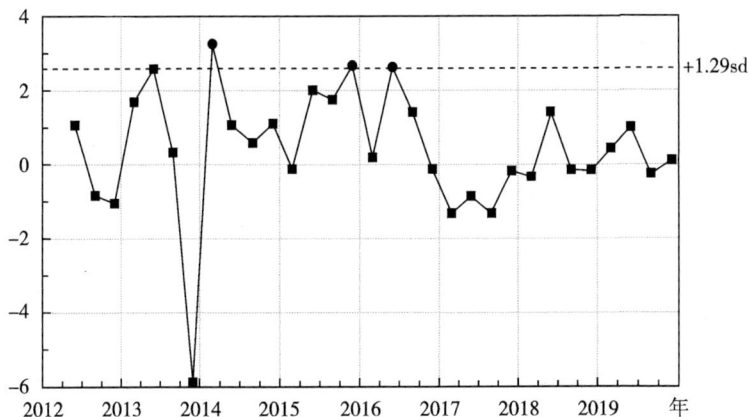

图 4-27　印度尼西亚的银行系统压力指数

(资料来源: Wind 数据库, 经作者计算)

　　根据印度尼西亚近年来的银行系统压力指数 (见图 4-27), 总体来看, 印度尼西亚的银行系统压力保持较低水平, 银行业风险较小, 这和上述脆弱性指标的分析相吻合, 三次压力指数较高, 主要是因为贷存比的上升和不良贷款率的提高, 尤其贷存比上升的影响较为突出, 这也是之前提到印度尼西亚银行业的最大隐患, 即贷存比过高的问题。虽然从多数脆弱性指标来看, 印度尼西亚银行业表现良好, 但印度尼西亚银行业也存在较多的问题。这些问题不仅包括银行本身的问题, 也包括印度尼西亚整个国家政治、经济等内外环境的问题, 都可能影响印度尼西亚银行业的持续健康发展, 同时也是我国与印度尼西亚在进行 "21 世纪海上丝绸之路" 相关合作时必须注意的。

　　(1) 各地发展不协调, 经济发展稳健性不足

　　印度尼西亚西部的爪哇岛和苏门答腊岛经济相对发达, 东部则极其贫困。以 2010 年为例, 仅占印度尼西亚陆地面积 7% 的爪哇贡献了印度尼西亚 GDP 总量的 57.6%, 苏门答腊贡献了 23.7%, 二者加起来超过 80%。而其他占印度尼西亚陆地面积约 65% 的地区仅贡献了不到 20% 的 GDP。2014 年, 这一状况没有得到缓解, 爪哇岛和苏门答腊岛仍然贡献了超过 80% 的 GDP 占比。

　　虽然印度尼西亚历届政府都在致力于减少贫困, 但成效并不显著, 印度尼西亚的贫困问题依然非常严重, 城乡差距也非常大。有超过 40% 的农村未通电, 甚至不少农村没有通路, 科教文卫严重落后。而巨大的地域经济差距使银行的资金流配置效率更加低下, 也加剧了银行业分布的不平衡, 业务扩

张受到限制。此外，印度尼西亚的高失业率全球闻名，2015年失业率为6%，2016年虽下降为5.56%，但各行业的就业岗位数量却呈逐年递减的趋势。巨大的贫富差距和高企的失业率也给社会和经济的稳定带来了潜在威胁。

此外，根据《世界经济自由度》报告，印度尼西亚的经济自由度指数虽然从2008年的53.9上升至2016年的59.4，但仍排名较低，居世界第99名，属于"大部分不自由"的等级。在经济发展受政府等因素干扰较严重的情况下，印度尼西亚银行业发展稳健性明显尚待提高。

（2）国内政治局势不稳定

早在荷兰殖民统治时期，当局实行的移民和种族歧视政策，使印度尼西亚数百年来各个民族间摩擦不断；尤其苏哈托执政时期对华人极其戒备甚至仇视，20世纪60年代和1998年都曾有过大规模的针对华人的动乱和屠杀。印度尼西亚曾深受恐怖主义威胁，"伊斯兰国"作为全球知名的恐怖组织，鼓吹"圣战"并发起过数次恐怖主义活动。虽然印度尼西亚政府采取各种手段来遏制恐怖主义，但由于相关法律宽松、社会贫富差距极大和宗教等问题都使恐怖主义屡禁不绝。印度尼西亚的贪腐问题也十分严重。2015年，印度尼西亚的清廉指数仅排名世界第88位。2016年，印度尼西亚政府启动税务特赦来吸引贪腐贿赂等非法黑钱，并承诺对犯罪者予以保密，相当于纵容金融腐败、间接鼓励违法行为，遭到公众的激烈反对。在种种复杂因素的作用下，印度尼西亚时常发生动荡，使银行业发展失去稳定的政治和经济温床。

（3）业务结构失衡，多样性差

印度尼西亚银行体系中，只有中央银行和商业银行具有支付服务权限，农村银行被禁止持有客户支票账户或在中央银行设立账户。印度尼西亚银行资产高度集中于商业银行，其中外汇银行的资产规模最大，而4家国营银行也具备雄厚的资产，规模上可以与外汇银行相抗衡。农村银行的业务范围较窄，虽然数量众多，但资产规模毫无优势，银行业各类银行数量与资产规模匹配度弱。作为银行利润的重要来源，印度尼西亚商业银行的表外业务主要包括衍生品交易、信用证和担保业务，零风险的咨询、代理和结算业务却非常少见。各类银行的表内业务和表外业务均缺乏多样性，业务的集中度过高。

（4）银行业资产分配不均，运营效率偏低

截至2015年，印度尼西亚的4家国营银行占银行业总资产的35.29%，

39 家外汇银行占 38.37%。数量众多的中小银行资产规模十分有限，因此经营管理风险非常高。同时，印度尼西亚商业银行营业成本/营业收入高达 80% 以上，即使运转相对成熟稳定的国营银行，其成本收入比也高达 75% 以上，相比之下，中国四大国有商业银行的成本收入比长期低于 60%，这说明印度尼西亚银行业的运作效率过低，导致运营成本偏高。

（5）监管指标安全性缺失，竞争力弱

如前文所述，印度尼西亚商业银行的资本充足均超过 17%，远高于巴塞尔协议Ⅲ所规定的低于 8% 的要求。这说明商业银行开展资产业务的资金成本高。除了经营成本和不良资产比例偏高外，印度尼西亚银行业的流动性等指标均与标准值存在较大偏差，显示出印度尼西亚银行业监管指标的安全性缺失，整体竞争力低下。

（6）法律机制不健全，银行监管乏力

长期以来，印度尼西亚仅有两部银行法，分别为《印度尼西亚 1992 年银行业法》和《1999 年印度尼西亚银行法》。前者侧重于银行职能和组织形式的规范，后者则注重金融安全、强调金融监管，互为补充和支撑。2013—2014 年，计划用来限制外资银行的新监管法案未通过国会审议，因此印度尼西亚在 2008 年国际金融危机后的新形势下的外资监管法律有所欠缺。同时，印度尼西亚银行业的不良贷款比例也在上升，体现出银行业内部的监管存在欠缺。

3. 印度尼西亚货币的脆弱性分析

20 世纪 50—60 年代印度尼西亚建国初期，通货膨胀十分严重，国际收支的逆差给印度尼西亚卢比（印度尼西亚盾）在国内国外都造成了很大的贬值压力。这一时期，印度尼西亚央行货币政策首要目标是稳定货币。1965 年 12 月，印度尼西亚央行发行了新货币，1000 旧卢比兑换 1 个新卢比。1969 年印度尼西亚开始实施经济建设的五年计划，其间货币政策的目标基本都是保持稳定币值。

进入 20 世纪 70 年代，世界经济进一步发展繁荣，这为印度尼西亚通过传统出口商品获得收益提供了条件。特别是 1973 年石油价格上涨，作为重要原油出口国的印度尼西亚借此大大改善了其国际收支。但同时，由于 1972 年粮食歉收等因素的影响，印度尼西亚在 1973 年和 1974 年出现了高达 31.0%

和 40.5% 的高通货膨胀。印度尼西亚当局采取紧缩措施，压缩信贷，控制货币增长，但由于贬值幅度过大，公众对政府和政策失去信心，这些措施并未迅速见效。1978 年，印度尼西亚再度发生严重的通货膨胀。印度尼西亚政府再次实施紧缩的金融政策和财政政策来稳定经济，具体手段包括控制 M_1 增长、临时冻结物价规定银行贷款限额、规定统一的贷款利率、对存款进行加息补贴以及要求进口部门按比例缴纳存款等方式。虽然这些措施有利于稳定通货膨胀，但不利于对金融市场开展市场化的调控，也有损于印度尼西亚金融市场的发展。

20 世纪 80 年代初，第二次石油危机发生，严重影响了印度尼西亚的宏观经济。印度尼西亚政府痛定思痛开始进行金融改革，试图以间接的货币管理体制来代替旧体制，并将货币政策从以信贷规模控制为目标转变为利率控制为目标。通过进行金融改革，印度尼西亚国内的金融业竞争得以加强，利率水平更加合理。同时，印度尼西亚新的货币市场证券还增加了金融当局管理控制货币和准备金的能力，并使其国内的货币市场得以发展。

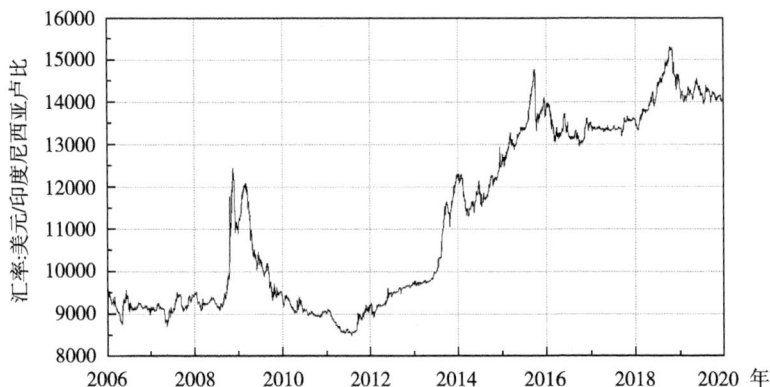

图 4-28　印度尼西亚卢比 2006 年之后的汇率走势

(资料来源：Wind 数据库)

1997 年亚洲金融危机中，印度尼西亚卢比是对美元下跌幅度最大的货币之一，在此之后印度尼西亚也吸取了经验教训。2007 年美国爆发次贷危机并在 2008 年蔓延全球后，印度尼西亚的汇率也一度迅速下跌，从 2008 年 6 月到 11 月，5 个月内贬值幅度达到 24%。2009 年 1 月后印度尼西亚卢比汇率又有所提升，3 月再次下跌，4 月后逐渐稳定，这是因为印度尼西亚央行要通过降低利率来促进实体经济的发展，使美元被抬高。从2008年到2009年，印度尼西亚卢比兑美元贬值幅度约41%，但2007年次贷危机发生后的三年内，印度尼西亚卢比是东南亚地区汇率最稳的货币之一。在这期间，印度尼西亚央行采取了多种干预措施来防止资金外逃，避免了1998年的状况再次出现。而随后美国量化宽松期间，印度尼西亚成为资本的重要目的地，热钱大量涌入。2010年，涌入印度尼西亚金融的热钱约为150亿美元，其中64%涌入国库债券。这也使得2008年后印度尼西亚卢比的汇率和股市持续走强。到2010年11月，美元兑印度尼西亚卢比为8900，而金融危机期间美元兑印度尼西亚卢比的汇率超过12000（见图4-28）。由于印度尼西亚经济并不依赖出口，因此印度尼西亚盾汇率的上涨只要不是极其急剧，对印度尼西亚经济的影响并不十分严重。由于热钱的涌入，印度尼西亚的外汇储备也迅速增长（见图4-29）。

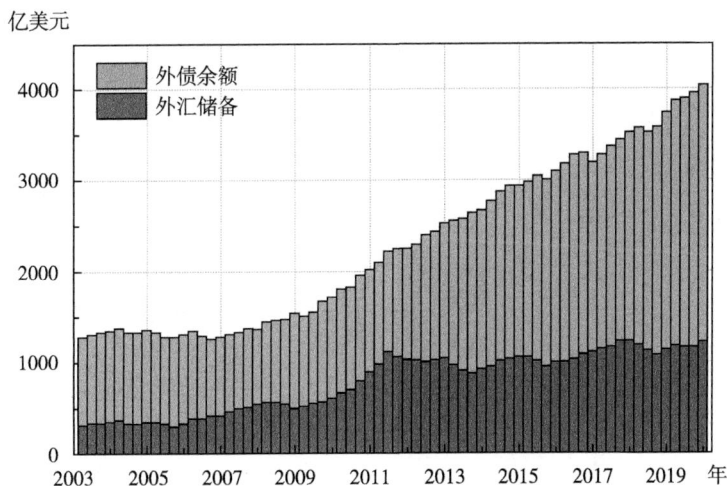

图4-29 印度尼西亚的外汇储备和外债余额的比较

（资料来源：Wind数据库）

2013年后，美国经济逐渐复苏，美联储也决定逐步退出量化宽松，因此印度尼西亚面临大批资本外流的压力，由于印度尼西亚外债负担较重，流动性不足，经常账户呈赤字状态。美元走强后，印度尼西亚卢比汇率下跌，2013年全年的贬值幅度达到26%。2013—2014年，印度尼西亚国内的通货膨胀率也快速上升，均达到8.3%以上，并一直维持在高位。2013年印度尼西亚的 CPI 相比上一年，增幅达 48.7%。到 2015 年 11 月，印度尼西亚外汇储备连续 9 个月下降，减少了 100 亿美元，累计降幅达到 10%，外汇储备规模降至 2013 年 12 月以来的最低位。由于外汇储备下降会限制印度尼西亚银行在面对美联储加息以及中国经济增长放缓时维持其汇率的能力，大宗商品价格继续压低，加速资本外流。同时，印度尼西亚的海外国债较多，也更易受到资本流出的影响（杜玟，2015）。而印度尼西亚的财政收入中 21% 来自大宗商品，因此在人民币贬值、大宗商品价格疲软、全球贸易增长缓慢等因素的作用下，印度尼西亚卢比一直有比较大的贬值压力。2016 年，印度尼西亚央行不断放松货币政策，先后六次宣布下调基准利率以刺激经济增长。2016 年，印度尼西亚卢比兑美元的平均汇率为 13308.3。

2018 年，美联储宣布加息，阿根廷比索和土耳其里拉先后发生严重危机，印度尼西亚受其传导影响，市场情绪看空新兴市场，加之印度尼西亚经济自身的脆弱性的问题，印度尼西亚卢比大幅贬值。2018 年 5 月中旬起，印度尼西亚央行连续 4 次加息，干预货币和债券市场，但效果仍相当有限。到同年 10 月，印度尼西亚卢比汇率跌破 15000，创下了 1998 年国际金融危机后的最低值。

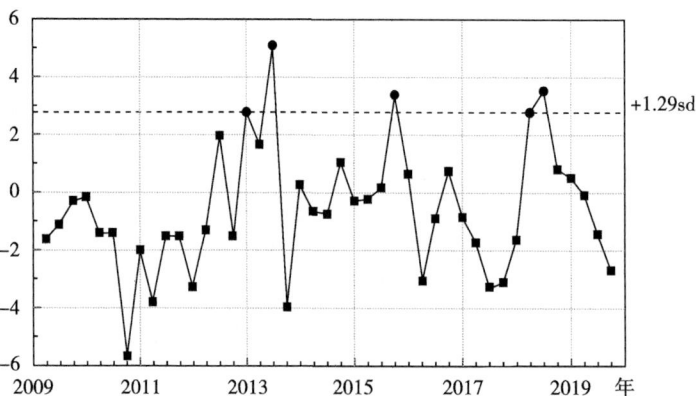

图 4-30　印度尼西亚的外汇压力指数

通过对相关数据进行处理计算可以得到印度尼西亚的外汇压力指数（见图 4-30）。印度尼西亚的外汇压力指数波动很大，并且压力指数较高，存在外汇风险甚至有发生危机危险的时间段与上述对印度尼西亚近年来汇率波动的叙述相吻合。2013 年美国逐步退出量化宽松，印度尼西亚汇率暴跌，外汇储备下降；2015年受大宗商品价格走弱，全球贸易不振的影响，印度尼西亚外汇储备连续下跌；最近一次则是2018年，美联储宣布加息后，受阿根廷和土耳其货币危机的传导影响，印度尼西亚卢比汇率大跌。五六年内，印度尼西亚外汇数次出现危机风险，印度尼西亚卢比汇率大起大落，体现出较强的脆弱性。

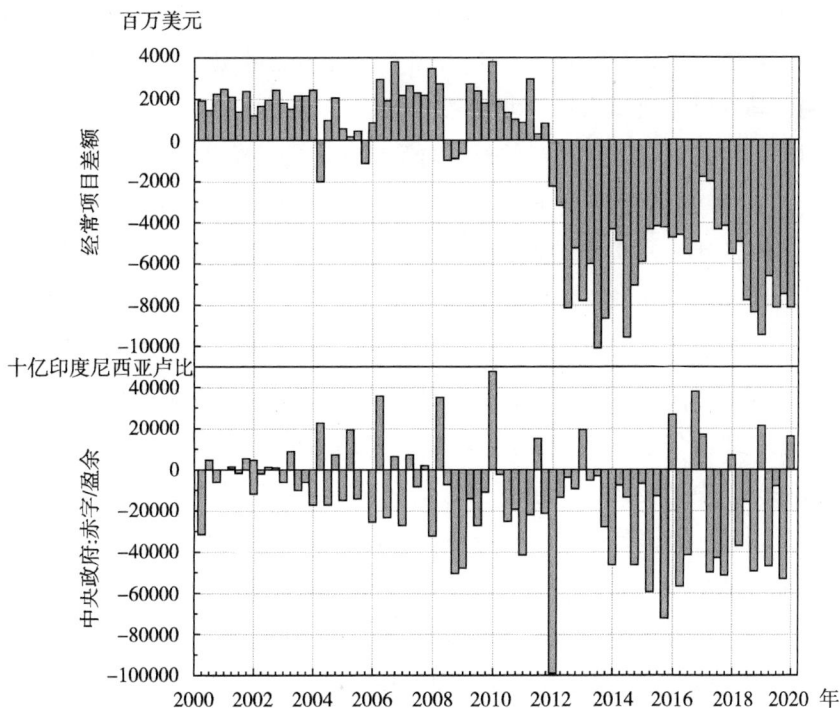

图4-31 印度尼西亚的经常项目差额和中央政府收支情况

(资料来源：Wind数据库)

印度尼西亚卢比之所以这么脆弱，除了政治、经济、自然环境不够稳定，更重要的原因是其经常账户和财政账户持续赤字，如图4-31所示，双赤字下印度尼西亚卢比贬值压力一直较大。经常账户的赤字也使印度尼西亚更加依赖外国资金，印度尼西亚约有41%的政府债务来自外汇交易所，印度尼西亚卢比汇率的下降，一方面使支付代价更为高昂，另一方面也使印度尼西亚的金融市场更容易受到情绪低迷和资金外流加速的影响，这些都会反过来进一步导致印度尼西亚卢比更容易疲软。此外，印度尼西亚国内还以美元作为交易和结算货币，在很大程度上更加降低了印度尼西亚卢比的流通性和信誉度，所以自主抗风险能力进一步下降。

六、新加坡

(一) 新加坡的基本情况

1. 新加坡地理文化简述

新加坡共和国（Republic of Singapore）国土面积仅 717 平方公里，是面积最小的国家之一，是东南亚的一个岛国。它属于热带城市国家，位于马来半岛南端、马六甲海峡出入口，北隔柔佛海峡与马来西亚相邻，南隔新加坡海峡与印度尼西亚相望，并以新柔长堤与第二通道等桥梁相连于新马两岸之间。新加坡由新加坡岛及附近 63 座小岛组成，其中新加坡岛占全国面积的 88.5%。1965 年 8 月 9 日，新加坡共和国成立。截至 2018 年，新加坡常住总人口约为 563 万，其中公民和永久居民约 396 万。居住在新加坡的外籍人士相当多，约 163 万人。新加坡人主要由近一百多年欧亚地区的移民及其后裔组成的，加上殖民统治和地理位置的影响，使新加坡呈现多元文化的社会特色。居民主要由华人（74.2%）、马来人（13.3%）、印度人（9.1%）构成。新加坡在宪法中把英语、华语、马来语和泰米尔语定为四种官方语言，其中马来语是国语，英语是商界、政府和学校教学等领域的通用语言。

新加坡的历史可追溯至 3 世纪，其最早文献记载源自 3 世纪东吴将领康泰所著的《吴时外国传》。新加坡岛最古老的名称是 "蒲罗中"，意为 "马来半岛末端的岛屿"。新加坡古称淡马锡，1824 年，新加坡沦为殖民地，成为英国在远东的转口贸易商埠和其在东南亚的主要军事基地。1942 年，新加坡被日本占领；1945 年日本投降，英国恢复对新加坡的殖民统治，并于次年将其划为直属殖民地。1959 年，新加坡实现自治，成为自治邦。1963 年 9 月 16日，新加坡与马来西亚、沙巴、沙捞越共同组成了马来西亚联邦。1965 年 8月 9 日脱离马来西亚，成立了新加坡共和国。

新加坡是一个城邦国家，以符合都市规划的方式将全国划分为 5 个社区（行政区），由相应的社区发展理事会（以下简称社理会）管理。2015 年，5个社理会被重新分割为 89 个选区，其中包括 13 个单选区和 16 个集选区。

新加坡推行议会制度，自 1959 年新加坡自治以来，由人民行动党（People's Action Party，PAP）执政至今。李光耀是 PAP 的首任秘书长，也是新加坡的第一任总理，被称为新加坡国父。他自 1965 年新加坡独立后长期担任总理，直至 1990 年交棒给第二任总理吴作栋。新加坡在 1993 年举行了独立后的首次总统全民选举，原副总理、新加坡职工总会秘书长王鼎昌成为首位民选总统。2004 年 8 月，李显龙接替吴作栋，成为新加坡第三任总理，并在2006 年 5 月大选后连任；2015 年 9 月 11 日，人民行动党再次赢得大选，李显龙接任总理。

2. 新加坡的经济概况

1965 年后，新加坡经济迅速发展，逐渐成为新兴的发达国家，被誉为"亚洲四小龙"之一，也是目前东南亚唯一的发达国家。新加坡作为全球领先的金融中心之一，是众多跨国公司的所在地，社会治安状况总体良好，是世界上犯罪率最低的国家之一。新加坡立足东盟，面向亚洲，注重发展与亚洲国家特别是中、日、韩等重要国家与新加坡的合作关系（赵福军，曾祥坤，2016）；作为地理位置重要性极其突出的小国，新加坡奉行"大国平衡"的思想，主张在亚太建立美、中、日、印等大国的战略平衡格局。作为全球金融中心之一，新加坡突出经济外交，积极推进贸易投资自由化。

新加坡国土面积小、人口少、资源匮乏、国内市场有限。但是其地理位置十分优越，因而从英属殖民地时代起就承担着中转贸易和邻近地区商业中心的作用，是一座国际化城市。从 1961 年起，新加坡根据不同时期的国内和国际形势，分别制定了符合自身实际的发展目标。1965 年脱离马来西亚联邦后，在李光耀的领导下，新加坡继续有效规划自身发展，实行全方位开放，努力与世界经济相融合；并积极参加国际分工，充分利用外国资源、市场、技术和资金来发展自身经济。通过准确的定位和目标明确的建设发展，新加坡在激烈的国际竞争中逐渐站稳脚跟。新加坡各阶段的发展情况简介如下。

第一阶段（1961—1965 年）。由于新加坡在殖民地时期遗留了严重的失业问题，当时人口仅为 180 万的新加坡，失业人数达 20 万人；且刚独立时产业结构单一，基本依赖转口贸易的状况，因此新加坡政府在第一个五年主要着手发展进口替代和劳动密集型工业，经过这一时期的努力，创造了 1.7 万个就业机会。

第二阶段（1966—1975 年）。这是奠定新加坡经济腾飞基础的十年。为了进一步使依赖转口贸易的经济结构向多元化转变，新加坡在这一阶段大力发展制造业，引进电子产品制造技术，重点发展出口导向型工业。在这十年中，新加坡的制造业产值从 4.3 亿新元增加到 35 亿新元，年平均增长率达到 26%。同时，在这一阶段内，新加坡大搞基础设施建设，机场、港口、道路相继建成或得到改善，并开始大规模兴建公共住宅。在这两个五年间，新加坡基本解决了失业问题，还通过基建和产业发展，使自己基本具备了吸引外资的条件，因此外国投资设厂开始增加。

第三阶段（1976—1980 年）。这五年，新加坡经济进入起飞阶段。在已有制造业尤其是电子业的基础上，新加坡大力引进技术密集型产业，开始大量生产计算机。新加坡提倡将科研与经济结合，进一步提高了生产技术水平。在这五年中，新加坡的制造业持续良好发展，就业人数从 21 万增加到 36 万。经济发展的同时，新加坡也加快了第三产业的发展和基础设施建设，使该国软硬件环境进一步改善，为大规模引进外资创造了良好条件。

第四阶段（1981—1985 年）。在这期间，新加坡着力引进高新技术，不断提升产业技术含量，不断提高产品质量，降低生产成本，以增强其产品的国际竞争力。

第五阶段（1986 年至今）。此时新加坡已具备较好的经济和产业基础，此后，新加坡扩大引进高新技术，并鼓励跨国公司与本地中小企业挂钩。为了吸引投资、技术和专业管理人员，新加坡将外资企业的所得税由 33% 降低为 10%，并鼓励外国人在新加坡兴办学校、医院，便于长期居住。

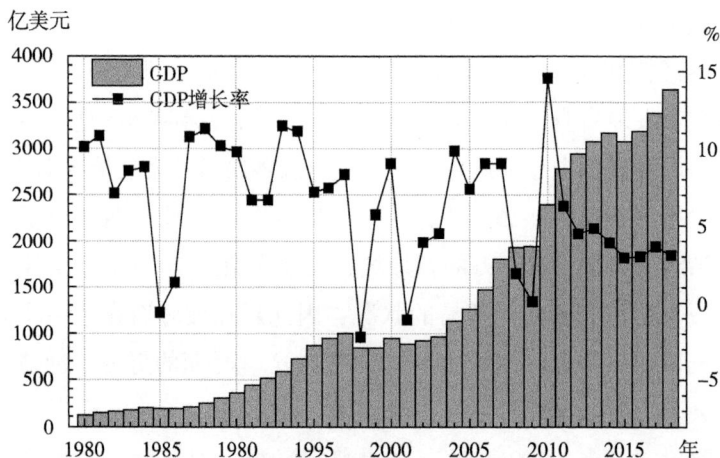

图 4-32　新加坡历年的 GDP 及其增长率

（资料来源：IMF）

　　新加坡的经济属于外贸驱动型，高度依赖美、日、欧和周边市场，外贸总额是 GDP 的 4 倍。1960—1984 年，新加坡 GDP 年均增长达 9%（见图 4-32）。1997 年虽然受到亚洲金融危机冲击，但相比其他东盟国家并不十分严重。然而，2001 年受全球经济放缓的影响，经济出现 2% 的负增长，是独立之后最严重的衰退。为刺激经济发展，新加坡政府提出"打造新的新加坡"，要该国向知识经济转型（赵福军，曾祥坤，2016），还成立了经济重组委员会，对经济发展政策进行全面检讨，并积极与世界主要经济体商签自由贸易协定。

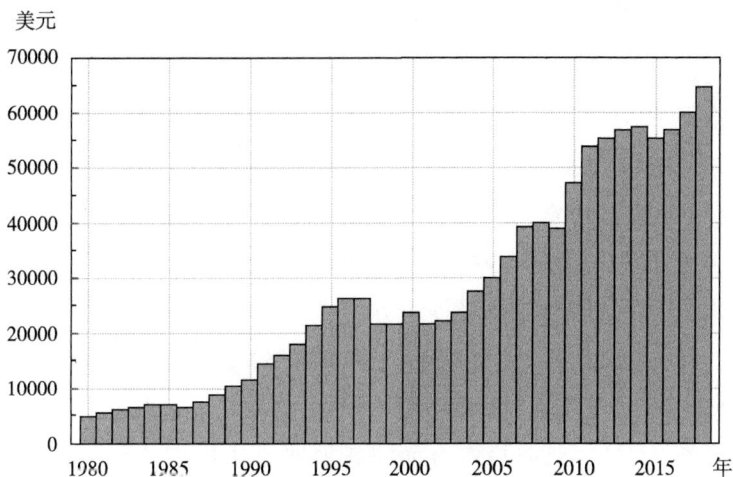

图 4-33　新加坡历年的人均 GDP

（资料来源：IMF）

　　建国五十多年以来，新加坡经济发展取得了举世瞩目的成就，1989 年人均 GDP 超过了 10000 美元（见图 4-33），多项经济指标在世界上名列前茅，成为人均 GDP 位居世界前列的高收入发达国家。从 1965 年到 2017 年，新加坡的 GDP 从不足 10 亿美元增长至 3240 亿美元，年平均增长率达到 11.8%；人均 GDP 则从 516 美元增长至 57722 美元，年平均增长率为 9.5%。2017 年，标普、穆迪和惠誉三大评级机构对新加坡的长期主权评级分别为"AAA""Aaa"和"AAA"，评级展望均为"稳定"。在世界银行发布的《2017 年全球营商环境报告》中，新加坡在 190 个国家及地区的排名中退居第 2 位，在此之前已连续十年位居榜首。世界经济论坛发布的《2016—2017 年全球竞争力报告》中，新加坡在 138 个经济体中排名第 2 位。根据 2018 年的全球金融中心指数（GFCI）排名报告，新加坡是全球第四大国际金融中心。

2017 年 2 月，新加坡未来经济委员会发布报告勾勒出未来五至十年经济发展愿景，并提出七大战略：一是深化并扩展国际联系，二是掌握并善用精深技能，三是加强企业创新与壮大的能力，四是增强数码能力，五是打造多机遇的蓬勃互通都市，六是发展并落实产业转型蓝图，七是携手合作促进创新与增长。报告为未来十年设定的经济增长目标为每年增长 2% 至 3%。

新加坡的经济高度开放，1990 年中新建交以来，两国长期保持着密切的贸易关系。2008 年 10 月，两国签署了《中国—新加坡自由贸易协定》，双边经贸关系逐步实现全方位、多层次、宽领域的发展。近年来，中新贸易稳定增长，中国已成为新加坡第一大贸易伙伴。据中国驻新加坡大使馆经济商务参赞处发布的消息，2018 年，中国保持新加坡第一大贸易伙伴、第一大出口市场和第一大进口来源国。按中方统计，2018 年两国双边货物贸易额为 828.8 亿美元，同比增长 4.6%；其中中国出口 491.7 亿美元，增长 9.2%；进口 337.1 亿美元，下降 1.6%。按新方统计，2017 年两国双边货物贸易额为 1350.2 亿新元（约合 995.5 亿美元），下降 1.5%。其中新加坡出口 680.1 亿新元（约合 501.4 亿美元），下降 8.8%；进口 670.1 亿新元（约合 494.1 亿美元），增长 7.1%。双向投资方面，新加坡对华投资项目为 998 个，增长 41.4%；实际投资额达 52.1 亿美元，增长 9.4%，新加坡为中国第一大新增外资来源国。中国对新加坡非金融类直接投资 35.5 亿美元，增长 11%，新加坡已成为中国第二大新增对外投资目的国。同时，中国向新加坡派遣劳务人员近 3.1 万人，截至 2018 年底，在新劳务人员超过 9.7 万人，新加坡为中国外派劳务第二大目的国。在中新两国的双边货物贸易中，机电类产品约占 60%；矿产品约占 10%；其次为塑料橡胶、化工品、纺织服装、玩具和家具等。

3. 新加坡的主要产业

新加坡作为城市国家，受自身条件限制，属于典型的外向驱动型经济，以金融、航运等服务业和电子、石化等制造业为主，高度依赖国际市场。其传统经济以商业为主，包括转口贸易、加工出口、航运等。1965 年独立后，新加坡坚持自由经济政策，加紧发展资本密集、高增值的新兴工业。受自然禀赋限制，新加坡的农业在三大产业中所占比例非常低，服务业和制造业是新加坡经济增长的双引擎。作为新加坡经济增长的最大动能，服务业总产值约占其 GDP 的三分之二以上，批发零售业、商务服务业、交通与通信业和金融服务业是新加坡服务业的四大重头行业。制造业在新加坡经济占有重要地位，主要包括石化、电子、机械制造和生物医药四大支柱产业。新加坡政府目前的经济发展方向：以服务业为发展中心，加速经济国际化、自由化和高科技化。为了进一步发展经济，新加坡在近年来大力推行"区域化经济策略"，积极开展在国外的经济活动，并加速进行海外投资。

在重工业方面，主要包括了区内最大的炼油中心、化工、造船、电子和机械等，拥有著名的裕廊工业区。国际贸易和金融业在机场经济中扮演重要角色，是亚洲最重要的金融和贸易中心之一。除了金融之外，新加坡的另一大特色就是教育，拥有全亚洲最好的大学——新加坡国立大学，为全球各地培养人才。新加坡的旅游业近两年也逐步发展起来，平均每年接待游客数量超过 900 万次。

（1）新加坡的农业概况

新加坡拥有可耕地面积 5900 公顷，占其国土面积的 9.5%。农业在新加坡国民经济中所占的比例不足 1%，所需食品的 90% 均需从国外进口。主要农业门类包括园艺种植、家禽饲养、水产和蔬菜种植等。新加坡农业主要有高产值出口性农产品的生产，譬如兰花种植、热带观赏鱼批发养殖、鸡蛋奶牛生产、蔬菜种植以及渔场等。截至 2014 年 12 月，新加坡共有 50 个蔬菜农场、3 个鸡蛋农场，126 个陆地及沿海养鱼场。新加坡的农业规模不大，但技术水平颇高，并有自身鲜明的特色，如颇具观光吸引力的都市农业和充分利用空间的垂直种植等。新加坡的观赏类农产品如鲜花、热带鱼等每年可带来接近上亿美元的出口额。

（2）新加坡的工业概况

1961 年，新加坡政府为加速工业化进程以促进经济发展，创建了裕廊工业区。工业区面积为 70 平方公里，进驻了多家跨国公司和本地的高技术制造业公司。新加坡政府还根据地理环境的不同，将新加坡东北部划为新兴工业和无污染工业区；将沿海的西南部、裕廊岛和毛广岛等划为港口和重工业区；而中部地区为轻工业和一般工业区。1965 年从马来联邦脱离后，工业化在推动新加坡经济转型和经济腾飞中起到重要作用。到 2012 年，新加坡的工业产值为 1085.5 亿新元，占其 GDP 的 25.1%，在发达国家中位居前列。新加坡的主要工业门类包括电子、化工、生物医药、精密机械、交通设备和石油冶炼及石油产品等。如今，新加坡已经成为东南亚最大修造船基地之一以及世界第三大炼油中心。电子工业是新加坡水平较高，增长迅速的部门，但面临着其他亚洲国家的竞争，新加坡政府致力于提高生产率，通过在低成本、高技术等方面占据优势来保持竞争力。

（3）新加坡的服务业概况

新加坡的服务业十分发达，在其国民经济中扮演着极其重要的角色，金融业是新加坡最大的服务业部门。商务服务业则包括不动产、法律、会计、咨询、IT 服务等行业。交通与通信行业则包括水陆空交通及运输，也包括传统的邮政服务和新兴的电信服务业等。新加坡金融业发达，是世界著名的金融中心，金融服务业包括银行、证券（股票、债券、期货）、保险、资产管理等门类。新加坡旅游业发达，占 GDP 的比重超过 3%，是外汇的主要来源之一。依托这四大服务业的发展，新加坡确立了其亚洲金融中心、航运中心、贸易中心的地位。

（二）新加坡金融市场概况

新加坡金融体系种类齐全、结构独特、联系广泛、管理严密，是仅次于东京的亚洲第二大金融中心，还是世界四大外汇交易中心之一。新加坡的金融市场主要包括外汇市场、期货市场、股票市场和亚洲美元市场等。另外，新加坡政府于 1969 年组织开展黄金交易，由商业银行和交易商负责经营，交易范围仅限于金饰商和非居民。

新加坡的外汇市场具有资金充沛、交易活跃的特点，2009 年新加坡外汇市场日均交易量达到全球的 6.1%，金融衍生工具的日交易量约占全球 3.9%，2010 年新加坡的外汇交易占全球的 5.3%。国际结算银行（Bank of International Settlements，BIS）的数据表明，2013 年新加坡占据全球外汇市场交易量的 5.7%，超过日本成为亚洲最大的外汇交易中心，仅次于英国和美国。

新加坡商品期货交易所于 2010 年 8 月正式开始交易，这是首个泛亚洲多种商品及货币衍生品交易所（王颖洁，2017），到 2011 年便已拥有 50 名会员、40 万份交易合同和 12 项交易产品，共五大类合约，总值约为 160 亿美元。截至 2015 年，新加坡共拥有 17 种国际性业务，35 个清算会员，472 个非清算会员机构交易席位和 147 个非清算会员个人交易席位。

新加坡的股票市场是仅次于东京和香港的亚洲第三大股票市场，具有波动性低，换手性低的特点。截至 2011 年，新加坡上市公司总数达到 782 家，其中外国公司 321 家，包含 156 家中国公司。

新加坡是亚洲市场的美元交易中心。由于时差影响，一般国际金融市场不能做到 24 小时不停运转，因此产生了当伦敦金融市场停业时将交易转至亚太地区继续进行的要求。第二次世界大战结束后，美国在亚太地区的活动使巨额的美元滞留在亚太地区，亚洲的美债市场为亚洲美元市场创造了资金条件。在亚洲的主要金融中心中，日本具有较严格的金融管制，而香港在"二战"后还属于英国殖民地，只有新加坡是开放的独立国家，自然成为亚洲美元市场的中心。

新加坡的金融体系主要包括如下机构：

新加坡金融管理局（Monetary Authority of Singapore，MAS），新加坡金融管理局成立于 1971 年，承担了除发行货币之外的所有央行职能。新加坡金融管理局的目标是维持货币稳定、保持经济的加速增长和促进金融机构的设立，通过金融结构的现代化推动新加坡经济健康、可持续的增长，将新加坡建设成一个健全的，蓬勃向上的金融中心（王一帆，2017）。为实现该目标，金融管理局主要采用对国库券和贸易票据的再贴现、对金融机构的资产规定流动资产比率和最低现金储备率等工具。新加坡金融管理局的主要职责：制定和实施货币政策，负责管理金融市场并为使金融部门保持良性运作创造环境，政府的财政代理及管理国债和外汇储备，对银行或其他金融部门执行审批、管理、监督和稽核工作，作为"最后贷款人"为银行或其他金融机构融资，监督和管理保险公司的业务，代表新加坡政府和世界各国的金融机构建立联系等。新加坡金融管理局负责对全国所有的金融机构以及整个金融市场进行监管。新加坡金融管理局依法实行监管的对象包括商业银行、金融公司、基金管理公司、证券公司、保险公司、货币交易所和金融期货公司等。新加坡出台了一系列法律对各类金融机构加以规范，包括《银行法》《证券业法》《期货交易法》《金融公司法》等。金融管理局的监管方式主要有外部审计、内部控制、现场检查、非现场检查以及社会传媒监督等。其执行监管的主要手段则包括严把市场准入条件，执行严格的机构审批；加强对金融行业从业人员的监管，对企业高管和主要从业人员进行资格限制；以及对有问题的机构下处理指令、罚款，甚至向法院起诉等。新加坡金融管理局自成立以来，总体上成功地维持了货币供应量的平稳增长，使新加坡元汇率保持了稳中趋升的态势。

新加坡货币局，创立于 1967 年，并于同年 6 月开始发行新加坡元。1971 年新加坡政府在建立金融管理局时，为了维护人们对新币的信心，决定不急于建立中央银行，而是继续保留货币管理委员会专门负责货币发行，货币委员会与金融管理局实际上共同分享中央银行的职能。新加坡货币局是货币管理委员会的常设机构，具体负责管理货币发行、维护货币的完整、防止伪造货币，同时还要确保新元的发行有充足的外汇准备。自 2002 年 10 月 1 日起，货币管理委员会合并到金融管理局。

商业银行，由于新加坡的银行体系是由独立前的殖民银行体系演化而来，因此保留了本地银行和外国银行并存发展的 "双重银行体系"。新加坡独立后的银行体系经历了数次变迁，最初新加坡政府允许外资银行从事本地银行所能从事的全部业务，但随后为了保护本地银行的发展，开始颁发限制性银行执照和离岸银行执照，逐渐限制外国银行的业务，从而形成了目前的三类商业银行：完全执照银行、限制性执照银行和离岸性执照银行。

新加坡发展银行（DBS），该机构建立于 1968 年，主要通过提供中长期贷款，股权参与和担保等向工业提供长期信贷，以促进经济发展。目前新加坡发展银行的业务包括发展银行业务，商业银行业务和商人银行业务。作为公共部门的金融机构，DBS 对融资十分审慎，因而不能完全满足小的地方工业企业的贷款需求。

财务公司，此类机构不能吸收活期存款，定期存款是其最大资金来源。其存款利率一般比银行高 1%～2%，贷款利率因而往往也高于银行贷款利率。财务公司的业务主要包括住房贷款、分期付款信贷、租赁融资、房地产投资和证券投资等。

中央公积金（CPF）成立于 1955 年，是政府法定的储蓄机构。主要由雇主和雇员定期存入款项，并在员工退休后或失去工作能力后支付其生活费。CPF 的资金大多投资于国库券之外的政府证券，因此长期以来是政府最大的债权人。公积金的参加人可以将部分已存入余额作为向特定住房公司购买住房的预付款，或认购新加坡公共汽车服务公司的证券。

除上述机构，新加坡的金融体系中还存在如保险公司、国际货币经纪商、黄金交易商、租赁公司、单位信托等金融机构。

1. 新加坡银行业概况

（1）新加坡银行业简介

新加坡的银行面向不同类型客户开展多种服务，包括个人、公司或政府机构的商业银行（针对企业和公司）、零售银行（针对公众个人）和私人银行。

全牌照银行能够向客户提供在银行法令下批准的银行业务，共有 6 家在新加坡营业的外资银行获得合格的全牌照银行资格，分别为汇丰银行、花旗银行、渣打银行、马银行、荷兰银行和法国巴黎银行。

批发银行：除了以新加坡元进行活动的零售银行外，批发银行的业务范围和全面银行一致，在新加坡，所有批发银行都以外国银行分行的身份营运。

离岸银行：离岸性执照从 1973 年起颁发给外国银行，此后开业的银行大都为此类执照，离岸性银行的业务主要集中于亚洲货币单位交易，从 1978 年开始，离岸性银行可以有条件地从事新加坡国内的金融业务。新加坡所有离岸银行都以外国银行分行的身份营运。

新加坡的金融体系还存在商人银行，其主要职能是安排融资。由于商人银行不能直接从公众吸收存款，因而资金来源有限，必须从银行间市场借入资金。商人银行在新加坡国内经营没有规定，但一般每家商人银行都只从事某一项或少数几项擅长的业务。

此外，新加坡还设有邮政储蓄银行。由于邮政储蓄银行不能接受公司存款，所以主要资金来源为个人存款，并可将资金用于购买政府证券或向国营公司贷款。部分存款也可用于股票投资和私营公司证券投资，还可以通过其子公司邮政储蓄银行信用私人有限公司进行房产借贷。

（2）中资银行在新加坡的发展

目前新加坡共有 8 家中资金融机构，分别为中国工商银行、中国银行、中国农业银行、中国建设银行、交通银行、招商银行、中信银行和浦发银行，其中中国工商银行和中国银行持有特准全面银行执照。中国银行新加坡分行早在 1936 年就已成立，是新加坡历史最久的商业银行之一，其他中资国有银行的分行均成立于 20 世纪 90 年代。股份制银行则是近年来逐渐在新加坡获准设立的分支机构，如 2014 年招商银行新加坡分行成立，浦发银行新加坡分行于 2016 年正式获得牌照。

由于新加坡自身条件有限，为外向型经济，吸引外资在其经济增长中占据重要地位，因此外资准入政策宽松，对外资企业实行无差别的国民待遇。新加坡作为全球顶尖的金融中心、外汇交易中心和财富管理中心，还是亚洲美元中心市场，其金融服务业成熟发达、竞争充分、总体有序（吴海燕，2017）。在建设"21 世纪海上丝绸之路"的道路上，新加坡扮演着重要角色，具有辐射东盟、熟悉东西方文化的独特优势。作为成熟的全球金融中心，新加坡能够在筹融资、技术服务支持、人员培训等方面为"21 世纪海上丝绸之路"提供大力支持，从而为在新中资银行提供良好的发展机遇。同时，新加坡国家品牌形象优良、经商环境高效透明、金融环境便利，以及全球连通性极强的优势，也有利于中国企业对新投资合作，或通过设立区域总部进军国际市场，构建全球贸易网络（楼坚，1996）。

2. 新加坡货币市场概况

新加坡的货币市场交易分为两大类：一类是银行间的拆借市场，无须抵押，也没有能够流通转让的金融工具；另一类是由商业票据、国库券、可转让存单与回购协议等代表债权债务关系的短期票券的发行、流通和贴现市场。银行间市场的规模约为票券市场的 3 倍，形成较早、运作完善，是新加坡货币市场的主体。尽管由于新加坡国内对直接融资的需求有限，票券市场发展较慢，但新加坡金管局很重视票券市场的发展。

（1）银行间同业拆借市场

新加坡的银行同业市场 1962 年开始走上规模发展，当时的外资银行、外汇和股票经纪商为了在清算时取得短期拆入的新加坡元资金，自发组织了银行同业市场。拆借市场主要有商业银行、商人银行、邮政储蓄银行和金融公司参与，新加坡金融管理局有时也会因政策目的进入。商业银行进入拆借市场的主要目的是弥补其最低现金准备的不足。按新加坡银行法规定，商业银行须在金融管理局开立往来账户，且现金余额不能低于负债总额的 6%，因此每日资金清算时，现金账户资金余额不足的银行需向资金充裕的银行拆入。

总体来看，新加坡银行的同业拆借市场是一种供求决定价格的自由机制，银行同业本币（新加坡元）拆借利率随国内资金供求变化、离岸金融市场价格和金融管理局干预的影响，但后两者相对次要。新加坡银行同业拆借市场20 世纪 80 年代开始快速发展，平均年增长率达 24%，到 20 世纪 90 年代初已成为新加坡货币市场最活跃、最主要的部分，其利率水平则成为新加坡货币市场乃至其全国金融体系的主导性基准利率。

新加坡银行同业拆借市场除经营新加坡元，还能够进行外汇拆借，事实上，同业拆借的净拆出者多为新加坡本地银行和金融公司，而净拆入者多为没有本地存款市场的外资银行或从事本币贷款的金融机构，因此同业拆借市场还起着一定沟通境内外资金市场、配合外汇交易的作用。

（2）新加坡的商业票据市场

1971—1974 年，新加坡先后建立了新加坡贴现公司、国际贴现公司、国民贴现公司和万商贴现公司这四大贴现行，在政府的大力支持下，其业务迅速扩展。除对商业票据贴现，这些机构还能够对国库券、可流通存款单和短期政府公债等进行贴现。

商业票据的主要形式是汇票、本票和支票。新加坡商业票据市场的主要交易工具是商业汇票，本票和支票很少，也缺乏类似美国那样的企业短期债券。新加坡商业票据的发展主要是得益于本区域转口贸易的融资需求，以及新加坡废除了汇票开具的印花税，降低了商业票据的交易成本。新加坡的商业票据市场由两部分组成，分别是商业票据的贴现市场和对商业票据进行背书转让的流通市场。

新加坡的商业票据市场自 1972 年正式运营以来获得了快速发展，是新加坡货币市场中仅次于银行同业拆借市场的第二大组成部分。尽管从 20 世纪 80 年代末开始，由于新加坡银行存贷利率调整，以商业票据贴现融资不如银行贷款划算，且金融管理局限制商业银行持有长期商业票据，商业票据市场发展变慢。但商业票据作为新加坡货币市场最活跃的交易工具之一，对加快企业资金周转、提高资产管理的流动性、活跃货币市场资金交易起着重要作用。

（3）新加坡的国库券市场

新加坡的国库券和中国国库券有所差别，它是新加坡政府为了调节财政收支中临时性的资金余缺而发行的短期国债凭证，具有期限短，面额多样，依据市场情况折扣发售而到期按票面额十足还本（提前支付借贷利息），以及信誉较高等特点。此外，由于四大贴现行和各大商业银行都办理国库券贴现，其二级市场相当发达，所以持有国库券依然能够为新加坡企业和个人的资产组合提供较高流动性。

早在 1923 年新加坡就颁布了第一部国库券法令，随后开始发行国库券。1973 年 1 月，新加坡金管局将国库券改为招标式发行，使国库券市场明显活跃。1987 年 5 月，新加坡重组国债市场，引入无纸化交易，随后的一系列举措也都有力地促进了新加坡国库券和其他国债市场的发展。

新加坡金融管理局规定，商业银行和金融公司均需持有一定比例的国库券作为流动性资产，这对国库券市场的支撑很大。但总体而言，新加坡的国库券市场规模不如银行同业市场和商业票据市场，更无法媲美美国国库券市场在其国内金融体系的核心地位，这与新加坡经济规模、政府收支规模和国内市场容量小，以及事实上的利率控制有关。

3. 新加坡资本市场概况

新加坡独立后一段时间内，仍与马来西亚共用一个证券市场，直到 1973 年 5 月马来西亚决定中止马新两国货币的互换性。1973 年 6 月，新加坡证券交易所作为独立交易所正式营业，新加坡资本市场自此开始发展。

1999 年 12 月 1 日，原新加坡证券交易所（SES）与新加坡国际金融交易所（SIMEX）合并成新加坡交易所（Singapore Exchange，SGX），这是仅次于东京、中国香港的亚洲三大交易所和亚洲主要金融中心之一。2000 年 11 月 23 日，新加坡交易所挂牌上市，成为继 1998 年的澳大利亚证券交易所和同年 6 月的中国香港联交所后，亚太地区第三家上市的交易所。新交所是众多优秀上市公司的大本营，在吸引国际发行商方面也位列全球前列，并在成立后不久便迅速成为国际金融衍生品在亚洲的海外风险管理中心。

新交所有两个主要交易板，分别为第一股市（Mainboard）和自动报价股市（The Stock Exchange of Singapore Dealing and Automated Quotation System，SESDAQ）。SESDAQ 于 1989 年成立，其目的是为具有发展潜力的中小型企业提供在资本市场募集资金的渠道。自动报价股市成立之初只允许新加坡注册公司申请上市，1997 年 3 月开始向外国公司开放。2010 年 10 月 22 日，根据新加坡交易所的公告，其 Global Quote 板块推出 19 家大型亚洲企业的美国存托凭证交易，通过与美国纳斯达克（NASDAQ OMX）的合作，亚洲投资者更容易向在美国上市的集团投资。

（三）新加坡的金融脆弱性分析

新加坡长期居于"全球金融中心指数"排名前五位，其国际金融中心的地位广受认可，金融业实力居于世界前列。新加坡的金融实力与其一直以来重视金融监管是分不开的。

1. 新加坡的金融监管

（1）新加坡的金融监管体系

新加坡是世界上最早进行金融监管的国家之一，监管机制较为完备。新加坡金融监管的主体是金融管理局，新加坡金融管理局（以下简称新加坡金管局）拥有非常高的独立性和权威性，与其他东盟国家不同，新加坡金管局具有央行和金融监管机构的双重身份，其主要职责是中央银行的金融调控职能，能够有效地对新加坡的金融行业进行监管（毕荣，周天珏，陈程，2016）。与中国人民银行相似，新加坡金管局可以通过利率政策、公开市场业务和存款准备金等手段进行调节市场，稳定金融环境；同时要负责对包括银行、保险和资本市场中介在内的所有金融机构进行监管和管理。新加坡金管局采用风险为导向的方法进行监督。受英国中央银行体制的影响，新加坡金管局采取董事会到执行总裁办再到职能部门的治理结构，其中董事会由政府官员和财政金融界、法律界的资深要员组成，其成员构成对金管局职能的有效行使具有重要影响。

新加坡金管局的总体目标是保障新加坡金融体系的稳定，新加坡金管局认为防范风险是金融体系的命脉，要求金融机构具有完备的风险管理制度，强大的内部监管和充分的应急预案，以尽可能减少金融机构的倒闭风险和影响；但同时新加坡金管局也认识到过于严格的监管将会导致金融机构的进取心创新力和竞争力不足。具体而言，新加坡金管局主要通过确保金融机构稳健、完善金融基础设施、建立透明高效的市场和金融中介等措施，来保证新加坡金融体系的良好运行。新加坡金管局积极推动金融机构进行风险识别、检测和缓解，并充分评估和改进主要金融机构应对潜在风险的计划的可靠性（白士泮，2017）。此外，还要求金融机构有强大的反洗钱系统和能力，以防止金融机构被洗钱或恐怖主义所利用。基础设施方面，新加坡金管局要求相应平台具备应急预案和灾难备份，以保证其安全和稳定性，并通过提高基础设备的有效性来提高效率，降低成本，从而提升金融机构的经济效益。市场方面，新加坡金管局致力于监测、阻止并惩处恶意的串通，要求任何可能影响市场价格的重要信息均能得到及时披露。此外，新加坡金管局还通过对金融中介机构设定准入门槛、引导建立公平的商业习惯等方式来提高金融中介机构在经营业务中的透明度和公平度。

新加坡在逐渐成为国际金融中心的过程中，形成了特有的金融监管理念，主要内容包括金融监管由管制向监管转变，施行灵活开放的金融监管机制；注重风险管控，建立其国情的信用评级并进行风险甄别；注重金融机构的公司治理和内部控制；强调审慎的会计原则和监督原则；重视人才和激励手段；以及注重借鉴国际监管措施。

新加坡金管局的执法功能主要体现在对金融机构的授权经营、市场纪律的教育和公司治理的指导等，其监管法律制度的建设主要包括四个方面：金融服务业风险监管法律，公司治理法律，信息披露法律和金融市场友好法律的建设。新加坡在1998年亚洲金融危机前，金融监管手段以严格著称，主要通过制定较高的从业标准和严格的规章制度来确保金融机构远离风险。但随着国际化和全球化的发展，新加坡认识到过于严厉的监管不利于金融市场的活跃和发展，因此其监管理念由实施合规性监管逐渐转变为注重风险监管和间接监管。进入21世纪，新加坡金管局着重发展中间业务和衍生产品，推动金融创新，在2007年发布了《新加坡金融管理局金融机构影响及风险评估框架》，推出适用于国内所有金融机构风险评级的"公共风险评估框架和技术"（Common Risk Assessment Framework and Techniques，CRAFT）。公司治理法律制度方面，为扭转家族式企业缺乏公司治理的文化和传统的问题，新加坡公司治理委员会在2001年发布了《公司治理原则》，主要对董事会的构成和操守、董事的薪酬、审计和薪酬委员会的构成和股东问题进行约束，以加强金融机构的公司治理，强化职业操守。金管局也出台了《在新加坡注册的银行、金融控股公司和直接保险人的公司治理指南》。信息披露监管则是新加坡监管机构转变监管观念和监管职能的直接体现，新加坡在《公司治理守则》中明确了公司信息披露的要求，新加坡金管局还根据《公司法》《银行法》《证券与期货法》和《理财顾问法》等法律出台了金融机构信息披露的强制规定，避免内部交易，以使金融市场更加透明和公平。新加坡在2006年荣登全世界商业最友好的国家，具有政府机构高效亲民，金融市场基础设施建设突出，市场环境尽可能透明公平，鼓励竞争与创新等特色和优势，这与金管局致力于市场友好法律的建设分不开。

（2）新加坡的"监管沙盒"制度

金融业的发展离不开金融创新，尤其是最近十数年金融科技创新呈现跨界化、分布式以及智能化等特点，颠覆了传统金融市场的运行状态，但与此同时也使金融业的风险大增，对金融监管不断提出新的挑战。面对这样的形势，采取什么样的适度监管，同时鼓励金融创新，是各国金融监管面临的共同问题。基于这样的背景，"监管沙盒"的理念和制度被创造性地提出并得以发展。"沙盒"是一个开放给授权或未授权公司的监管空间，允许其在这一监管空间与真正的消费者对接，进行创新产品、服务、商业模式和交付机制等方面的测试（于文菊，2017）。英国金融行为监管局（FCA）在 2015 年 11 月向英国财政部递交了开展"监管沙盒"的可行性和实用性报告，这是目前公认最早提出"监管沙盒"的时间。

新加坡金管局（MAS）为了引导和促进金融科技产业持续健康发展，在 2016 年 6 月提出了"监管沙盒"制度，随后于同年 11 月发布了《FinTech 监管沙盒指南》（以下简称《指南》）。

具体而言，《指南》内容包括"监管沙盒"的基本介绍、方法、指导方针、目标受众、目标和原则、评估标准、延期和退出、申请程序和审批流程八个主要方面，并为申请人提供了有关申请过程的指导。

新加坡金管局鼓励金融机构、金融科技公司和专业服务公司等积极采用创新和安全的技术，通过"监管沙盒"在一定的持续时间内试验并提供必要的监管支持，来提高效率、规避风险、创造机会，实现构建更加先进的金融中心的目标。为实现这一目标，指南规定了两条监管原则：假定"沙盒"在生产环境中运行，其运行必须有一个既定的空间和持续的时间段，且在此过程中失败的后果可以被控制；以及申请人需清楚地了解"沙盒"的目标和原则，明确"沙盒"不能作为规避法律和监管要求的手段。

新加坡金管局鼓励金融技术试验，以能够在市场上推行有希望的创新。因此，指南规定任何金融机构和金融科技企业都可以申请进入"监管沙盒"，申请人在申请获批后成为负责部署和操作"沙盒"的主体，并在生产环境中试验金融创新产品及服务。试验期间内，"监管沙盒"将依据金融产品实际情况适当放宽法律规制和监管要求，并通过提供适当的保障措施应对失败后果来维护金融系统的安全和健康。《指南》还要求，试验主体在成功完成试验并退出 "沙盒" 之后，必须完全遵守相关的法律和法规。

"监管沙盒" 作为一个 "试验区"，其内部对金融产品及服务的法律监管和约束有所放松，允许金融机构在这个既定的安全区域内对新产品、新服务、新模式等展开试验，甚至可以依据试验结果修改或提出新的法律制度（丁昌选，2019）。通过采用 "监管沙盒" 的方式，一方面能够降低金融创新产品投放市场的潜在成本，另一方面还为使用新产品的消费者建立了一定的保护措施。同时，还有效减少了不必要的针对金融创新的监管壁垒并积极促进了金融行业的有效竞争。因此，"监管沙盒" 是应对层出不穷的金融创新的有力措施。

（3）新加坡金融治理的经验

新加坡作为一个面积、人口、资源和体量都非常有限的国家，却能够充分发挥自身地域优势成为世界知名的金融中心，其金融治理可谓相当成功（杨新兰，2015），对其他国家的金融业发展有重要的借鉴意义，具体有以下几个方面。

法定机构的灵活性。新加坡金管局属于法定机构，权力要受国会通过的法令限制，有四点突出的管理特色：一是监管资源配置合理，通过风险评级和冲击力影响的 "双维模型"，来动态地配置金融机构的监管资源；二是任人唯能，通过绩效评估和潜能评估来选拔人才；三是将薪酬与能力挂钩，以吸引人才和减少腐败；四是动态治理，以确保政策的前瞻性、持续性和有效性。

金融监管理念从规制导向转向 "从旁监管"，具体体现在三个方面：一是政府不会主导市场发展，确保金融市场是自发和有活力的，仅在其运作失效时强化监管；二是使监管应确保金融市场发展和金融稳定间能保持平衡；三是要保持监管制度、规则的连贯和稳定，降低 "政策风险"。

统一框架下的综合监管。经过摸索和演变，新加坡现在以维持金融稳定为目标，以风险监管为手段，由新加坡金管局统一执行货币政策、金融监管和推动金融市场发展的职能，属于高度集中的金融监管体制。

差异化的监管策略。新加坡金管局将银行业划分为全面执照银行、限制执照银行和离岸银行三类，并实施分类监管。在 28 家持全面银行执照的银行中，有 10 家持特准全面银行执照，如汇丰、中行、工行等，可以在设立分支机构、业务开办等方面享有宽松政策。新加坡金管局会针对每家银行的不同牌照及业务特点、规模、风控水平而设定不同的监管要求。以 ACF（Adjusted Captial Fund）为例，金融管理局对银行的资产负债表分为 ACU（Asia Currency Unit）项下和 DBU（Domestic Banking Unit）项下两种不同模式监管；原则要求 ACU 项下系统内净资金必须为正，以评估总行对分行的支持度。

此外，新加坡的金融监管还具有宏微观审慎监管相配合的特点，并建立了完备的监管原则及规则的体系。围绕"风险导向"，金融管理局确立了监管的四项基本原则：注重风险为本，注重与利益相关者的合作，注重信息披露和采取市场咨询方式来促进市场创新，同时还细化了 12 项配套规则，注重创造透明及健全的金融环境。

2. 新加坡银行脆弱性分析

新加坡作为国际金融中心，新加坡金管局对银行业的风险情况有严格的监控。自 2013 年 1 月 1 日起，新加坡金管局要求其境内银行执行巴塞尔协议Ⅲ的所有资本监管要求，并且所有在新加坡注册的银行在 2015 年 1 月 1 日前，必须满足普通股一级资本充足率（CET1）不低于 9%（包括 2.5% 的资本缓冲区间）的要求，而巴塞尔协议Ⅲ仅要求 7%。

外资银行进入新加坡市场也要受到严格的监管，首先外资银行需在符合要求的前提下向金管局提出申请，新加坡金管局的具体要求视申请银行的牌照和营业范围而定。申请银行必须确保财务状况良好和财务制度健全，其本身或母公司要有较高的国际地位及国际声誉，并符合巴塞尔资本充足率的框架要求（孙龙，2003）。此外，申请银行母公司所在国应有较强的金融监管能力，并愿意与新加坡金管局进行金融监管领域的合作。申请银行在申请时应当具备良好的金融产品和经营战略，还应有与其业务规模和业务复杂性匹配的完善的风险管理制度和流程。

如前文所述，新加坡在金融方面有着良好的制度和经验，并且本身就采取了全面风险管控的监管方式，因此其银行业长期以来发展稳定，经营状况良好。在 2015 年美国《环球金融》（Global Finance）杂志评选的全球最安全的 50 家银行中，新加坡本土三大银行星展银行（DBS）、华侨银行（OCBC）和大华银行（UOB）分别排名第十一、第十二与第十三，在全球的商业银行中均高居第二、第三与第四，是亚洲最安全银行排行榜中的前三名。评选依据主要有穆迪、标准普尔与惠誉给予银行的长期外汇评级和银行的资产规模等，足见新加坡银行业的稳定性颇受认可。

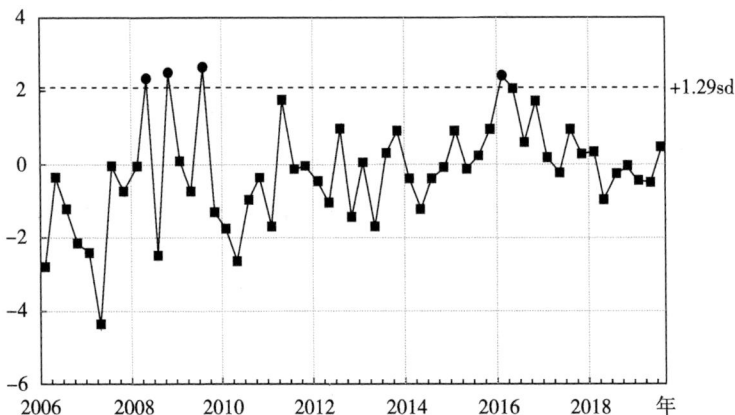

图4-34 新加坡银行系统压力指数

（资料来源：Wind数据库，经作者计算）

由于2007—2009年，美国次贷危机和欧洲债务危机的连续爆发，新加坡银行业随之受到影响，银行系统压力明显增大（见图4-34）。而世界经济在2010年后迟迟不能全面走出困境，新加坡由于其极度外向的经济结构，2012年起经济增速迅速下滑，在这样的背景下，新加坡金管局在其2015年的报告中指出，商品价格走弱给企业带来的冲击，会对银行、金融市场、主权资产负债表和经济产生连锁反应。银行需继续维持谨慎的信用承保标准，密切监控投资组合的脆弱性，并确保足够的拨备。经济增长进一步放缓，外部和国内贷款增长的趋缓都会对新加坡的银行体系构成风险。但同时新加坡金管局也认为新加坡的银行体系仍然具有较强的适应能力，银行资本和流动性缓冲雄厚能够抵挡严重的外部冲击。尽管2015年新加坡的经济乃至政府形象遭遇重大打击，但2016年初，穆迪仍然认为，虽然新加坡银行的营运环境、资产质量以及盈利情况和效率有恶化，但银行系统的整体展望保持稳定。

截至2016年，新加坡的情况依然严峻，不仅全球经济迟迟不能复苏，还出现了英国脱欧这一不确定因素，作为英联邦国家和金融中心，新加坡再次受到波及，也反映在银行系统压力指数的变化当中。但新加坡金融管理局认为其银行体系能够保持稳健并具有韧性，有强大的资金和流动性缓冲。2016

年第三季度，新加坡当地银行体系的整体不良贷款率为1.4%，比过去的一年有所上升，因此新加坡金管局敦促银行业需要警惕潜在的长期经济放缓以及坏账的上升，但并不表示所有银行都拥有足够的偿付能力，其资本充足率在压力环境下依然高于巴塞尔协议的监管要求，所以金融系统依然能够通过严厉的压力测试。虽然新加坡金管局在外忧之下仍对银行稳定性充满信心，但在这一年，由于李家陷入内讧，内忧外患对新加坡造成严重打击，银行评级展望也一度下降至负面。但到2017年，受大宗商品价格企稳和新加坡经济增长状况改善，新加坡银行业的评级展望又迅速恢复稳定，也确实体现出新加坡银行业的稳健和韧性。

3. 新加坡货币脆弱性分析

作为世界重要的金融贸易服务中心，新加坡虽然体量小，但其货币管理经验值得关注和学习。新加坡自1981年开始实行参照一篮子货币的有管理的浮动汇率制，但篮子货币权重不对外公布，贸易加权的汇率能够在一定区间内波动，汇率水平和爬行浮动每半年公布一次（潘永，蒋愉，2012）。相比实行钉住单一货币的经济体，世界上真正参考篮子货币调节汇率的经济体要少得多，且宣称钉住篮子货币的经济体往往更难实现汇率调控的目标。然而实证研究表明，新加坡元的实际有效汇率与其均衡汇率较为贴近，不存在明显的汇率失调（见图4-35）。近二十多年来，新加坡消费物价指数的增长幅度

图4-35 新加坡的汇率变化

（资料来源：Wind数据库）

明显低于其主要贸易伙伴的平均水平，仅在 21 世纪后的两次经济危机期间有比较明显的上涨（见图 4-36），这说明新加坡通过名义有效汇率的调整，较出色地实现了维持物价稳定的货币政策目标。

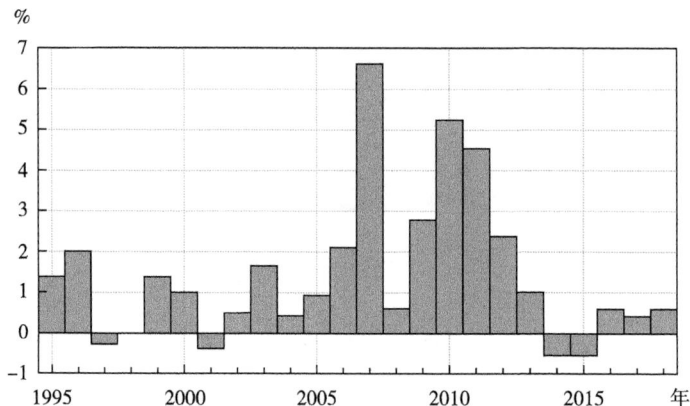

图 4-36　新加坡历年消费者物价指数（CPI）的变化率

（资料来源：Wind 数据库）

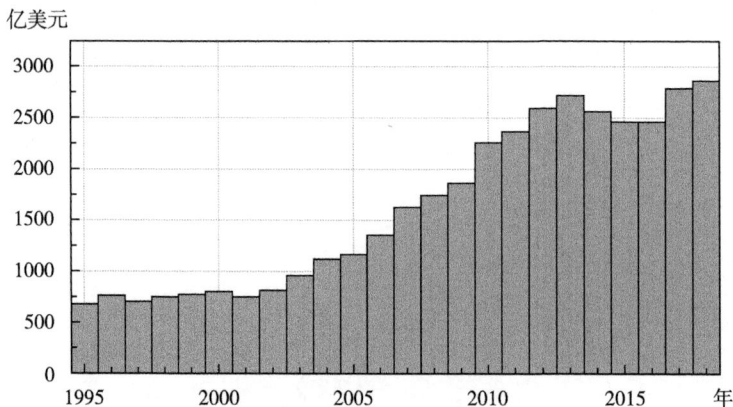

图 4-37　新加坡的国际储备情况

（资料来源：IMF）

　　除了前文提到过的新加坡金融监管的各种有效手段对货币稳定的帮助外，新加坡还在数字金融和市场透明等方面做了大量工作。其货币政策机制深受 IMF 的肯定，认为其有助于稳定通货膨胀。新加坡金管局每半年发表一次的货币政策声明和《宏观经济评论》，也有助于增强市场对新加坡金管局的认识，保持市场透明，从而也能够增加政策效力。

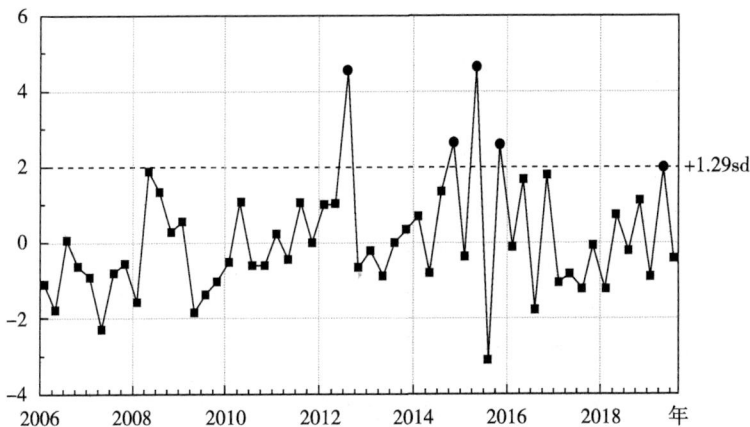

图4-38　新加坡的外汇压力指数

(资料来源：Wind数据库，BIS数据库，经作者计算)

作为典型的外向型经济体和国际金融中心，新加坡的外汇压力指数波动较大，偶有出现外汇压力较大的情况，这是可以理解的。次贷危机和欧债危机蔓延开后，由于市场需求不足，新加坡银行间隔夜拆借利率连续下降，2010—2012年，新加坡银行业隔夜拆借利率一度降至几乎为0，于是在2012年4月，新加坡创下了日均外汇交易的最高纪录，2012年第三季度，新加坡银行间隔夜拆借利率有所提高，所以外汇压力指数出现陡增（见图4-38）。而2015年下半年到2016年，新加坡政局动荡，打击了投资者对新加坡的信心，影响新加坡国际金融中心的地位（刘宇苓，2017），因此外汇市场压力很大，主要表现在外汇储备下降，银行间拆借利率大起大落，随着新加坡政局稳定，外汇市场也重新趋稳。

新加坡作为小型开放经济体，调整汇率更加适合本国情况，长期以来采用汇率作为货币政策主要工具，新加坡元的名义有效汇率是新元兑一篮子主要贸易国家货币的币值。虽然出于国际贸易形势的影响，新加坡会调整自己的货币政策，造成汇率一定幅度的波动，但总体而言，新加坡的货币政策灵活，货币制度较为完善且与本国国情相匹配；同时，新加坡还拥有接近3000亿美元的巨额外汇储备（见图4-37），因此具备稳定其货币的能力。

4. 新加坡在全球经济衰退下的困局

新加坡以服务业和制造业为主，其发展依赖于开放的市场与高效的人才资源。其外向型的经济具有明显的脆弱性和敏感性。近年来，全球经济的不景气与不稳定直接威胁着新加坡的经济。由于新加坡的经济体量小，国际贸易的波动容易在新加坡经济上呈现放大的应激反应。

除了全球经济和贸易形势的走低，新加坡还面临着其他的问题。由于新加坡扼守着马六甲海峡，其地理位置十分重要，是欧洲、非洲东海岸、南亚和海湾国家的货物要想运到中日韩澳等亚太国家的必经之地。

然而随着中国经济的发展，有着中国这一巨大市场的城市上海迅速发展，中国上海距离日本、韩国、俄罗斯等国更近，运费更低，且上海可以直接辐射到中国这一全球最大的市场，而新加坡只能是中转港。因此，从 2010 年起，新加坡的世界第一大港位置被上海替代，到 2015 年，受到李光耀逝世、李家内讧以及全球贸易不景气的多重影响，新加坡与上海的集装箱吞吐量的差距迅速拉大。此外，巴基斯坦瓜达尔港和马来西亚皇京港的建设对新加坡的地缘优势造成一定冲击。

由于新加坡的政治体制，其发展极其依赖领导人的政治智慧，因此李光耀的离世对新加坡影响很大，在相当长的一段时间内，李显龙放弃了李光耀平衡于中美两个大国的外交政策，面对中国的逐渐崛起，李显龙显然抱有恐惧和焦虑的传统西方精英思维，将中国视为竞争对手和直接威胁，力促美国推进 TPP（戴石，顾纯磊，2017）。但新加坡始终是一个亚太国家，这样的主张对其经济贸易造成不利影响，特别是特朗普上任后，主张贸易收缩并退出 TPP 战略，对李显龙的政治主张造成严重打击。近年来，由于全球经济和贸易形势没有回暖迹象，新加坡的经济发展又蒙上了一层阴影（陈九霖，2017）。

作为曾在短时间内实现经济腾飞成为亚洲的发达地区，新加坡如今经济却进入下行通道。长期以来，中国把新加坡作为学习的榜样之一，现在依然能够从新加坡的经济低迷中吸取经验教训。一方面，应大力发展内需，不能过度依赖国际贸易。不同于新加坡受限于自身体量和市场深度不得不依赖国际贸易的情况，中国消费市场潜力巨大，但是我国目前高品质的产品和服务供给不足，因此要注意消费升级。另外，新加坡也意识到仅凭贸易、物流和金融业难以支撑长期健康发展，因此新政府也开始实施研究、创新与创业计划，力图将新加坡打造成一个知识经济体（刘威，2016）。我国也应当认识到这一点，要积极进行产业升级，大力发展高新技术产业，才能在复杂的国际竞争中日益壮大。

七、印度

(一) 印度的基本情况

1. 印度地理文化简述

印度共和国简称印度，成立于 1950 年 1 月 26 日，国土面积约 297.47 万平方公里（不包括中印边境印占区和克什米尔印实际控制区），居世界第七位。是南亚次大陆最大的国家，与巴基斯坦、中国、尼泊尔、不丹、缅甸和孟加拉国陆地接壤，东西濒临孟加拉湾和阿拉伯海，首都新德里。印度人口众多，2018 年达到 13.53 亿，居世界第二。自然资源丰富，森林面积 67.8 万平方公里，耕地面积高达 160 万平方公里，是亚洲耕地面积最大的国家，占据全球可耕地面积的十分之一。但印度的气候类型是以热带季风气候为主，不稳定的西南季风导致印度降水量的时间分配变化剧烈，频繁发生的水旱灾使印度的粮食生产很不稳定。

印度具有悠久的历史，古印度是四大文明古国之一，早在公元前 2500 年，主要在现巴基斯坦境内诞生了印度河文明。公元前约 1500 年，中亚的雅利安人征服了当地的古印度人，建立了一些奴隶制小国，并确立了种姓制度。公元前 4 世纪，孔雀王朝第一次统一了印度，开始推行并传播佛教。公元前 188 年左右，孔雀王朝灭亡，印度从此进入割据状态，印度教和伊斯兰教兴起。1600 年英国入侵莫卧儿帝国并成立了臭名昭著的东印度公司，1757 年以后，印度逐渐沦为英国殖民地，但也在英国殖民下再次实现了统一。1947 年 6 月，英国颁布了《蒙巴顿方案》，实行印巴分治。同年的 8 月 15 日印度自治领成立。1950 年 1 月 26 日，印度共和国正式宣布成立，同时成为英联邦成员国之一。

印度是一个由 100 多个民族构成的多民族、多宗教的国家，最大的民族为印度斯坦族，约占全国总人口的 46.3%，全境共分为 35 个一级行政区。政治上，印度选用了英国式的议会民主制，联邦议会由总统和两院组成，行使立法权。最高行政机关是部长会议，总理是部长会议和全国实际首脑，总统则是名义国家元首和武装部队统帅。

印度矿产资源丰富，云母产量居世界首位，煤和重晶石产量居世界第三。作为新兴市场国家代表的金砖国家之一，尽管印度仍有约三分之二的人口靠农业维生，但近年来其服务业增长十分迅速，已经成为全球软件、金融等服务业中占据重要地位的大国。同时，印度还是全球最大的非专利药出口国，并拥有世界上规模最大的侨汇。但由于种姓制度等文化和历史原因，印度是一个社会财富分配非常不平衡的发展中国家。

印度是"一带一路"沿线中人口最多、经济总量最大的国家，也是沿线大国中唯一未公开表态支持的国家，从"一带一路"倡议提出后，印度政界的态度经历了从观望，到正面，再到反对的过程。从发展经济和务实的角度，印度能够有条件地参与其中：印度已经成为上海合作组织的正式成员，并有可能参与新亚欧大陆桥和中国—中亚—西亚经济走廊的项目。但印度方面坚决反对中巴经济走廊，对海上丝绸之路和中尼印经济走廊也基本持反对态度，印度怀疑海上丝绸之路是中国化解印度对所谓"珍珠链"战略担忧的一种手段，因此印度对中巴经济走廊和海上丝绸之路采取了"对冲"战略。同时，印度作为南亚最大的国家，一直对本国彻底掌控南亚及印度洋局势抱有构想，因此印度在消极对待"一带一路"倡议的同时，积极推动印度次大陆国家经济合作协议（BBIN，包括不丹、孟加拉国、印度、尼泊尔）和环孟加拉湾多领域经济技术合作倡议（BIMSTEC），还希望同美国和日本合作推动所谓"印太经济走廊"的建设。但无论印度对"一带一路"倡议态度如何，作为有影响力的地区大国，其情况值得关注。

2. 印度的经济概况

印度在 1991 年以前，受苏联社会主义计划经济影响，政府推行的是混合所有制经济。涉及国家安全命脉的行业，如军工、重化工等要完全由国家掌握。由于腐败和低效问题，印度的经济增长在其"三五"时期明显下滑。1966 年英迪拉·甘地执政后，继承和发展了尼赫鲁"社会主义类型社会"的基本思想，但其经济改革并未触及根本，并提升了福利，导致政府财政困难，20 世纪 70 年代印度经济政治危机频发。1985 年拉迪夫·甘地任总理后，开展了以经济调整和改革为内容的新经济政策，企图通过放松经济管制，提高私营企业作用，并放松进口管制以将竞争机制引进国内市场，这些改革取得了较明显的成效（陈建午，2015）。

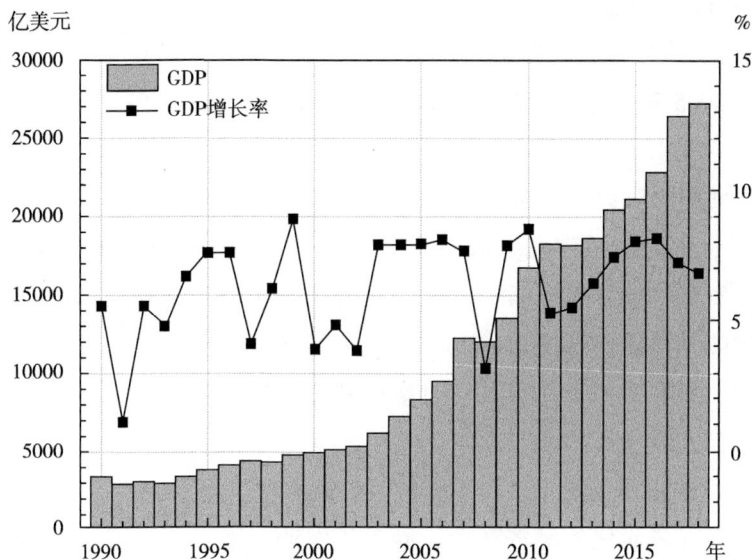

图 4-39 印度历年的 GDP 及其增长率

(资料来源：世界银行数据库)

但 1989—1991 年，东欧剧变导致印度出口遭受重大打击，海湾战争导致油价飙升，而绝大部分石油依赖进口的印度本不丰厚的外汇储备更加捉襟见肘，加之战争导致大量侨民回国，就业和外汇遭受沉重打击，印度在这一时期爆发了严重的外汇和财政危机。拉迪夫·甘地遇刺后，拉奥率领的新国大党政府在这一背景下大力实行经济自由化改革，借由外国贸易及直接投资，逐步转型为自由市场，印度的经济状况获得明显好转，经济规模取得较快速度的增长。在此之后十数年内，印度每年的平均经济增速达到了 7%，尤其在 2004—2008 年高达 9%（见图 4-39）。由于 2007—2009 年，次贷危机和欧洲债务危机先后爆发，全球经济下滑，印度在这一时期经济增长速度也随之持续放缓。莫迪政府上台后，印度出台了一系列经济刺激政策（甄新伟，2016）；同时，2015 年初，印度调整了 GDP 的计算方式，将以市场价格计算的 GDP 作为衡量经济增长的主要指标，取代了之前以生产要素成本计算的 GDP，并将基准年由 2004 年 5 月变为 2011 年 12 月，因而一定程度上修正并提高了印度的 GDP 增长率，随后印度于 2018 年 2 月再次宣布调整 GDP 基准年（因此后文中部分 GDP 增长率的叙述与图 4-39 中不一致）。从而在 2014 年后，印度的 GDP 增长率连续五年高于中国，关于印度经济是否能在未来超过中国的讨论也甚嚣尘上。然而从数据上看，印度 2014 年的外商直接投资是 460 亿美元，进出口总额为 6235.9 亿美元，且贸易逆差将近 1000 亿美元，远逊于中国 2005 年的数值，尤其进出口总额不到中国 2005 年的 14221 亿美元的一半。

中印两国的双边经贸由来已久，1951 年就正式开展了官方的经贸合作。21 世纪后，中印两国建立了战略合作伙伴关系，经贸合作迅速发展。2014 年，中印贸易总额为 705.94 亿美元，同比增长 7.9%，中国遂取代美国成为印度最大的贸易伙伴。2000—2014 年，中国对印度直接投资共约 4 亿美元，在各国中位列第 31 位，而英国、日本分别达到 220 亿美元和 170 亿美元，因此还存在较大的发展空间。

3. 印度的主要产业

印度拥有多元化的经济产业，涵盖了农业、手工艺、纺织和服务业等。目前，农业依然是印度从业人口最多的产业，农村人口占总人口的 72% 左右。印度是世界上最大的粮食生产国之一，据欧盟报告印度已成为农产品净出口国。然而，尽管印度 1.6 亿公顷的耕地面积要远大于中国的约 1.2 亿公顷，但由于科技、气候等种种因素，印度的人均粮食产量不足中国的一半，虽然印度实现了粮食出口，但其国内仍有大量人口处于饥饿状态。

英国殖民统治时期，印度的工业以纺织和采矿业为主。印度独立后，钢铁、机械、电力、化学等轻重工业都有所发展，基本形成了比较完整的工业体系。近几十年来，印度的纺织、食品、精密仪器、汽车、软件制造以及航空等技术发展较为迅速，其运载火箭也创过一箭多星的纪录。汽车工业方面，印度拥有塔塔汽车和马亨德拉两大车企，前者于 2008 年收购了捷豹路虎，后者则于 2010 年收购了双龙汽车。

自 20 世纪 90 年代印度经济自由化改革以来，其服务业发展迅速，目前已成为全球软件、金融等服务业的重要出口国。印度人口中约 60% 处于就业年龄阶段，是世界上最年轻的国家之一，因此人口红利已成为印度政府重要的政策和发展凭据。然而印度的文盲率据其官方数据仍高达约 20%，且印度女性的劳动参与率近年来持续走低，2017 年为 28.7%，仅仅高于叙利亚、伊拉克等 9 个国家，因此印度如要将庞大的人口转化为真正的人口红利，还需大量的努力。

（二）印度的金融市场概况

印度的金融体系以国有中央银行（印度储备银行）为核心，国营商业银行为主体，加上合作银行和各种专业信贷机构作为辅助共同组成。印度政府为重点发展工业，设立了一些长期信贷机构，主要包括印度信用与投资公司、印度工业开发银行、轮船开发基金委员会、出口信贷担保公司以及重建工业公司等。此外，印度还有许多金融公司，重点为中小企业贷款，保险和邮政储蓄业务也较发达，提供广泛的金融服务。

资本市场方面，印度拥有全球第十一大和第十二大证券交易所，分别为孟买证券交易所（BSE）和国家证券交易所（NSE）。孟买证券交易所（BSE）早在 1875 年即告成立，拥有 4700 余家印度的上市公司。国家证券交易所于 1992 年成立，并于 1994 年开始进行交易，承载了超过 1200 家上市公司。

1. 印度银行业概况

印度储备银行是印度的中央银行。根据《1934 年印度储备银行法》，印度储备银行于 1935 年 4 月 1 日正式成立，总部一直设在孟买。1949 年印度实行国有化政策，印度储备银行由私有改为印度政府所有。印度储备银行的职能包括制定和执行货币政策、与货币管理署共同负责发行货币和监督银行、维持币值稳定、管理外汇储备以及监管金融业等。印度储备银行主要以利率、公开市场业务和存款准备金制度等手段来控制货币供应量。

印度的商业银行分为国有化银行、私营银行和外资银行等。截至 2013—2014 财年末，印度共有 85 家商业银行，资产总额为 18288 亿美元。其中，27 家国有商业银行的资产总额占商业银行总资产的 72.7%，达到 13291 亿美元；私营商业银行共计 20 家，资产总额达 3768 亿美元，占商业银行总资产的 20.6%；此外 38 家外资商业银行占据了剩余 6.7% 的资产。

印度本地主要商业银行有印度国家银行（State Bank of India，最大的国有商业银行）、ICICI 银行（最大的私有银行，第二大商业银行）、旁遮普国民银行（Punjab National Bank，第三大银行）、卡纳拉银行（Canara Bank）、印度产业发展银行（IDBI）等。

印度国家银行是全印度最大的商业银行，1955 年实行国有化并与 10 家联邦银行合并；1960 年又有 7 家联邦银行成为其附属银行。印度国家银行能够经营全面的业务，包括办理印度政府与外国政府间贸易协定的清算和经办出口中长期信贷等重要业务。印度国家银行甚至能够在印度储备银行分支机构未覆盖的地区代理中央银行的职能。约 1/3 的印度对外银行业务由印度国家银行办理，该银行也在世界一些重要城市设有分支机构。

花旗银行、汇丰银行和渣打银行是印度规模最大的三家外资银行，合计资产总额达 680 亿美元，占全部 38 家外资商业银行总资产的 55%。2011 年 9 月，中国工商银行在孟买开设分行，为在印度中资企业提供包括存款、贷款、贸易融资、国际结算以及担保等多种业务。

印度还设有合作银行地区农村银行。前者是专门办理中短期信用的合作机构，后者是 1975 年根据《地区农村银行法》建立的地区农村银行，主要是对经济落后地区提供农业贷款，扶持这些地区经济发展。中国国家开发银行设有驻印度工作组；此外，2018 年，印度央行向中国银行发放了在印度开展业务的牌照。

印度延续了英国殖民时期的制度，银行体系拥有超过 130 年的历史，对银行日常运营监管要求较为严格，监管制度较为健全。印度储备银行作为中央银行负责监管职能，在其监管和评级中主要关注：巴塞尔协议的合规执行情况、信贷业务的评估和管理、银行的组织架构和治理、资金交易和流动性合规管理、反洗钱、审计、银行的信息技术系统以及监管报表合规等。

2. 印度的货币制度和货币政策

早在 1911 年，还属于英国殖民地的印度加入英镑区集团，卢比和英镑汇率保持固定。由于英镑当时与黄金挂钩，因此卢比也间接实行了金本位制。印度在独立以前，汇率和外汇流动都与英镑直接相关：外汇管理必须完全服从于英国，卢比流向英镑区集团外的国家需要经过英格兰银行批准；外贸以英镑结算，外汇向英格兰银行汇结，黄金储备存放于英格兰银行。

摆脱殖民统治后，印度立即开始探索外汇管理体制。1947 年，印度"国父"尼赫鲁的政府大量切断与英国的经济联系以消除殖民影响，这导致大量英国资本离开印度，所以当时外汇管理的指导方针是强化外汇管制。同年，印度政府制定《1947 年外汇管制法案》，将印度储备银行确立为外汇管理的主要机构，由于当时印度储备银行为私有，因此印度政府还设立外国投资委员会和进出口管制局来处理与外汇相关事务。在此之后的一段时间内，印度按照布雷顿森林体系，实行可调整的固定汇率制，卢比依然钉住英镑，而英镑与美元、黄金钉住，在布雷顿森林体系下，有利于在较长时间内保持卢比汇率稳定（王亚宏，2018）。

1970年美元持续贬值，并在1971年爆发危机，印度为保证出口，卢比汇率改为钉住美元，《史密斯协定》签署后，卢比重新钉住英镑。1973年美元再次贬值，西方各国纷纷放弃该协定，布雷顿森林体系崩塌。印度受国际金融形势动荡和本国计划经济低效的影响，经济增长缓慢，外汇储备流失严重。在此背景下，印度出台了《1973年外汇管制法案》，进行严格的外汇管制，遏制资金外流。虽然严格的外汇管制一定程度上遏制了资金外流，但由于卢比持续贬值，外贸商利用虚假贸易和延迟付款等方式仍实现了资金出逃；加之印度的外汇行政审批中存在大量腐败行为，因此20世纪70年代印度外资流入极其有限，外汇储备情况不佳。

1975年，印度改为通过一篮子货币来决定卢比汇率，但由于殖民地历史，印度外汇储备和海外资产分别以英镑和英镑区国家为主，因此印度央行调控外汇的基础工具仍然是英镑。由于此时期英镑贬值，印度央行为阻止资金外逃，官方汇率严重偏离市场均衡，催生了外汇黑市。1984年拉吉夫·甘地对计划经济体制进行调整，尝试放松外汇管制，吸引外商直接投资。但计划经济体制并未从根本上发生改变，外汇管制的放松导致印度外债急剧上升，大量国际游资进入印度，为20世纪90年代初印度的经济危机埋下隐患。

图4-40 印度卢比1994—2014年的汇率

（资料来源：BIS数据库）

1991年，面对恶劣的内外部形势，拉奥政府接受IMF的建议，开启了印度的市场化改革：修订了《1973 年外汇管制法案》；开始探索外汇自由流动的改革路径和卢比浮动汇率的管理模式；并成立国际收支高级委员会、外汇市场发展委员会和资本项目可兑换委员会。1991 年，国际收支高级委员会着手研究开放外汇管制事宜，并于 1992 年 3 月开始试行固定汇率与浮动汇率的双轨制，1993 年实施有管理的浮动汇率制。1994 年，印度开始着手建立国内金融衍生品市场，努力增强外汇市场流动性。同年 8 月，印度实现了经常项目下卢比的自由兑换。同时，印度政府还会在外汇市场失衡时入市干预。1997 年，资本项目可兑换委员会提出在一定前提下，分 3 年实现资本账户开放的时间表，随即市场对印度完全解除外汇管制表示乐观。但随后由于亚洲金融危机，印度核试验等事件，资本大量外流，卢比快速贬值，为打击投机行为，印度通过推动衍生品以套期保值来稳定远期汇率（见图 4-40），并利用行政手段缩短出口商结汇时间；同时严格限制短期资本流入并严禁外资进入房地产，从而免于受到国际游资的毁灭性冲击（沈军，吴晓敏，胡元子，2015）。

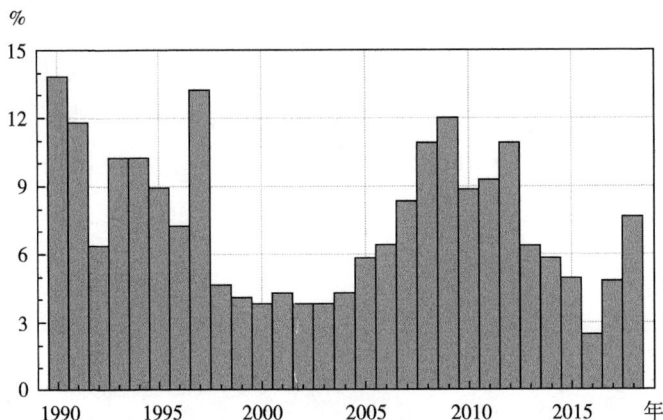

图 4-41　印度的消费者物价指数（CPI）增长率

（资料来源：IMF）

2000 年，印度通过了《1999 年外汇管理法案》，其外汇管理政策逐渐摆脱计划经济的特征，更加重视发展金融市场和防范外汇风险，而不是单强调积累外汇储备。印度储备银行在此后的调控逐渐走向市场化，外汇衍生品也越来越丰富。尽管印度作出了诸多努力，但由于 2007 年后国际金融危机不断,世界经济复苏困难,而印度经济严重依赖石油进口,油价推高时央行无法解决通胀和贬值共存的问题;且印度制造业竞争力不足,游资不愿进入实体经济而是进入资本市场加大泡沫,因此印度经常面临高通胀(见图4-41)和卢比贬值的双重压力。正是基于这种困境,印度中央政府与央行分歧加大,政府希望通过降息和货币贬值刺激经济,而央行要控制通胀水平和汇率稳定(刘道云,2016)。2016年8月,强调实现经济稳定和实施稳定金融市场改革的拉詹卸任,成为印度经济改革后二十余年首位未连任的央行行长。

3. 震惊世界的印度的"废钞令"

(1)"废钞令"发生的背景及原因

2016年,印度受全球经济放缓的影响,出口严重下滑,同时印度国内长期以来政治斗争激烈,地方独立性较强,政策难以推行(清华大学中国与世界经济研究中心金砖国家经济智库,2016)。但印度的宏观经济指标在莫迪上台执政后一直表现良好,2015—2016年印度的GDP同比上升11.1%,实际GDP增长7.5%,是全球大型经济体中增速最快的,这为莫迪政府推进改革提供了强大的信心支持。

由于莫迪竞选胜出所依靠的就是承诺"反腐"和"发展经济",所以莫迪为谋求连任,也应当致力于实现这两项承诺。印度腐败的严重性是全球公认的,渗透到社会各个角落,甚至达到印度人民都承认其"合理性"的程度。印度的偷税漏税问题也很严重,据估计,2016年印度地下经济和逃税额约为3.4万亿美元至8.4万亿美元,达到GDP的17%~42%。为了发展经济,印度政府需要治理腐败、偷税漏税和黑钱等问题。

(2)"废钞令"的主要内容

基于上述背景,为了打击洗黑钱和解决假钞问题,为了达到打击腐败的目的,印度总理莫迪在2016年11月8日代表政府和中央银行发表电视讲话,在无任何提前通知的情况下,宣布将于11月9日零时开始,全面废除面值500卢比和1000卢比的纸币(杨喜孙,2018)。11月11日前,被废除货币可以在各机场、火车站和医院使用;11月11日至12月30日可以将纸币存入银行;从12月31日起,这两种面额的纸币将正式作废,成为废纸。政府同时规定,如果存入银行的旧钞在25万卢比(约合2.5万元人民币)以下,政府不会追究。但如果超过此数值,且被发现其存储与合理收入范围不符的,将面临高达 60%的惩罚性税收。

（3）"废钞令"的实施效果

印度是一个高度依赖现金交易的国家，而"废钞令"中宣布作废的面值 500 卢比和 1000 卢比的货币占到当时印度货币流通量的 86%。因此这样一个突然的政策必然导致印度很多地区缺少现金，从而使大量民众的生产生活陷入严重困境。为了维持正常的生活，印度人需要去银行或 ATM 兑换新币，但 13 亿人的印度仅有 13.4 万银行网点和 20 多万台 ATM，因此大量的时间不得不消耗在银行排队之中。实施"废钞令"的 11 月还是印度的播种期，为了排队换钞，大量农民只能耽误农耕。2016 年 12 月，印度制造业采购经理人指数（PMI）位于 49.6，跌破 50 的荣枯线，这与"废钞令"的施行不无关系。

4. 印度的金融科技发展情况

印度的互联网用户约 4.6 亿，互联网普及率为 35%，印度的智能手机用户约为 3.0 亿，占总人口的 23%。并且随着中国智能手机厂商的大力推广、印度移动电信运营商的改革、移动消费习惯的变化和数据积累等，都会为互联网金融的发展提供条件。目前，印度 60%电商的支付方式为货到付款，信用卡和借记卡的使用率之和占到约 30%，第三方数字钱包的使用率仅为 0.5%，表明印度社会中现金的重要性。

印度社会发展不平衡，其金融业的发展也非常不平衡。2014 年 8 月，印度政府推出了普惠金融计划（PMJDY），希望为印度人开设基础银行账号，为他们提供银行储蓄、存款账户、汇款、信用、保险、养老金等金融服务。除了免费的零余额账户，普惠金融计划还提供 10 万卢比的意外保险和 5000 卢比的透支额度。该举措促使印度人民开始更多地使用借记卡/信用卡、电子钱包交易，POS 和读卡机的销量显著提升。截至 2018 年 9 月，在此计划下已开设 3.241 亿个账户，存款达到 8120 亿卢比。这些账户持有人中近 53%是女性，59%来自农村和半农村区域。莫迪政府还于此月宣布取消普惠金融计划的限制，致力于向每位成年居民提供银行账户。

尽管莫迪实施"废钞令"的初衷是打击腐败、黑钱和偷税漏税问题，但事实上"废钞令"起到的主要的正向溢出效应就是一定程度上推动了印度的无现金交易。以 2010 年创办于新德里郊区的印度金融科技公司 Paytm 为例，该公司初期发展缓慢，2015 年将多数股权出售给了阿里巴巴（Alibaba）。"废钞令"施行后,许多消费者由于难以适应无现金经济,纷纷将目光投向 Pay-tm,其用户数量两周内翻了一倍,达到 1.5 亿。同时使用语言也在英语之外增加了泰米尔语、泰卢固语、马拉地语等,非英语用户两个月内从零发展到占据一半以上的流量,农村及半城市地区用户比例也从 2% 上升至 25%。

事实上,虽然整体还比较落后,发展和财富极端不平衡,但印度在最近依然凭预计达 29% 的增长速度,成为全球金融科技发展最快的市场。虽然突破性和颠覆性技术才是金融科技领域发展的关键驱动力,但由于"废钞令"影响的持续发酵,在金融科技乘势发展的同时,印度民众也主动或被动地加入金融科技的大潮当中。VCCEdge(印度著名的金融研究平台)的数据显示,印度 2017 年金融科技领域投资额达到 18.4 亿美元,增长了 4 倍。除了数字支付初创企业这一风险投资热门之外,P2P 借贷、财富管理、信用评价以及人工智能和机器学习也是风险评估和投资关注的对象。

印度储备银行为了保障监管,位于推动改革的最前沿,其举措包括简化 P2P 借贷平台、指导对借记卡交易征收的最高商户贴现率(MDR)以及修订移动钱包规范和 UPI 互操作性等。这些举措为金融科技的发展提供了监管机制和框架,是金融业所急需的。在央行指导下,金融科技初创公司运营发展中,商业银行的参与水平也显著提高。

5. 印度的 GST 税改

印度是联邦制国家,由中央、邦和市县三级政府组成,共包括 29 个邦政府和 7 个中央直辖区。长久以来,印度的三级政府各自征收不同的流转税,税种多而且设计复杂、不规范,导致重复征税、市场分割等问题十分突出。根据世界银行 2017 年发布的调查,在纳税便利度上,印度在所有参加调查的 190 个经济体中位居 172 位。从 2003 年开始,印度就在讨论实施商品及消费税(Goods and Services Tax,GST)改革的可能性并于 2006 年提出改革计划。然而由于印度各邦独立性较强,中央政府对地方的控制力不足,税务改革困难重重,经过十多年的挫折反复和几番险遭"夭折"之后,莫迪政府终于力排众议,推出了 GST 改革。2016 年 9 月 8 日,印度总统慕克吉签署了《宪法(第 101 修正案)》,并陆续通过了中央 GST 法、综合 GST 法、中央直辖区 GST 法等一系列法律,扫除了 GST 改革的法律障碍。2016 年 9 月 15 日,按照《宪法(第 101 修正案)》的规定,印度成立了 GST 委员会,赋予其全方位决策权。

由于印度信息化覆盖率偏低，各邦差异很大，印度专门成立了 GST 网络服务公司，并推出连接了纳税人、联邦和邦税务机关、中介机构、银行和国库等的信息平台——GSTN 系统。但受技术能力和税务人员素质的制约，印度纳税人遵从成本显著上升。虽然存在各种问题和不足，但税改也取得了一定成效。2017 年 7 月，印度 GST 税收收入达到 9228.3 亿卢比（约合人民币950.5 亿元），印度财政部长杰特利称已经超过 9100 亿卢比的预期。同年 8 月22 日，印度金融稳定与发展委员指出，在 GST 结构性改革和废钞令的长期积极影响下，印度宏观经济将保持稳定。

但税改实施后，印度部分经济指标表现不佳。印度制造业和服务业 2017年 7 月的综合采购经理指数（PMI）从 6 月的 52.7 暴跌至 7 月的 46.0，为多年来首次，其中服务业 PMI 仅为 45.9，是四年多的最低值。同时该月的出口增速降至 8 个月来最低点，主要原因是税改后，适用零税率的出口商纳税环节很多，只有出口后才能申请退税，且一般需要 3 到 12 个月才能获得退税，导致企业必须通过贷款来缓解现金流压力，增加了企业成本，大大降低出口竞争力。当然从长期来看，此次改革简化了税制，统一了全国税率，消除了跨邦交易中大部分的限制和重复征税，有利于形成全国的统一市场；同时能够抑制腐败和偷漏税行为，还促进了税收收入的增加（理查德·耶岑加，陈旸，2017）。印度财政部认为，GST 改革能提振 GDP 增速，有助于提升税收占 GDP 的比重。

（三）印度的金融脆弱性分析

1. 印度的金融监管

在 2010 年之前，印度金融业实行分业经营和分业监管。其中，印度储备银行作为印度的中央银行，在负责制定和实施货币政策、管理外汇市场的同时，对全国的银行体系实施监管（谢丹，任秋宇，2014）。证券业和保险业则分别由证券交易委员会、保险监管和发展局分别实施监管。具体而言，证券交易委员会主要负责对包括银行在内的所有金融机构的非传统型业务实施监管，包括证券发行、政府债券交易、共同基金、信用卡业务及代理和金融担保等。

2008—2010 年，受先后爆发的美国次贷危机和欧洲债务危机衍生出的全球金融危机影响，印度经济增速放缓。因此，金融危机发生后，印度通过加强宏观审慎的监管，以全面加强防范、控制系统性风险为目标，进行金融监管制度建设。印度储备银行着手建立宏观审慎的政策框架，目的是通过监测和分析经济和金融体系的系统性风险，以在适当时机发出风险预警信号。在建立制度框架的同时，印度央行也扩大监管范围，并提高了监管标准。具体举措为将不吸收存款的金融机构也纳入金融监管以防止监管套利；还通过实施巴塞尔协议Ⅲ来加强对银行资本规模和质量的监管（谢丹，任秋宇，2014）。

印度政府成立了"金融稳定与发展局"，负责加强各监管部门的协调与合作，并对系统重要性金融机构实施监管。该机构的主要职能：实施宏观审慎的监管、负责监管机构的协作、监管大型金融集团以及普及金融知识和制订金融扩展计划等。2010 年 12 月，印度成立金融稳定和发展委员会，作为金融稳定与发展局的日常工作机制，讨论和决定金融部门的发展、稳定和协作监管等事宜。2013 年 1 月 18 日，《银行法修正案》生效，进一步强化了印度储备银行的监管职能，对其授权必要时可接管银行董事会，收集信息并检查银行关联企业，以及对合作银行进行额外审计。2013 年 3 月，包括印度储备银行、证监会、保险监管及发展局、养老监督及发展局在内的印度各监管机构签订了金融集团监管合作谅解备忘录，明确了要加强对系统性风险的监测与预警，建立宏观审慎分析框架；以及强化金融监管协调，加大对系统重要性金融机构的监管力度，并特别强调对综合经营和金融集团的监管（文富德，2015）。

2. "废钞令"后印度经济基本面及金融稳定情况分析

如前文所述，"废钞令"不仅在短期内对印度的社会、经济造成不利影响，从随后的发展来看，也带来了许多问题。"废钞令"实施最初的目标是打击黑钱和假币问题，然而据印度储备银行公布的报告显示，截至 2017 年 6 月 30 日，已有共计价值 15.28 万亿卢比的废钞回收至银行系统，回收率高达 99%。有经济分析师表示，这说明有大量"黑钱"现金的持有者借助他人的合法身份，代为将纸币存入了银行系统，导致"黑钱"非但没有作废，反而被成功"洗白"。除了常规的雇人排队换钞、预支工资、使用错期发票以外，印度人民"八仙过海，各显神通"，通过各种方式，在 50 天的换钞窗口期内完成了可能是人类历史上规模最大的全民洗钱行动。

而在打击假币方面,"废钞令"同样没有取得显著成效。由于废钞令实施初期,500 卢比面额的新版纸币非常紧缺,2000 卢比的新钞不得不成为人们兑换的主力。由于面额较大,制造假币的利润明显提高,因此新币上市后,很快出现了高仿伪钞,让印度民众乃至一些基层银行网点都难以分辨。印度储备银行随之作出调整,2016—2017 财年印制了多达 35.4 亿张 2000 卢比纸币,2017—2018 财年则只印制了 1.1 亿张,2018—2019 财年进一步减少为 4600 万张。进入 2019—2020 财年后,印度已经停印了 2000 卢比的纸币。但是与之相反的,印度储备银行表示过去三年印度共发现了 25 万张 2000 卢比的假钞,市场流通量则数倍于此,假钞窝点也从未停止印制。

突如其来的"废钞令",不仅严重打击了印度政府施政的严肃性和可信度,更严重影响了国际社会对印度政府信用的信心,印度经济也受到内外部影响的严重拖累,GDP 和 CPI 增长率等基本数据均出现大幅下跌。而"废钞令"之后,印度政府又于 2017 年 7 月 1 日正式推行 GST 改革。由于存在与"废钞令"类似的准备和过渡方案不足等问题,GST 改革使企业纳税申报更为复杂,并未实现统一印度市场的目标。在"废钞令"和 GST 改革的双重打击下,印度政府财政状况堪忧:税收不及预期,财政支出却持续走高。

事实上,印度"废钞令"在荒唐之中有其必然原因,从根源上看,"废钞令"与印度政府长期以来财政与金融的关系失衡密不可分(钟震,郭立,2018),短期上则是源于莫迪政府承受的内外部压力(孟灿,张士昌,2019)。印度的政治、经济、社会发展长期以来都存在严重问题。政治上,腐败、金钱政治、家族统治等问题相互交织,形成了印度独有的复杂格局和低下的执行效率。经济上,软件和金融服务业吸引的多是高素质人才,服务业在 GDP 中一家独大,制造业疲弱,农业水平低,外债持续上升,国际收支严重不平衡。社会上,由于特殊的种姓制度,贫富差距巨大,宗教、民族、领土等不稳定因素众多。印度中央政府政策难以下行,宏观调控乏力,经济结构性改革不到位,财政与金融之间的失衡愈演愈烈,促使"黑色经济"膨胀,金融逐渐脱离政府管控,宏观调控愈发无力,形成恶性循环。据世界银行测算,印度 2015 年"黑色经济"占 GDP 的 20%以上,严重加剧了印度经济发展的内部失衡问题。从这一逻辑出发,"废钞令"真正想做的是通过这剂猛药,在未理顺财政与金融关系和未能有效推行结构性改革的情况下，改善内部失衡问题。

印度储备银行 2017 年 6 月 30 日发布的《印度金融稳定报告》（*Financial Stability Report*）中，评估了印度金融体系的稳定性及其抵御国际或国内风险因素的能力。报告中认为，虽然印度的银行业持续面临严峻挑战，但其金融体系总体保持稳定。报告中认为，全球经济在 2017 年尽管还存在不确定性，但透过股票和固定收益市场可以看到，全球的量化宽松政策正在向正常利率周期过渡。印度的国内宏观经济形势保持稳定，加速改革和政治稳定的预期使总体积极的商业信心进一步增强。在资产质量的压力下，印度银行提供的信贷规模在缩减，非银行金融机构和共同基金提供的信贷规模则大幅增加。

金融机构方面，2016—2017 年的计划内商业银行的存款增长有所加快，但信贷增长受企业经营不景气原因增长持续低迷，导致银行，尤其是公共部门银行的净利息收入增速缓慢。同时，计划内商业银行的盈利比率略微上升，但公共部门银行的资本收益率继续保持负值。不良资产方面，银行部门的总不良贷款额增加。2016 年 9 月至 2017 年 3 月，银行的资本充足率从 13.4% 小幅提高至 13.6%。此外，尽管非银行金融公司的总资产负债表规模扩大了 14.5%，但净利润却下降了 2.9%。金融监管方面，印度储备银行更主动地化解不良资产，并加强了其监管和执法框架。印度证券交易委员会和印度储备银行允许在印度的国际金融服务中心进行衍生品交易，但要求排名靠前的上市公司需要进行更全面的信息披露。此外，印度的金融监管机构还采取了各种应对措施来防范网络安全问题。

虽然印度央行对其金融稳健性持较为肯定的态度，但国际货币基金组织在 2017 年 12 月的一份报告中指出，印度国内的公司债务和银行系统不良资产问题令人担忧。由于印度公司的杠杆率在不断提高，银行处置不良资产的进展却比较缓慢，在全球面临加息的背景下，印度企业将因外部流动性减少举步维艰。对此，《经济学人》杂志称，印度经济处于 25 年来最危险的境地。

一年之后，2019 年第二季度印度 GDP 增速仅为 5%，连续 5 个季度下滑，是 2013 年后的最低值，其中投资、消费、出口全面下滑。印度的净出口占 GDP 的比例下跌至 -7%，贸易逆差重新扩大。同时，其失业率也跃升至近 45 年来最高的 7.5%。

因此，尽管 2019 年上半年印度金融市场表现惊人，股市、债市、汇市齐涨，孟买 SENSEX 指数更是升至历史新高，但受其经济基本面加速恶化的影响，印度国内资本大幅外流。印度的金融市场受资本大幅外流的冲击出现了剧烈调整。2019 年第三季度，印度单月净流入外资规模缩水超过 80%，由 80 亿美元大幅下滑至不足 13 亿美元。孟买 SENSEX 指数自高位回落，最大跌幅高达 12%，美元兑印度卢比汇率上涨了近 4%；同时尽管印度央行接连降息，但印度 10 年期国债收益率依然大幅上行 36 个基点。近年来，印度为了促进经济发展，大肆举借外债，外债占 GDP 的比重已达 80% 左右，据测算，印度短期外债与总储备资产、出口的比值在 2019 年双双升至近 27 年高位，由于印度经济走弱、资本外流，面临的外债偿付压力十分巨大。事实上，在印度，非银行金融系统也已经成为影响印度经济的重要因素，2018 年 9 月印度大型影子银行基础设施租赁和金融服务（IL&FS）爆发危机，造成印度的流动性大为紧缩，投资和消费快速消退，在经济增长的持续下降中是重要的影响因素。近年的一系列非银行体系的危机时间说明，印度金融体系存在不稳定因素，央行需要加强监管，重建人们对印度金融体系稳定性的信心。

2019—2020 财年，印度的名义 GDP 增长率预计仅为 7.5%，大幅低于 12% 的预计值，更是 1978 年以来的最差表现。印度工业生产增长跌至十年最弱水平，尤其制造业创下了 15 年的新低，预计增速为 2%，十分低迷。在企业投资这一印度 GDP 的主要驱动力方面，估计增长 1%，远低于上一年的 10%。这也与低迷的就业和消费相吻合，而购买力的低迷将使制造业进一步恶化，构成了印度经济的恶性循环。印度低迷的制造业和工业指数，频发的罢工，意味着该国所希望的，类似于东亚和东南亚大部分地区大力发展制造业的"世界工厂"计划面临着失败的风险。印度的农业领域也呈现脆弱性，农作物产量低于预期洋葱和其他日常消费品的价格飞涨，推高了食品价格。

3. 印度银行业的脆弱性分析

世界银行 2013 年金融数据库显示，印度规模最大的三家银行，其总资产占银行业总资产的 29.4%，商业银行资源的分布相对分散，除印度国家银行外，综合实力最强的是三家私人部门银行。即虽然公共部门银行的资产比例很高，但银行业的集中度却并不高。印度银行业在全球金融危机之后迅速恢复，但是随后 2012 年、2013 年两年，受印度国内经济增长放缓，遭遇较大影响。印度的 GDP 增长率在 2012 财年下降至 6.7%，2013 财年更是低于 5%，印度国内投资减少，内需不足，银行业整体增长减缓，盈利能力降低，甚至出现资产质量恶化的问题。

印度银行的存贷款在金融危机后保持着较快的增长，但从 2011 年起呈下降趋势，与经济增长放缓的情况一致（欧明刚，方方，2015）。2008—2010年，受国际金融危机影响，印度银行的利润增幅较小，2010 年和 2011 年走出国际金融危机影响的印度银行业，其利润平均增速接近 20%，而 2012 年后增速又降至 10%左右。

其他盈利性指标方面，自国际金融危机发生后，印度的股本收益率与资产收益率就有逐年减小的趋势，雇员人均利润则保持逐年增加。其中，公营部门的股本收益率水平虽然较高，但呈逐年递减的趋势；私人部门的股本收益率水平则逐年增加，并于 2012—2013 财年超过了前者。资产收益率方面，公营部门银行的收益率在低于平均水平的情况下依然逐年递减；私人部门银行不仅整体盈利水平更高，并还保持了逐年增长的态势。说明私人部门银行在国际金融危机后的恢复能力、发展能力和总体竞争力要强于强公营部门银行。2008 年以后，非利息收入占印度银行业总收入的比重逐年降低，说明国际金融危机的发生对非利息收入业务的冲击要超过对银行的存贷业务的影响。

国际金融危机后，印度国有银行的资本充足率有一定下降，但由于印度为银行业制定了较高的监管要求，还采取了包括政府注资在内的振兴银行业的举措，印度银行的资本充足率在国际金融危机和国内经济形势的影响下还能保持在较高水平，但其不良资产在 10 年后的增长速度明显加快，资产质量偏低本来就是长期影响印度银行业的重要问题，在 12 年后此问题愈加突出。印度商业银行整体的存贷比 2008 年为 73.9%，到 2013 年增长至 77.9%，其间经历了小幅下降但随后又上升，说明这段时间内，受经济增长缓慢的影响，印度银行业的流动性水平在下降。总体而言，虽然国际金融危机后印度经济经历了发展降速，但由于银行监管要求较高，资本充足率较高，因此虽然坏账问题比较严重，但脆弱性问题不至于非常突出。

废钞令之后，印度银行业的坏账问题持续推高。2017 年前六个月，银行问题贷款规模扩大了 4.5%，包括不良贷款以及经重整或展期的贷款。2017 年6 月底，印度银行业问题贷款规模达到 9.5 万亿卢比，为历史新高。据印度储备银行的数据，问题贷款占总贷款的比例达到 12.6%，为至少 15 年来的最高值。仅前 12 大破产案的坏账接近 1.78 万亿卢比，相当于总问题资产的四分之一。2017 年上半年，印度政府整合了多家国有银行，以壮大银行实力，并启用了新的破产法案加速银行清算进程。但 2017 年前五个月，印度全年赤字目标已达 96%，极大限制了印度政府通过扩大支出刺激经济增长的能力。根据惠誉的研究，印度银行业大约需要 650 亿美元的流动性才能达到 2019 年将要生效的国际银行业的监管标准。于是，在 2017 年，印度总理莫迪推出了一项涉及 2.11 万亿卢比的国有银行资本重组计划，并由印度财政部长阿伦·贾伊特利领导名为"替代机制"的委员会具体负责实施。

2018 年 2 月 15 日，印度曝光了其史上最大的银行欺诈案。印度第二大国有银行旁遮普银行宣布，该行位于孟买的一家分行被诈取近 20 亿美元。2 月 22 日，印度著名的文具品牌罗托马克公司老板科塔里因涉嫌与银行人员勾结从 7 家不同银行骗取近 370 亿卢比被拘捕。同一天还曝光了印度最大糖厂"辛伯好利"银行欺诈案。这些诈骗案的受害对象都是印度国有银行。据印度监管部门 2018 年 2 月的一份数据显示，印度最大的国有银行印度国家银行 2017 年的实际不良贷款与申报数字相差 36 亿美元，而最大的私有银行 HDFC 银行则为 3 亿美元。作为政府主导基建项目的主要贷款方，印度国有银行在审批和追责方面有大量漏洞，造成这些项目承包方成为违约主体。2018 年 9 月，印度财政部合并了德纳银行、维贾雅银行和巴鲁达银行这 3 家国有银行，继续推进银行体系清理工作。在印度政府的努力下，银行的不良资产率在 2019 年 9 月下降到 9.3%。

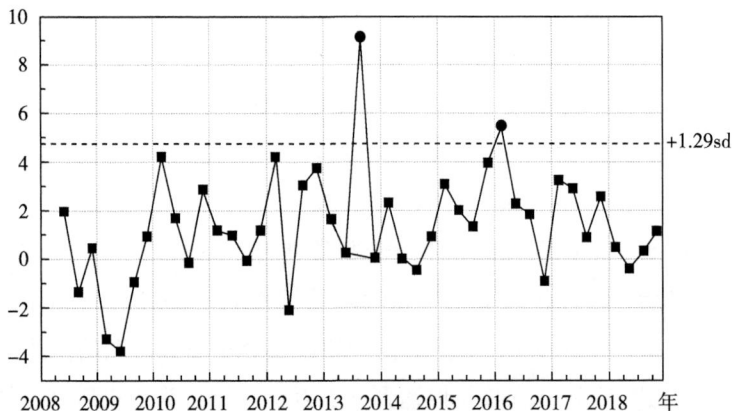

图 4-42　印度的银行系统压力指数情况

（资料来源：Wind 数据库，经作者计算）

　　通过同业拆借利率和短期国债利率之差、银行贷存比和不良贷款率可以得到印度银行业的压力指数（见图 4-42），虽然超出警戒水平的次数不多，但事实上印度银行业的压力指数相比其他国家（见图 4-34 新加坡的银行系统压力指数）总体明显偏高，说明其银行系统压力较大已成为常态，主要原因是印度长期以来不良贷款率居高不下，并且在 2017 年达到约 10% 的程度。两次超出警戒水平，第一次是受 2013 年印度宏观经济表现不佳影响，第二次则是废钞令之前，银行不良贷款率飙升时期。

　　据美国消费者新闻与商业频道（CNBC）的报道，印度 2018 年初的银行的坏账问题已使投资者对其有所忌惮，但同时一些金融专家仍表示他们对印度国内信贷机构仍保持较为积极的态度，这是因为他们认为印度政府在经济方面的管理比较有效，同时印度国有银行和私营银行的差异很大。印度国有银行面临着问题贷款的巨大困扰，而私营银行带给投资者的回报十分丰厚。摩根大通私人银行新兴市场多资产组合经理拉什米·古普塔表示："许多印度私营银行的运营团队都非常有实力。"而伦敦资本高级股本分析师瑞纳塔·克里塔在接受 CNBC 记者采访时也指出，印度私营经济领域是全球举债规模最小的经济领域之一。

图 4-43　印度 2008 年之后的汇率变化情况

（资料来源：BIS 数据库）

4. 印度货币的脆弱性分析

　　2008—2009 年国际金融危机发生后，印度实行了刺激性的财政货币政策，经济很快复苏，2010—2011 年度 GDP 增长达 8.7%。此时，印度国内通胀率持续升高，印度储备银行只能连续加息，但国际市场在欧债危机的影响下持续低迷，所以印度的经济迅速下滑。2012—2013 年，印度 GDP 增速跌至 10 年最低的 4.5%，以 CPI 衡量的通胀率却高达 10.2%，卢比较 2008 年高点贬值近40%，外资大量流出，外汇储备仅能支撑 4 个月进口所需。通过图 4-44 所示的外汇压力指数也能看出，两次国际金融危机后是印度外汇压力最大的时期。

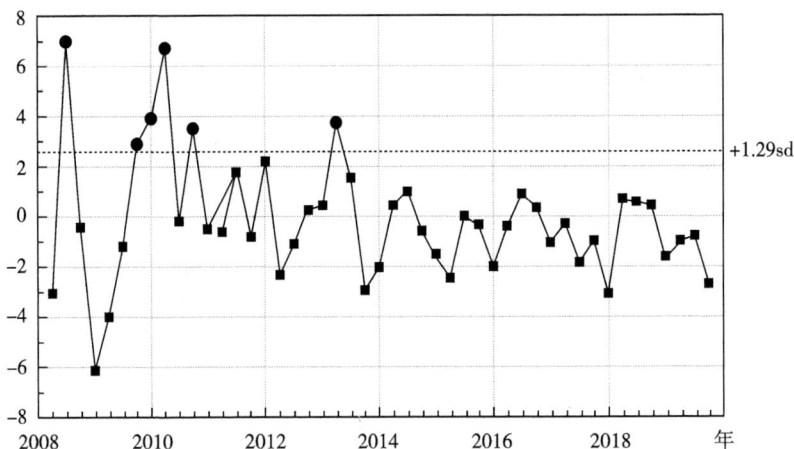

图 4-44　印度的外汇压力指数

（资料来源：Wind 数据库，BIS 数据库，经作者计算）

　　在内忧外患之下，拉詹出任印度储备银行行长，他作为国际货币基金组织首席经济学家，曾因在 2005 年就成功预见 2008 年国际金融危机而名声大噪。拉詹从上任起就锁定了"促增长、抑通胀、维持汇率稳定"这三重目标（徐策，2016）。尽管印度财政部一再施压希望能通过降息来提振印度经济，但拉詹坚持首先抑制通货膨胀，甚至将回购利率提高了 50 个基点，并力促印度央行通过设定政府认可的明确通胀目标以保证货币政策的独立。

　　美联储在 2013 年 5 月开始释放退出量化宽松的信号，印度作为高通胀、高赤字的新兴市场，是资本撤离的重点地区（沈铭辉，2014），致使卢比在 2013—2014 财年的前 5 个月就贬值近 20%，印度的外汇压力指数也在 2013 年再次突破警戒线。由于印度的进口汇率弹性小且出口竞争力不强，卢比贬值导致外资加速流出，经常账户赤字攀升，资本账户收支恶化。拉詹通过降低隔夜边际贷款利率，使回购利率重新发挥了调控市场流动性的作用；并通过灵活的美元互换项目吸引外资，使印度外储在 2013 年 10 月增加了 67 亿美元，达到 2011 年后的最高值。外汇储备的增加能够稳定汇率，而稳定的汇率又有助于控制印度在进口贸易中的成本。2013 年前后，低增长、高通胀的印度经济具有典型的滞胀特征。除国际原油和国内农产品价格上涨等直接因素，政府非生产性支出增长过快也是重要原因。因此，中央政府能否成功缩减财政赤字也是拉詹十分关心的问题。2014 年莫迪政府上台后，成功地降低了财政赤字；2015 年 1 月，印度以 CPI 衡量的通胀水平下降到 5.1%。拉詹任职后仅一年多的时间，印度经济大为改观，宏观经济脆弱指数（MVI）从 2012 年世界重要新兴经济体中的首位降至 2014 年末的最低一位。

在通胀率低于既定目标的情况下，印度储备银行为适应经济快速增长的需要，在 2015 年 1 月和 3 月接连两次降息。印度 2015—2016 年度预算案表明，印度政府已与央行共同决定首次引入通胀目标（4%±2%），以控制长期存在的物价大幅波动。连续的降息也表明印度央行认可并支持新公布的政府预算案。在拉詹的坚持下，印度央行在经济进入高增长轨道时，也紧盯通胀水平，努力保持相对稳健的货币政策。拉詹始终把控制流动性作为抑制通胀的关键抓手，顶住了接连两任政府的压力，很好地坚持了货币政策的独立性。这一时期内，印度的货币政策定力十足，较为稳健，其货币稳定性较高，为印度经济的发展提供了良好条件（刘小雪，2015）。但坚持货币政策独立，不按照政府意愿降息的拉詹也成为印度经济改革后首位未能连任的央行行长。

拉詹卸任后不久，印度基于较为稳定的经济态势和种种目的，施行了"废钞令"。这一带有民粹意味的政策使印度公司盈利水平降低，外国投资者大规模抛售印度股票，卢比汇率承受较大压力，在 2016 年底明显下跌。但 2017 年上半年，卢比兑美元迅速升值。原因包括特朗普刚刚出任总统，财政政策存在许多不确定性，导致美元一直遭受压力；另外，GST 税改即将实施，也给了卢比较大的升值预期，大量资金进入印度的金融市场（清华大学中国与世界经济研究中心金砖国家经济智库，2017）。股市和债券的资本流入激增，使印度卢比兑美元汇率达到自 2015 年以来的最高水平。为了压低汇率，从 2016 年 7 月到 2017 年 6 月，印度的净货币购买量增长约 420 亿美元，约占其 GDP 的 1.8%。美国财政部表示，2017 年上半年，印度的外汇净购买量的规模和持续性均显著上升。到 2017 年 9 月，印度的外汇储备达到 4025.1 亿美元（见图 4-45），创造了历史新高，这也是印度政府为确保卢比汇率能维持在尽可能不损害其出口商和其他国际运营企业的水平而采取的措施。另外，由于印度政府经常账户赤字情况严重，其金融市场在遭遇资本外逃时将十分脆弱，因此印度大量增加外汇储备也是提升自身金融稳定的必然选择。

亿美元

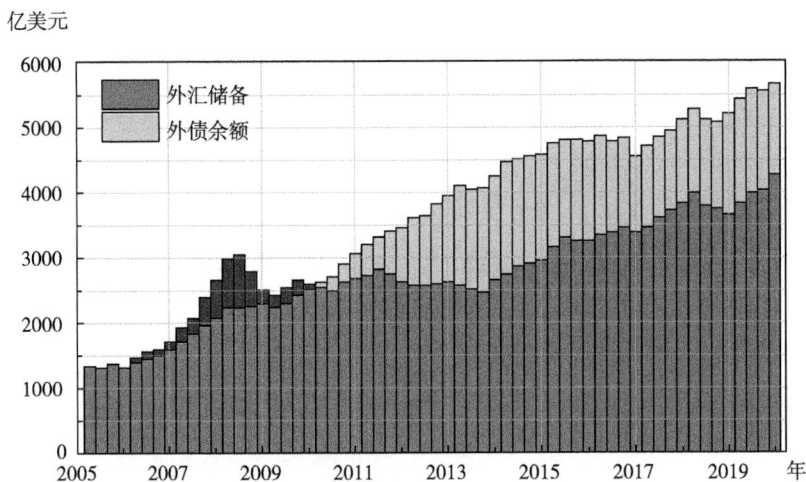

图 4-45　印度的外汇储备和外债规模的比较

（资料来源：印度储备银行）

到 2018 年初，卢比汇率依然处在相对高位，由于印度对美国的贸易顺差达到 230 亿美元，另据美国财政部报告称，印度央行在 2017 年购买的外汇价值达到 560 亿美元，相当于 GDP 的 2.2%。这触及了美国规定的外汇操纵国的部分条件，因此 2018 年 4 月，印度被加入美国财政部的汇率观察名单之中，将进行额外审查。但很快，随着美元推出量化宽松，进入加息通道，加之油价稳中有升、部分新兴国家如阿根廷、土耳其汇率暴跌的影响，卢比迅速走弱。尽管从公布的 2018 年前两季度的经济数据来看，印度无可争议地成为全球经济增长最快的经济体，但在 9 月，卢比兑美元突破了 70 的心理关口（见图 4-43）。印度总理莫迪在 9 月 14 日召开会议并出台了为流入资本减税和限制不必要进口等措施，卢比依旧继续贬值。印度经济增长如此强劲，卢比却在面对外部冲击时表现得十分脆弱，归根结底在于印度自身的经济结构存在问题，印度长期以来存在严重的双赤字问题，因此资本市场对于印度卢比一直缺乏足够的信心，一旦遇到冲击，资本就很可能大量外逃（覃维桓，

2017）。印度长期存在经常账户赤字问题，而财政赤字拉高了总需求、增加了进口，很可能造成经常账户赤字进一步扩大。此外，印度大规模的政府债务也降低了政府处理保增长、稳物价和稳汇率这三难选择时的政策可行空间。

尽管印度经济近年处于高速发展之中，但国际评级机构穆迪在2017年毫不客气地将印度的主权信用评级定为最低的Baa3级，理由是印度债务水平过高。2018年印度政府债务占GDP的比重高达68.7%，且债务结构极其危险，短期债务规模过大，达到1.4万亿美元。与此同时，美元进入强势周期，美联储2018年的四次加息使印度面临巨大压力。如果美国刻意对印度发动一场类似亚洲金融危机的突袭，印度存在发生债务危机的风险。因此，标普、穆迪、惠誉三大评级机构给予印度的信用评级都是仅次于垃圾级的低评级。债务高企和各种外部脆弱性指标使卢比成为2018年表现最糟糕的亚洲货币之一，对外严重贬值，对内则面临严重的通货膨胀风险，卢比的状况岌岌可危。

2019年，印度卢比虽然没有长期性的大涨大跌，但仍然体现出十分显著的脆弱性。2019年4月，美国总统特朗普表示打算结束对伊朗的豁免，切断伊朗石油出口，以对其施加"最大经济压力"。消息传出后，国际原油价格上升。而80%的能源需求需要通过进口来满足的原油进口大国印度，受到明显影响，印度的股、债、汇三市齐跌，卢比汇率迅速跌至一个多月的最低值。受到中美贸易摩擦、自然灾害和国内本身经济结构性问题的影响，印度2019年前两个季度GDP增速明显下降，国内经济基本面不佳。虽然印度的外汇储备规模不小，但面临严峻的债务问题和经济形势，处于历史低位的卢比汇率很容易受到外部因素的影响，印度经济和金融市场的各个方面都面临着不小的脆弱性。

第五章 "21世纪海上丝绸之路"的金融风险和应对

以东盟为主的"21世纪海上丝绸之路"沿线各亚洲国家，是推进"21世纪海上丝绸之路"建设首先要合作的区域经济体，对于"21世纪海上丝绸之路"倡议的顺利推进有着重要的意义。这些国家除新加坡之外，都是发展中国家，其中多数国家经济体量不大，产业结构不完整，相对单一并处于全球产业链中较为低端的部分，又大多是典型的外向型经济，因此较易受到投机资本或全球经贸变化等外部冲击，在过去几十年内也爆发过严重的金融危机并很容易受到全球金融危机的波及。通过第四章的分析可知，"21世纪海上丝绸之路"沿线的亚洲国家，虽然国情不同、文化不同、经济发展水平不同，但大多在金融领域都存在脆弱性，在近期全球经济不景气、大宗贸易萎缩的背景下，必须要谨防"灰犀牛"的发生；同时在金融危机风险预期增大的情况下，还要警惕"黑天鹅"的出现。本章首先基于前文内容对与"21世纪海上丝绸之路"沿线国家的合作中可能出现的金融风险进行归类总结，随后提出了相应的应对策略。

一、"21世纪海上丝绸之路"合作中的风险

"21世纪海上丝绸之路"和"丝绸之路经济带"作为中国未来宏观经济发展的重要架构，在实施中已取得丰硕的成果。与之前世界上的很多协议不同，"一带一路"的建设更多依赖于组织较为松散的政府或区域间的倡议或合作。对金融部门和机构而言，在考虑沿线国家对资金的迫切需求的同时，必须谨慎对待经济活动中存在的金融风险（王灿，2018），在与"21世纪海上丝绸之路"国家的合作中，较为常见的风险主要有以下几类。

1. 外汇风险

外汇风险一般指以外币计价的资产或负债因汇率的变动而引起的损益。虽然人民币已加入特别提款权（SDR），且人民币跨境结算规模近年来迅速上升，但实际上人民币在国际贸易结算、支付结算的比重仍不超过 2%，与人民币在 SDR 货币篮子中所占的 10.92% 的份额相去甚远。在与"21 世纪海上丝绸之路"沿线国家的跨境贸易中，大都采用美元进行结算。而项目在当地运营时，为了方便，很多项目收取当地货币。由于"21 世纪海上丝绸之路"沿线不少国家的币种在国际上流通性较差且波动剧烈，这样在与人民币兑换时的汇率和流动性都有较大的风险（孙涛，2016）。在风险较大的同时，"21 世纪海上丝绸之路"建设过程中汇率风险的对冲工具非常缺乏，主要原因是"一带一路"沿线的市场缺乏人民币与当地货币的互惠、互换的机制（胡晋铭，2014）。虽然近年来货币互换已取得明显进展，我国与菲律宾、马来西亚、泰国以及印度尼西亚等国家都曾签署或正在执行货币互换协议，但货币互换的规模还有待提升。

2. 信用风险

"21 世纪海上丝绸之路"沿线国家的主权信用级别普遍存在两大特征：一是主权信用级别跨度大，既有 AAA 级也有 BBB 级以下，具有高度的不确定性，违约风险发生的概率较大；二是部分国家存在着主权信用级别下调的风险。除欧洲外，"21 世纪海上丝绸之路"的绝大部分国家都面临的国内政局的阶段性不稳定和经济转型的压力，同时又面对着资本外逃的风险，很多国家由于体量有限，经济结构单一，外贸依存度很高，因此体现出极强的波动性（曲丽丽，韩雪，2016）。还有一些国家则由于其特殊的位置充当了大国间的战略缓冲地带，冲突不断（寇佳丽，2017）。因此，必须要重视各个国家的风险情况，对违约的发生提前做好准备。

3. 声誉风险

"21 世纪海上丝绸之路"的原则是互利共赢、合作发展，但部分国家始终对我国抱有戒备，并将"一带一路"等同于"马歇尔计划"，不断在国际上挑起是非，甚至诋毁我国在平等互惠、合作共赢方面所做的努力。其次，"21 世纪海上丝绸之路"沿线一些国家与我国存在一定的领土及领海争端，而领土争端和民族问题一直是一些国家攻击我国的舆论工具。若处理不好这些问题，有可能会使"21 世纪海上丝绸之路"计划的声誉受损，项目搁浅，从而带来金融风险。

4. 文化和社会风险

"21 世纪海上丝绸之路"沿线虽然没有政教合一的国家，但不少存在主流宗教。这些国家的文化与我国有很大不同，不少国家相互之间也存在着巨大的文化和宗教等差异，甚至存在一定矛盾冲突。有一些国家则因为历史和政治原因选择和美国结盟或接受美国"保护"，这也导致当地政府、民众或政党与我国合作的态度可能随着中美关系及其政权更迭发生剧烈的变化，在中美贸易摩擦难以出现实质性缓解，双方矛盾冲突加剧的当下，这些国家与我国的经济合作存在很大的不确定性，可能导致金融风险的发生。

5. 企业投资风险

一些数据表明，我国企业海外投资有九成亏损，具体主要有两方面原因：一是企业投资倾向于高风险地区，或投资项目过程存在非正规操作，违反了当地的相关规定或不符合相关标准。二是各个国家在法律法规的健全程度、条款内容和执法环境上存在巨大差异，了解不够充分就极易发生风险。譬如东南亚国家的基础设施投资项目的违约率可达 50% 以上，基础设施建设资金投入这些地区很难保证收益，甚至可能产生巨额亏损。

二、对 "21 世纪海上丝绸之路" 中海外金融风险的应对

1. 金融机构要发挥更大的作用

商业银行应在相关的建设项目中发挥更大的作用，提升对项目相关金融类风险的评估和把控（翁东玲，2016）。要促进商业银行之间，商业银行与亚投行、丝路基金的合作，建立符合项目实际的更高效安全的结算体系和风险防控体系，推进信息的共享和披露。还可以尝试银团贷款、联合贷款等创新的信贷支持模式，稀释风险。

与项目所在国家政府要加强沟通和交流，提高资金拆借和货币结算的便利性，建立多方风险防范和应对体系（陈梓元，冯志静，2017）。开创保险类投资与项目投资相融合的模式，提供工程保险、责任保险、信用保险等服务，有条件有能力的保险公司还可以为重大基础设施项目提供风险管理服务，提升实体经济的抗风险水平。

2. 加强货币合作，推进人民币结算业务

为了应对潜在的外汇风险，应当推进我国与"21 世纪海上丝绸之路"沿线合作国家的双边本币互换协议和双边贸易本币结算协议的签署，以降低交易成本，减小外汇波动带来的风险。亚洲国家的外汇储备总量很大，"21 世纪海上丝绸之路"沿线有些国家外汇储备相对不足，但也有些国家外汇储备规模十分可观，位居世界前列，如果能够加强合作，有效利用，将有利于解决很多问题。早在 2016 年，国务院副总理张高丽就表示，建议中国和东盟加强金融领域合作，加大货币互换合作力度，推动人民币与东盟各国货币之间多种形式的货币交易。

同时，还应当尽可能推进人民币的境外结算业务。跨境人民币结算除了能够有效避免当地的外汇风险之外，还有利于我国经济更好地融入世界，有利于进一步完善人民币的汇率形成机制，有利于提升人民币的国际地位，增强我国在国际市场上的资源配置能力，并在一定程度抑制美元为中心的国际货币体系的一些负面影响。中国拥有世界上规模最大的外汇储备和丰富的金融、政策工具，有能力稳定人民币的汇率，以人民币进行跨境结算，对保障"21 世纪海上丝绸之路"沿线合作国家的利益和金融的稳定有明显的积极意义。除此之外，推动人民币国际化，中国还可以减少因使用外汇引起的财富流失，并获得国际铸币税收入，为中国利用资金开辟一条新的渠道。

3. 加强信用评级能力和征信管理合作

目前，世界主要的三大评级机构穆迪、标普和惠誉均为美国机构，这三大评级机构处于绝对垄断地位，却具有一定的政治立场，这些机构的评级在指导思想和意识形态方面以华盛顿共识、完全私有化作为重要基础，强行按西方民主政治理念进行国家政治排序，把评级政治化，以推行西方价值观，将一国经济的私有化、自由化和国际化程度作为判断经济结构合理和经济发展前景的主要依据，但事实上这三项指标与经济增长并没有必然联系。而在非洲，三大评级机构的偏见更为严重，约 2/3 的非洲国家被三大评级机构排除在全球金融市场之外不予评级。虽然在与"21 世纪海上丝绸之路"沿线亚洲国家合作时此问题不致突出，但非洲作为"21 世纪海上丝绸之路"后半段的重要合作伙伴，缺乏信用评级的问题将带来重大的合作金融风险。因此，法国前总理德维尔潘曾表示，三大评级机构的信用评级体系缺乏效率和透明度，需要进行改革。

由于"21世纪海上丝绸之路"沿线国家不少存在主权信用评级的风险，而目前的信用评价体系存在着种种问题，因此我国应当加强自己的信用评价体系和能力建设。国内信用评级行业自1988年建立以来，已经走过了30多个年头，评级机构数量和规模不断扩大，评级技术不断发展，认可度逐步提高。但目前无论从机构的认可程度还是评级能力，我国的评级机构与具有上百年发展历史的西方评级机构相比还存在很大差距，因此需要努力提升我国的信用评级能力。

第一，要以开放的姿态引进国际评级机构的理念、技术和宝贵经验，并引入国内优质资源，尤其是金融科技企业进入信用评级市场，充分利用大数据、人工智能、机器学习等新技术，推动我国信用评级业高质量发展。第二，要从严加强评级监管，建立基于评级质量的优胜劣汰机制，推动存量评级机构进行资源整合，形成实力强大，具有一定国际影响力的信用评级机构。第三，随着人民币国际化和"一带一路"倡议实施推进，人民币跨境投融资活动日益繁荣，境内评级机构要积极拓宽国际业务，坚持开放对等的原则，走出国门，在"一带一路"倡议实施中发挥更大作用，并伴随人民币国际化的步伐不断提高国际影响力。第四，要加强国际评级的监管合作，建立跨境评级监管协调机制，评级机构也要加强国际合作，更好地服务于海外项目。

4. 提高对合作方金融风险的警觉性

除了汇率风险和征信风险，还应当特别注意当地的政治形势变化以及当地习俗引起的潜在金融风险。由于大多数国家采取多党制，反对党往往出现"为反而反"的情况，从而在政权更替时，容易出现极大的政策转向导致的项目金融风险，马来西亚的马哈蒂尔上台后对华关系大倒退就是一个典型的案例，而菲律宾则是在杜特尔特上台后与我国关系明显改善。因此，在进行境外合作时，一定要注意合作国家的选举周期和政治形态，并提前做好应对准备，避免发生违约行为导致损失。

文化习俗和宗教也是引起对外合作金融风险的重要因素之一，最为典型的案例是具有特殊性的伊斯兰金融。伊斯兰金融允许借贷行为，但严格禁止无风险利息、禁止投机行为，且不承认带有不确定性因素的合同。我国在金融合作中要主动探索发展伊斯兰金融与传统金融并行的金融机制、进行差异化经营，创造性地开发符合其教义的金融产品。要鼓励合作国家建立健全金融监管体系和国际金融合作体系，加强央行行长会议等级制，提高在重大问题上的监管一致性，逐步建立高效的协调机制。

三、对我国推进"21世纪海上丝绸之路"建设金融领域工作的建议

1. 善于运用开发性金融

由于开发性金融业务既可以联系政府与市场、整合各方资源，又可以为特定需求者提供中长期信用支持，还能以市场化的方式对商业性资金起到引领与示范作用，因此能够在回收周期长、资金规模需求大的"一带一路"项目中发挥重要作用。

2. 推动商业银行开展网络化布局

推动商业银行开展网络化布局，有助于提高商业银行对贸易提供金融服务的能力，形成金融和经济相互促进的良性循环，并且要加强金融基础设施的互联互通，推动普惠金融的发展，以保障金融市场的高效运行和整体稳定。

3. 积极发挥本地作用

在金融建设中，要积极发挥本地的作用，有助于动员当地储蓄、降低换回成本和汇率风险，有助于维护地区金融稳定。中国近年在签订本币互换协议、货币直接挂牌交易和人民币跨境支付系统（CIPS）等方面都取得了一定的成效，积累了一定经验，可供本币推动"一带一路"建设时加以借鉴。

4. 进一步推动资本市场发展

应进一步推动股票、债券等资本市场的发展，通过发行长期稳定的债券，可以抽募资金，为基础设施建设提供多样化和不同期限的金融服务，股权投资还能够发挥杠杆作用。通过多种形式的中长期项目资本金投入，可以降低项目主体债务负担，提升抗风险能力，从而进一步吸引资金，促成合作方的利益共同体，推动形成更加健康的金融合作体系。

5. 合理利用多种金融工具

要注意合理利用多种形式和期限不同的金融工具。例如，在菲律宾、印度尼西亚等资源较为稀缺的国家，能源投资可行性低，需要重点发展服务贸易，要开发适当的金融衍生品，包括风险互换、掉期等以完善风险对冲机制

（孟刚，2017）。要考虑到以金融合作助推重点投资行业时，红利可以转化为短期可见的投资收益，这样才能更好地激发各方投资意愿，有利于实现长久的多双边合作机制。

6. 注重区域金融安全

在与沿线国家共建 "21 世纪海上丝绸之路"，展开金融合作的同时，要构建区域金融安全网（彭晓云，薛杨洋，2015）。通过建立监管协调机制，形成金融风险长效管控机制，合作各方完善风险与应对机制，做到 "早预警、早部署、早防范"，实现维护区域金融稳定的目标。由于项目建设涉及大量资金，因此也必须加强跨境征信合作，要建立强大、及时的信息交流机制，完善区域征信体系和区域金融信息披露管理系统。促进与合作地区的征信管理部门在培育征信市场、建立信用评价、防范信用风险、保护信息主体合法权益等方面的交流和合作，加强区域征信体系的建立和完善，保障相关项目的顺利实施和各方合法权益。

7. 确保中国金融稳定

作为 "21 世纪海上丝绸之路" 倡议的提出者和倡导者，要保证倡议的顺利推进，首先要确保自身的金融稳定。在当前复杂严峻的国际形势下，要继续坚持防范化解重大金融风险，这对我国的金融监管体系提出了更高的要求，而目前的监管体系还存在一些问题亟待完善。首先，现行的金融稳定框架监管逻辑不清晰，监管目标不明确：现行的监管框架将机构稳健性等同于金融稳定，容易引发道德风险，并且一旦出现问题就会被救助，会造成权责不对称，长此以往会出现 "大而不倒" 的问题。此外，维持机构稳健的态度还可能促使机构通过做同业业务以扩大规模，但同业业务过快发展将增强风险的传染性。其次，现行的金融稳定框架将市场的宏观指标和货币政策等同，市场总是期待通过宽松货币来稳定金融。另外，金融科技的迅速发展和信息冲击也给监管体系带来了极大的压力，而金融科技的发展带来市场信息趋同，还使数据泄露的情况更容易发生。在未来的金融监管中，要更加明确监管的目标和逻辑，同时政府的角色定位要更加清晰，并尽快更新监管理念和技术手段来应对潜在风险。要明确金融稳定是系统的稳定而不是某些机构的稳定，从生态上说，应考虑推动机构市场化退出，从而提升市场竞争和市场效率。再次，监管层在政策设计时，可以通过引入合适的逆周期宏观审慎工具，在风险偏好强烈的情况下适当增加信贷成本，限制金融脆弱性的积累。此外，监管层还应把握好引发金融不稳定的新特点，特别是金融科技的运用。政府则需扮演好自己的角色，尊重市场，相信市场，在市场正常运行时尽量减少不必要的干涉，而在市场失灵时，要积极地发挥作用。

在中美贸易摩擦得不到缓解、全球经济发展持续下行的背景下，未来金融动荡源和风险点仍在增多，国内经济下行压力有所加大，潜在风险隐患短时间内难以消除。因此，在今后相当长的时间内，我国应当推动优化融资结构和金融机构体系、市场体系、产品体系，进一步提高金融供给对实体经济的适应性和灵活性。要持续防范化解重大金融风险，守住不发生系统性金融风险底线，最大限度地保护广大人民群众合法权益。要坚持稳健的货币政策，保持流动性合理充裕。适时适度进行逆周期调节，做好预调微调，绝不能让市场 "水漫金山"，要更好地支持实体经济的发展，推动形成经济金融良性循环。对地方政府债务、房地产、私募等股权投融资和表外业务等领域的风险要特别关注。要完善危机防范和管理制度的安排，加强审慎的金融监管、存款保险及各类投资者保护制度以及中央银行的 "最后贷款人" 职能，防止个体风险向金融机构和整个金融体系的蔓延，保障金融体系稳健有序运行。

四、结语

"21 世纪海上丝绸之路" 与海洋强国和中华民族伟大复兴的国家战略密切相关，要顺利推进这些战略并实现目标，需要充分贯彻以我为主的强国思维和居安思危的底线思维（潘永，王太云，2017）。在 "21 世纪海上丝绸之路" 的实施中，金融投资起到桥梁作用，中国应立足于实际，保持相对优势，引导 "21 世纪海上丝绸之路" 沿线国家的产业发展；并在金融活动中，积极推进人民币国际化，通过占据金融活动中的主动地位来体现强国思维。此外，在 "21 世纪海上丝绸之路" 的建设中，要注重对金融风险的识别、预警、评估和管理，甚至可以通过金融活动降低发生区域性和系统性危机的风险（阎东升，2017）。

"21 世纪海上丝绸之路" 沿线多国家、多民族、多文化，在推进中必须根据不同国家的特点，按照原则不变、形式各异的方式来进行。中国的金融机构经过多年的经营发展，在适应各国政治、文化和法律的基础上开展务实合作方面，积累了丰富的经验，因此在实施有区别的政策、合理把握方法尺度方面具备明显优势。2013 年，中国与 "一带一路" 沿线国家的贸易占外贸总额的 1/4，直接投资占中国对外直接投资总额的 16%，承包工程营业额占中国对外承包工程总额的一半（蒋志刚，2014）。在这些经济往来中，我国的金融机构是直接参与者和主力军，积累了大量因地制宜开展合作的经验，因此在 "21 世纪海上丝绸之路" 的推进中，应继续积累并发挥经验，引领产业合作。

"21 世纪海上丝绸之路" 是一项庞大的系统性工程和战略，内涵丰富，建设内容包括基础设施、海洋合作、能源项目等，类型多种多样。而金融恰恰是一种通用的资源配置方式，能够满足各个领域开展多元化建设项目的需求。可以说，经贸合作是 "一带一路" 建设的基础和先导，在此基础上，才能逐渐分阶段进行基础设施建设，资源能源的合作开发利用和全方位的贸易服务往来，从而进一步开发多产业链、多行业的投资机会。在逐步推进的过程中，金融不仅可以满足各种建设项目的资金需求，还能提供投行财务顾问、投融资方案制订、股权债权产品以及风险管理等综合服务，并引导 "21 世纪海上丝绸之路" 的建设不断向纵深发展。

作为过去几十年中经济发展最快、成果最为世人瞩目的发展中国家，中国在经济、企业经营、工程技术和金融等领域的发展为广大的新兴市场国家提供了重要的参考，通过 "21 世纪海上丝绸之路" 的建设，将中国发展的经验带给新兴市场国家，有利于消除各国对中国崛起的担忧，有利于参与合作的新兴市场国家少走弯路，并最终有利于 "21 世纪海上丝绸之路" 沿线国家形成对中国的认识和认可较为统一的一个整体（管国亮，2019）。金融是中国改革开放的重要领域，作为少有的能成功抵御历次金融危机的国家之一，在与 "21 世纪海上丝绸之路" 沿线国家开展业务合作的同时，中国也可以与新兴国家分享金融建设和金融开放领域的经验，发挥模式引领的作用。

自 2013 年提出 "21 世纪海上丝绸之路" 的倡议以来，中国与东盟各国无论在经贸合作还是基础设施建设方面都取得了丰硕的成果，金融作为推动和实现合作的核心手段，发挥了至关重要的作用。自 2018 年以来，国际金融形势日趋复杂和严峻，欧美发达国家经济复苏进程缓慢；我国则在进行产业结构升级和供给侧结构性改革，经济发展也逐步由高速进入中高速的 "新常态"，"21 世纪海上丝绸之路" 沿线的亚洲国家，多数依赖国际贸易，因此其金融形势的不确定性在近两年愈发突出。但本着互利共赢的目标和开放合作的态度，"21 世纪海上丝绸之路" 沿线各国优势互补，注重金融风险的防范和金融安全的建设，一定能够同舟共济，共克时艰，推进全球化和人类命运共同体的建设，创造更加和谐美好的未来。

参考文献

［1］许心怡．"丝绸之路"名称是谁"发明"的？［EB/OL］．［2016-06-14］．http：//history. people. com. cn/n1/2016/0614/c372326-28443873. html.

［2］吴江档案局．海上丝绸之路的历史发展［EB/OL］．http：//www. wujiangtong. com/webpages/DetailNews. aspx？id=14731.

［3］林华东．"海上丝路"的影响与启示［EB/OL］．http：//opinion. people. com. cn/n/2014/1019/c1003-25861481. html.

［4］侯利民．21世纪海上丝绸之路战略的背景、定位和实现路径［J］．淮海工学院学报（人文社会科学版），2015，13（6）：14-16.

［5］杨晓杰．建设21世纪"海上丝绸之路"：时代背景、突出特点及战略价值［J］．探求，2019（6）：32-36.

［6］国务院办公厅．推动中国—东盟长期友好互利合作战略伙伴关系迈上新台阶——在第十届中国—东盟博览会和中国—东盟商务与投资峰会上的致辞［EB/OL］．http：//www. gov. cn/ldhd/2013-09/03/content_2480644. htm.

［7］人民网．习近平：携手建设中国—东盟命运共同体——在印度尼西亚国会的演讲［EB/OL］．http：//cpc. people. com. cn/n/2013/1004/c64094-23104126. html.

［8］中国新闻网．中央经济工作会议提出推进丝绸之路经济带建设［EB/OL］．http：//www. chinanews. com/gn/2013/12-13/5618896. shtml.

［9］新华网．习近平主持召开中央财经领导小组第八次会议［EB/OL］．http：//politics. people. com. cn/n/2014/1106/c70731-25989646. html.

［10］中国新闻网．2014年中央经济工作会议提出"一带一路"首要战略［EB/OL］．https：//finance. huanqiu. com/article/9CaKrnJS4T2.

［11］新华社．"一带一路"愿景与行动（全文）［EB/OL］．http：//www.

cec. org. cn/zhuanti/2015nianzhuanti/yidaiyilu/yaowen/2015-05-22/138192. html.

［12］光明日报. 东方海上丝绸之路浅探［EB/OL］. http：//www. xinhuanet. com/politics/2015-11/21/c_128452117. htm.

［13］林进忠，林旻，黄邵. 论21世纪海上丝绸之路建设背景下我国与东盟的金融合作——基于SWOT分析［J］. 福建金融，2017（9）：18-21.

［14］人民网.《21世纪海上丝绸之路蓝皮书：21世纪海上丝绸之路研究报告（2017）》发布——21世纪海上丝绸之路建设重在三大合作机制和五大举措［EB/OL］. http：//world. people. com. cn/n1/2018/0307/c1002-29853839. html.

［15］贾益民. 21世纪海上丝绸之路蓝皮书：21世纪海上丝绸之路研究报告（2017）［G］. 2017.

［16］中国新闻网. 推进"一带一路"建设工作会议：50多个国家积极响应［EB/OL］. http：//www. chinanews. com/kong/2015/02-02/7026279. shtml.

［17］中国新闻网. 博鳌亚洲论坛举行开幕式 习近平发表主旨演讲（全文）［EB/OL］. http：//politics. people. com. cn/n/2015/0328/c1001-26764488. html.

［18］国家发展改革委，国家海洋局. "一带一路"建设海上合作设想发布［EB/OL］. http：//www. gov. cn/xinwen/2017-07/03/content_5207621. htm.

［19］搜狐网. "一带一路"大数据报告2018［EB/OL］. https：//www. sohu. com/a/278062809_99943529.

［20］中国政府门户网站. 中国与联合国开发计划署签署《关于共同推进丝绸之路经济带和21世纪海上丝绸之路建设的谅解备忘录》［EB/OL］. http：//www. gov. cn/xinwen/2016-09/20/content_5109850. htm.

［21］AIIB. The Asian Infrastructure Investment Bank［EB/OL］. https：//www. aiib. org/en/index. html.

［22］财政部. 筹建亚投行第四次谈判代表会议在北京举行［EB/OL］. http：//finance. sina. com. cn/world/20150428/162422064696. shtml.

［23］新华社. 习近平在亚洲基础设施投资银行开业仪式上的致辞（全文）［EB/OL］. http：//world. people. com. cn/n1/2016/0116/c1002-28060302. html.

［24］新京报. 亚洲金融大厦今日正式竣工，北京中轴线又增新地标［EB/OL］. https：//www. sohu. com/a/349239978_114988.

［25］南方日报. 21世纪海上丝绸之路建设研讨会在穗召开［EB/OL］.

http：//gd. people. com. cn/n/2014/0114/c123932-20378767. html.

[26] 中国国际贸易促进委员会广东省委员会. 2014 广东 21 世纪海上丝绸之路国际博览会 ［EB/OL］. http：//www. onezh. com/web/index_43160. html.

[27] 新华社. 21 世纪海上丝绸之路国际研讨会在泉州开幕 ［EB/OL］. http：//www. gov. cn/xinwen/2015-02/11/content_2817889. htm.

[28] 福建省发展改革委, 福建省外办, 福建省商务厅. 福建省 21 世纪海上丝绸之路核心区建设方案 ［EB/OL］. http：//www. mofcom. gov. cn/article/resume/dybg/201511/20151101165490. shtml.

[29] 广东省发展和改革委员会. 广东省参与丝绸之路经济带和 21 世纪海上丝绸之路建设实施方案 ［EB/OL］. http：//drc. gd. gov. cn/gkmlpt/content/1/1059/post_1059111. html#829.

[30] 新华社. 中共中央　国务院关于支持海南全面深化改革开放的指导意见 ［EB/OL］. http：//www. gov. cn/zhengce/2018-04/14/content_5282456. htm.

[31] 新华网. 中共首提 "人类命运共同体" 倡导和平发展共同发展 ［EB/OL］. http：//cpc. people. com. cn/18/n/2012/1111/c350825-19539441. html.

[32] 央视网. 2011 APEC 美国峰会 ［EB/OL］. http：//jingji. cntv. cn/special/2011apec/shouye/index. shtml.

[33] 人民网. 奥巴马推出新军事战略 ［EB/OL］. http：//world. people. com. cn/GB/8212/191606/237795/237802/index. html.

[34] 郑永年, 张弛. 特朗普政府《美国国家安全战略报告》重视印太地区、强调对华竞争 ［EB/OL］. http：//world. people. com. cn/n1/2018/0213/c1002-29823091. html.

[35] 新华网. 中国特色周边外交的四字箴言：亲、诚、惠、容 ［EB/OL］. http：//www. xinhuanet. com//world/2013-11/08/c_118063342. htm.

[36] 田益豪, 蒋瑛. "一带一路" 建设金融支持与合作的进展、挑战和对策研究 ［J］. 新疆社会科学, 2018 (5)：52-62.

[37] 董希淼. "一带一路" 需发挥金融引领作用 ［J］. 现代商业银行, 2017 (11)：36-37.

[38] AIIB. 亚投行发布 2019 亚洲基础设施融资报告（附全文）［EB/OL］. http：//www. bhi. com. cn/DynamicTopic/newabroad/AbroadDetail. aspx?

id=20106595&oid=6.

［39］管国亮．"一带一路"建设中金融支持的作用与发展分析［J］．时代经贸，2019（8）：13-14.

［40］中国经济时报．金融合作为"一带一路"建设注入新动能［EB/OL］．http：//tradeinservices. mofcom. gov. cn/article/yanjiu/pinglun/201809/68992. html.

［41］瞭望东方周刊．周小川认为金融服务"一带一路"应满足三大需求［EB/OL］．http：//www. xinhuanet. com/2018-04/12/c_1122672578. htm.

［42］黄金老．论金融脆弱性［J］．金融研究，2001（3）．

［43］伍志文．中国金融脆弱性分析［J］．经济科学，2002（3）：5-13.

［44］曾诗鸿，段志敏．论研究中国金融体系脆弱性和银行不良贷款的紧迫性与意义［J］．经济研究参考，2003（30）：13-17.

［45］阮氏秋河．越中金融体系比较研究［D］．南宁：广西大学，2012.

［46］范文南．越南通货膨胀的影响因素［D］．广州：华南理工大学，2015.

［47］谭雅玲．越南银行体系的改革与现况［J］．国际金融研究，1993（11）：14-16.

［48］驻越南使馆经商处．越南金融业发展有关情况［EB/OL］．http：//vn. mofcom. gov. cn/aarticle/ztdy/200703/20070304510847. html.

［49］何曾．越南银行业改革及启示［J］．区域金融研究，2014（2）：46-49.

［50］谢忠考，林建坤．越南银行业改革与成效评析［J］．东南亚南亚研究，2010（4）：42-45.

［51］潘永，邹冬初．越南银行业改革：措施、成效、启示［J］．区域金融研究，2011（9）：27-31.

［52］阮氏黄丹．越南汇率制度以及实际有效汇率变动对出口贸易关系的实证研究［D］．昆明：云南大学，2015.

［53］陶氏泉．越南国有商业银行改革研究［D］．长春：吉林大学，2010.

［54］吴宝珍．越南银行贷款信用风险管理研究［D］．长春：吉林大

学，2013.

［55］范明英. 越南银行信贷风险管理研究 ［D］. 上海：华东师范大学，2016.

［56］林文赵. 越南商业银行信贷风险管理问题研究 ［D］. 重庆：重庆师范大学，2017.

［57］阮瑞草. 越南商业银行业务监管研究 ［D］. 南京：东南大学，2016.

［58］蒋愉. 越南银行体系稳定性研究 ［D］. 南宁：广西大学，2015.

［59］佘晓叶. 试论马来西亚的资本账户自由化与资本管制及其启示 ［D］. 上海：上海外国语大学，2009.

［60］刘辉. 中央银行宏观调控与金融稳定职能的法治保障——以马来西亚和泰国央行法为样本 ［J］. 东南亚研究，2017（6）：50-66.

［61］刘兴华，付瑞华，胡芳. 马来西亚的管理浮动汇率制：汇率波动、外汇干预与改革模式 ［J］. 南亚东南亚研究，2018（4）：73-81.

［62］王海全. 马来西亚汇率制度变迁评析 ［J］. 金融与经济，2009（11）：58-60.

［63］王守贞，邹晓峰. 马来西亚伊斯兰金融系统发展研究 ［J］. 东南亚研究，2008（2）：38-42.

［64］李文君. 伊斯兰债券的要素分析及启示——以马来西亚为例 ［J］. 北方金融，2018（1）：80-83.

［65］李文君. 伊斯兰资本市场研究——以马来西亚为例 ［J］. 区域金融研究，2018（1）：54-57.

［66］辛向媛. 中等收入陷阱国家的金融脆弱性研究——基于对马来西亚金融脆弱性的实证研究 ［J］. 生产力研究，2013（4）：57-59.

［67］胡李裔. 汇率波动对中国出口马来西亚贸易的影响研究 ［D］. 南宁：广西大学，2018.

［68］谢正发，饶勋乾. 金融脆弱性指数构建的测度与实证分析 ［J］. 统计与决策，2016（5）：152-156.

［69］黄光锋. 东亚新兴经济体外汇储备适度规模研究——以印度尼西亚和马来西亚为例 ［J］. 经济师，2016（10）：90-91.

［70］全德健．东盟主要货币走势初探［J］．中国外汇，2017（17）：84-85.

［71］李孟菲．泰国外资银行发展现状及监管研究［J］．时代金融，2014（29）：86-88.

［72］游丽萍．泰国金融深化的分析与探讨［J］．现代管理科学，2016（12）：46-48.

［73］陈悄悄，冯春风．泰国金融与实体经济匹配度研究［J］．商业经济，2020（2）：170-174.

［74］方芳，赵净．中等收入国家金融脆弱性研究——泰国金融脆弱性指数检验［J］．国际贸易问题，2012（7）：125-131.

［75］曹素娟．泰国金融稳定研究［D］．厦门：厦门大学，2014.

［76］弗·阿尔希波夫，付志华．菲律宾的经济与外汇金融问题［J］．国际经济评论，1985（10）：57-61.

［77］沈红芳，冯驰．菲律宾经济：没有发展的增长［J］．亚太经济，2014（3）：72-76.

［78］熊琦．菲律宾陷入"中等收入陷阱"的原因探析［J］．南洋问题研究，2017（3）：94-104.

［79］刘国民．菲律宾为何敢持续放松外汇管制［EB/OL］．http：//www.ccpit.org/Contents/Channel_4126/2017/1108/910401/content_910401.htm.

［80］米罗，梅拉利·S，蔡鸿志．金融危机后菲律宾银行业的整合、集中与竞争［J］．银行家，2007（7）：27-32.

［81］范香梅，彭建刚．菲律宾中小金融机构发展：现状、政策与问题［J］．国际金融研究，2005（5）：22-29.

［82］何军明．菲律宾金融体系改革的进展与趋势［J］．石家庄经济学院学报，2008，31（6）：23-26.

［83］周颖．菲律宾的汇率制度及国际收支状况［J］．亚太经济，2006（2）：53-56.

［84］北畠重显，柳弘．菲律宾经济现状与金融政策［J］．南洋资料译丛，2013（4）：21-31.

［85］刘才涌，林建坤．国际金融危机下的菲律宾银行业［J］．东南亚纵

横，2010（8）：40-44.

[86] 彭菲娅，刘兵权 . 菲律宾外汇储备激增的根源探析［J］. 区域金融研究，2010（4）：67-71.

[87] 李春江，赵怀智 . 印度尼西亚经济金融概况［J］. 国际金融研究，1990（9）：58-59.

[88] 谭春枝，金磊 . 中国与印度尼西亚商业银行发展比较研究［J］. 广西大学学报（哲学社会科学版），2014，36（1）：1-7.

[89] 黄继炜 . 印度尼西亚的通货膨胀问题研究［J］. 中国物价，2010（9）：38-40.

[90] 王海全，毕家新，谢进 . 印度尼西亚汇率制度变迁研究［J］. 区域金融研究，2009（12）：44-49.

[91] 罗雨 . 浅谈后经济危机时代中国应如何规避金融风险——以印度尼西亚为例［J］. 中国商贸，2014（5）：108-109.

[92] 赵婧 . 印度尼西亚银行间市场系统风险传染效应研究［D］. 南宁：广西大学，2016.

[93] 申韬，梁海森 . 印度尼西亚银行业：现状、障碍性因素和发展趋势［J］. 东南亚纵横，2017（2）：79-86.

[94] 杜玟 . 美国量化宽松政策对印度尼西亚通货膨胀的影响［D］. 北京：北京交通大学，2015.

[95] 赵福军，曾祥坤 . 新加坡的经济发展战略及其制度保障探析［J］. 国际商务财会，2016（3）：13-16.

[96] 王颖洁 . 21 世纪双边自由贸易对新加坡经济的推动力影响［D］. 上海：华东师范大学，2017.

[97] 王一帆 . 新加坡的政府金融机构［J］. 现代经济信息，2017（3）：262-263.

[98] 吴海燕 . 金融危机后新加坡经济战略调整举措及启示［J］. 杭州科技，2017（1）：53-55.

[99] 楼坚 . 新加坡商业银行对我们的启示［J］. 浙江金融，1996（4）：37-38.

[100] 毕荣，周天珏，陈程 . 外资银行流动性监管的国际经验比较与借

鉴——以新加坡、日本为视角 [J]. 华北金融, 2016 (7): 28-31.

[101] 白士泮. 新加坡如何监管金融科技 [J]. 中国金融, 2017 (23): 84-85.

[102] 于文菊. 新加坡"监管沙盒"对我国启示 [J]. 青海金融, 2017 (11): 44-47.

[103] 丁昌选. 新加坡金融科技监管沙箱制度研究 [J]. 现代商贸工业, 2019, 40 (33): 152-154.

[104] 杨新兰. 新加坡金融发展与金融治理的经验借鉴 [J]. 新金融, 2015 (11): 24-26.

[105] 孙龙. 新加坡与我国商业银行风险管理比较研究 [D]. 上海: 上海交通大学工商管理 (MBA), 2003.

[106] 潘永, 蒋愉. 新加坡汇率状况研究: 2001—2011 年 [J]. 东南亚纵横, 2012 (7): 32-37.

[107] 刘宇苓. 新加坡李家风波回顾与思考 [J]. 特区经济, 2017 (10): 86-88.

[108] 戴石, 顾纯磊. 从李光耀到李显龙: 新加坡对华外交策略的变化与困局 [J]. 江苏社会科学, 2017 (2): 133-139.

[109] 陈九霖. 撕裂的新加坡 [J]. 中国经济周刊, 2017 (26): 38-45.

[110] 刘威. 新加坡经济会出现技术性衰退吗 [N]. 经济日报, 2016-12-01.

[111] 陈建午. 印度经济增长中的制度因素分析 [D]. 昆明: 云南财经大学, 2015.

[112] 甄新伟. 印度宏观经济与国债市场发展 [J]. 中国外资, 2016 (21): 64-71.

[113] 王亚宏. 卢比汇率与印度央行的抉择 [N]. 中国黄金报, 2018-09-07.

[114] 沈军, 吴晓敏, 胡元子. 扩展三元悖论视角下的印度汇率制度改革对中国的启示 [J]. 国际金融研究, 2015 (3): 88-96.

[115] 刘道云. 汇率制度改革与外汇期货市场建设: 印度经验及对我国的启示 [J]. 南方金融, 2016 (4): 60-64.

［116］清华大学中国与世界经济研究中心金砖国家经济智库．2016 年金砖国家国别报告——印度篇［C］，2016.

［117］杨喜孙．印度"废钞令"回顾：基本情况、影响及其启示［J］．区域金融研究，2018（1）：58-61.

［118］理查德·耶岑加，陈旸．从打击"黑钱"看印度改革［J］．清华金融评论，2017（1）：107-108.

［119］谢丹，任秋宇．巴西等五国金融监管改革情况［J］．金融发展评论，2014（4）：39-41.

［120］文富德．印度银行金融发展与改革的经验教训［J］．南亚研究季刊，2015（2）：40-49.

［121］钟震，郭立．从印度废钞令实施效果看财政与金融失衡的危害性［J］．理论探索，2018（2）：105-110.

［122］孟灿，张士昌．激荡过后的反思：印度"废钞令"探究［J］．牡丹江大学学报，2019，28（9）：23-26.

［123］欧明刚，方方．金融危机后的印度银行业［J］．银行家，2015（1）：96-100.

［124］徐策．印度的外汇管理政策改革［J］．东南亚南亚研究，2016（3）：35-44.

［125］沈铭辉．金砖国家金融风险评估与增长机制重塑：新兴经济体的长期增长前景与 21 世纪海上丝绸之路建设［C］．中国新兴经济体研究会2014 年会暨 2014 新兴经济体合作与发展论坛，中国广东广州，2014.

［126］刘小雪．保持定力的印度货币政策［J］．中国金融，2015（6）：70-71.

［127］清华大学中国与世界经济研究中心金砖国家经济智库．2017 年金砖国家国别报告——印度篇［C］，2017.

［128］覃维桓．真正的印度货币危机［N］．中国黄金报，2017-08-08.

［129］王灿．"一带一路"建设中的金融风险识别与防范［J］．国际商务财会，2018（11）：6-9.

［130］孙涛．全球流动性对东盟五国金融格局及风险的影响［J］．国际金融研究，2016（7）：3-17.

［131］胡晋铭．非国际储备货币汇率风险管理问题研究［D］．昆明：云南财经大学，2014．

［132］曲丽丽，韩雪．"一带一路"建设中金融风险识别及监管研究［J］．学习与探索，2016（8）：132-136．

［133］寇佳丽．金融危机20年　亚洲或面临更大风险［J］．经济，2017（16）：44-48．

［134］翁东玲．"一带一路"建设的金融支持与合作风险探讨［J］．东北亚论坛，2016，25（6）：46-57．

［135］陈梓元，冯志静．新兴市场国家汇率风险应对策略研究［J］．中国物价，2017（2）：17-19．

［136］孟刚．以绿色、普惠和本币金融引领"一带一路"金融创新［J］．新金融，2017（11）：38-42．

［137］彭晓云，薛杨洋．金融引领与"一带一路"［J］．清华金融评论，2015（9）：14-15．

［138］潘永，王太云．21世纪海上丝绸之路金融需求的形成机制与规模测度——基于中国—东盟的样本数据［J］．广西社会科学，2017（4）：34-39．

［139］阎东升．"一带一路"建设中的金融支持主导作用［J］．全国流通经济，2017（8）：85-86．

［140］蒋志刚．"一带一路"建设中的金融支持主导作用［J］．国际经济合作，2014（9）：59-62．

［141］Kaminsky G, Lizondo S, Reinhart C. Leading indicators of currency crises［D］. 1998.

［142］Kaminsky G. Currency and banking crises：The early warnings of distress［D］. 1998.

［143］Kaminsky G, Reinhart C. The twin crises：The causes of banking and balance-of payments problems［J］. American Economic Review, 1999（89）：473-500.

［144］Minksy H P. The Financial Fragility Hypothesis Capitalist Process and the Behavior of the Economy in Financial Crisis［M］//Kindlberger C P, Laffaargue J. Cambridge: Cambridge University Press, 1982: 8-35.

[145] Babecky J, Nek T H, Mateju J, et al. Banking, debt, and currency crises: Early warning indicators for developed countries, Working Paper 20/2012 [R]. IES, 2012.

[146] Laeven L, Valencia F. Systemic banking crises database: An update, Working Paper No. 12/163 [R]. IMF, 2012.

[147] Behn M, Detken C, Peltonen T, et al. Setting countercyclical capital buffers based on early warning models: Would it work? Working Paper Series 1604. [R]. European Central Bank, 2013.

[148] Bussiere M, Mulder C. External vulnerability in emerging market economies: How high liquidity can offset weak fundamentals and the effects of contagion, Working Paper 99/88 [R]. IMF, 1999.

[149] Aziz, Caramazza J F, Salgado R. Currency crises-in search of common elements, Working Papers: 00/67 [R]. International Monetary Fund, IMF, 2000.

[150] Babecky J, Nek H, Mateju J, et al. Leading indicators of crisis incidence: Evidence from developed countries [J]. Journal of International Money and Finance, 2012 (35): 1-19.

[151] Zhang R, Li X, Chand S. An Early Warning of an Impending Currency Crisis in China [J]. The Singapore Economic Review, 2019.

[152] Plata A, Schrooten P M. Misleading indicators? The Argentinean currency crisis [J]. Journal of Policy Modeling, 2004 (26): 587-603.

[153] L A, Detken C. Quasi real time early warning indicators for costly asset price boom/bust cycles: A role for global liquidity [J]. European Journal of Political Economy, 2011, 3 (27): 520-533.

[154] Berg A, Pattillo C. Predicting currency crises: The indicators approach and an alternative. [J]. Journal of International Money and Finance, 1999 (18): 561-586.

[155] Friedrich C, Schnabel I, Zettelmeyer J. Financial integration and growth-Why is Emerging Europe different? [J]. Journal of International Econom-

ics, 2013, 522 (89).

[156] Bussiere M, Mulder C. Political instability and economic vulnerability [J]. International Journal of Finance and Economics, 2000 (5): 309-330.

[157] Grier K, Grier R. Exchange rate regimes and the cross-country distribution of the 1997 financial crisis [J]. Economic Inquiry, 2001 (39): 139-148.

[158] Mwamba J, Majadibodu T. Implied volatility of foreign exchange options: A leading indicator for currency crisis identification [J]. 2012 (6): 10766-10774.

[159] Frankel J, Saravelos G. Can leading indicators assess country vulnerability? Evidence from the 2008-09 global financial crisis [J]. Journal of International Economics, 2012 (87): 216-231.

[160] Caprio G, Klingebiel D. Episodes of systemic and borderline financial crises [EB/OL]. http://go. worldbank. org/5DYGICS7B0.

[161] Edison H. Do indicators of financial crises work? An evaluation of an early warning system [J]. International Journal of Finance and Economics, 2003 (8): 11.

[162] Peng D, Bajona C. China's vulnerability to currency crisis: A KLR signals approach [J]. China Economic Review, 2008 (19): 138-151.

[163] Betz F, Oprica S, Peltonen T, et al. Predicting distress in European banks [J]. Journal of Banking and Finance, 2014 (45): 225-241.

[164] Laina P, Nyholm J, Sarlin P. Leading indicators of systemic banking crises: Finland in a panel of EU countries [J]. Review of Financial Economics, 2015 (24): 18-35.